Karl Jaspers

ヤスパース 交わりとしての思惟

暗号思想と交わり思想

布施圭司 著

昭和堂

ヤスパース　交わりとしての思惟——暗号思想と交わり思想——

目　次

第四章　交わり思想の展開　157

はじめに

本書は、思惟の意義の変遷を主な軸として、「暗号」(Chiffre)思想と「交わり」(Kommunikation)思想というヤスパース哲学の二大契機が、ヤスパース哲学の発展においてどのように変化したかをたどり、暗号思想と交わり思想の関係を考察するものである。

ヤスパース(Jaspers, Karl, 1883-1969)の哲学は、代替されない真の自己である「実存」(Existenz)のあり様を開明し、現代において実存であること、すなわち「実存すること」(Existieren)の可能性を、検討したものと言える。実存は、個々の対象として明確に把握される「内在者」(Immanenz)に関わるのみではなく、内在者の固定的なあり方を突破し、他者との交わりにおいて自由に行為し、その自由において「超越者」(Transzendenz)へと関わるとされる。実存することは、内在者の突破と超越者への関わりという点に焦点を当てれば「超越すること」(Transzendieren)と言え、その超越は自覚的に思惟により遂行されるとヤスパースは考えており、その点に焦点を当てれば、「哲学すること」(Philosophieren)と言える。実存の「実存すること」は、最初の主著『哲学』(*Philosophie*, 1932、全三巻)では、実存の内在者からの超越(第一巻『哲学的世界定位』Philosophische Weltorientierung)、実存の自由の覚知(第二巻『実存開明』Existenzerhellung)、実存と超越者の関係(第三巻『形而上学』Metaphysik)という三つの側面から叙述されている。本論考で主題とする「交わり」は、主として第二巻『実存開明』で実存の成立の場として語られ、「暗号」は主として第三巻『形而上学』で実存に対する超越者の現れとして語られている。広い意味では、哲学的世界定位は世界認識の構造を解明する認識論、実存開明は自己存在の行為を論究する実践論、形而上学は存在そのものを探究する存在論と言えるが[1]、これらは客観的な対象の分析ではない。この三つは、非対象的な「実存すること」を、自己存在の世界認識、自己存在の自覚、超越的なものへの自己存在の関わりという三つの視点から叙述したものであり、相依相属している[2]。

ヤスパースは、『理性と実存』(*Vernunft und Existenz*, 1935)以降、「統一への意志」(Wille zur Einheit)、「交わりの意志」(Kommunikationswille)という独特の規定が与えられる「理性」を哲学の方法として主張するようになり、また哲学的な営みの根底となる「根本知」(Grundwissen)として「包越者論」(Periechontologie)を提示する。包越者とは、詳しくは後で論じるが、主客を越え包む存在そのものであり、超越者の理論的表現である。『理性と実存』以降の、『真理について』(*Von der Wahrheit*, 1947)を中心とするいわゆる後期[3]では、ごく概略化して言えば、「実存することと」、「哲学すること」は、理性により交わりを遂行し全ての統一である超越者を探求することである。対象的思惟では把握されない実存を考究の出発点とする実存思想の中で、明確に理性を主張することはヤスパースの特徴の一つと言える。とはいえ、主客の分裂を超越し、非対象的なものを追求するという思惟・態度は『哲学』にも一貫しており、『哲学』においても超越者は「一者」とも「存在そのもの」とも呼ばれていた。「実存すること」が、より理論的に捉えられ、「理性」や「包越者」の主張となったと考えられる。ヤスパース自身『哲学』を最愛の書と呼んでおり(Jaspers 1932 I:XV)、実存と超越者の実践的な関係は『哲学』において即自的には十分に叙述されていると言えるが、そこで働く思惟が自覚化され、「理性」や「包越者」の提示になったと考えられる。また、『哲学』における、内在者の固定的なあり方を突破し、他者との交わりにおいて自由に行為し、そのつどの現れとしての暗号を媒介に超越者と関わる、という実存のあり方の内、「交わり」が強調されるようになった、と言うこともできる。

ヤスパースは『哲学的信仰』(*Der philosophische Glaube*, 1948)や詳細には『啓示に面しての哲学的信仰』

(*Der philosophische Glaube angesichts der Offenbarung*, 1962）において、「実存すること」を「哲学的信仰」（der philosophische Glaube）として提示し、哲学的信仰と「啓示信仰」（Offenbarungsglaube）の交わりを追求する。哲学的信仰は思惟を手段とする交わり的信仰、さらに「交わりへの信仰」と規定され、ヤスパースは哲学的信仰に立ち、啓示信仰の具象性・排他性を批判するのであるが、啓示信仰を単に否定するのではなく、哲学的信仰は啓示信仰との交わりにおいてのみ成立すると考えている。

これまでのヤスパース研究では、このようなヤスパース思想全体において「暗号」と「交わり」の関係を明確化することは十分には行われていない。そもそも『哲学』から『理性と実存』や『真理について』への展開については多くの議論があるが、『哲学』から『真理について』を経て晩年の『啓示に面しての哲学的信仰』へと至る全体を、経時的に跡づける試みは少ないように思われる。『哲学』における「交わり」はあくまで実存の一規定に過ぎず、「哲学すること」の方法として主張されてはいないが、後期では交わりは超越者探求の手段とされ、ヤスパースの思想の中心的契機となっている。そして実存の信仰としての「哲学的信仰」という用語は『哲学』にも見られるが、概念化され詳論されるのは後期においてであり、哲学的信仰は「交わりへの信仰」と呼ばれ、超越者の現れである「暗号」の受容とどのような関係にあるのか明らかではない。さらに、晩年の『啓示に面しての哲学的信仰』で、ヤスパースが哲学的信仰の立場に立ちつつ、単に啓示信仰を批判するのではなく、「哲学的信仰」と「啓示信仰」の交わりの可能性を真摯に模索する理由を暗号思想との関わりにおいてどう捉えるべきか分かりづらい。また、『啓示に面しての哲学的信仰』で「全ての暗号の彼岸」という「暗号」を越える領域・局面が論究されるようになっており、暗号論を頂点とする『哲学』とは少なくとも表面上は趣を異にする。これらのことを解明するには、『哲学』から『真理について』を経て『啓示に面しての哲学的信仰』へ至る展開の中で、暗号論と交わり論がどのように発展をしたかをたどる必要がある。

暗号と交わりの関係について、ヤスパースは明確に述べていない。特に『哲学』では、交わりは第二巻『実存開明』で論じられ、暗号は第三巻『形而上学』で論じられ、別個の問題である印象がある。実存は他の実存との交わりにおいてのみあり、実存にとっては全ての対象が暗号となる。そこで大略的には、交わりにおいてある実存にとっての対象は全て暗号であり、暗号現象と実存的交わりは同時的に成立していると考えられる。暗号の意味は同一性論理的に固定されず多義的であるが、その多義性を、ある実存にとっての一義的暗号と他の実存にとっての一義的暗号の相対として理解する解釈がある。隠れた超越者の諸暗号が相対するという多義性が、実存的交わりに見られる(4)。交わりの反映である暗号の多義性こそが超越者の徹底的な超越性を示すことになる。特に『真理について』以降は様々な暗号の衝突がより正面から語られるようになり、交わりの非完結性が超越者を示すという叙述も見られる(Jaspers 1947: 980)ことから、我々も様々な暗号現象と自他の交わりを同時的に見る見方を採りたい。

しかし実存的交わりと暗号の関係については、そのように理解するとして、主に『啓示に面しての哲学的信仰』でヤスパースが論じている、啓示信仰と哲学的信仰の交わりにおいて、暗号をどう位置付けるかという問題がある。自己の暗号と他者の暗号の闘争という個別的信仰同士の闘争と、啓示信仰と哲学的信仰の交わりは異なると言えよう。前者において、闘争の根底あるいは道標としての超越者が自他の暗号の相違として現象するのだが、後者においてはどうであろうか。哲学的信仰もそのつどの歴史的暗号との関わりを欠くことはできないのだが、個別的信仰が専ら個別的暗号に依拠するのに対して、哲学的信仰は「包越者論」(「知の知」としての「哲学的論理学」)に依拠すると言える。第三章で考察するが、「包越者の根本知はいかなる暗号でもない」(Jaspers 1962:307)とされている。啓示信仰と哲学的信仰の相違については、ヤスパース研究者の間で啓示に基づく排他的な信仰と理性に基づく開かれた信仰という対比で理解されており、その理解はむろん適切と言えよう。しかしヤスパースが哲学的信仰の立場から啓示信仰を批判するだけではなく、『啓示に面しての哲学的信仰』で両者の交わり、あるいは統合を執拗と思えるほどを追究した理由は十分に明らかにされているとは言えない。哲学的信仰は、開かれた信仰の姿勢から啓示信仰と交わりを求める以上に、啓示信仰を必要不可欠とする側面がある。『哲学』における実存的交わりと、『啓示に面しての哲学的信仰』における「哲学的信仰」と「啓示信仰」の交わりは、どのように違うのか、この点の解明には暗号と交わりに関する思想の展開を綿密にたどることが必要と言えよう。

また、暗号と交わりの同時性は、超越者のそのつどの顕現と超越者の遠隔性の相即、自己にとっての暗号の局所性と交わりの開放性の相即を意味するが、正反対のあり様の相即について詳しい論究が必要だと思われる。例えば、ヤスパース的な理性による開放性が抽象的な普遍性と解されると、形式化する空虚な近代的合理性の変形に過ぎないのではないかとの疑念が生じる。あくまで実存は自らの伝統に基づきつつ他者との交わりを求めることをヤスパースは繰り返し述べているのだが、その主張を承認するためには局所的な顕現と開放の相即の解明を十分行う必要がある。『哲学』では個々の暗号を乗り越えて開放へと向かう契機は「挫折」として示されていると思われるが、挫折もまた暗号とされ、十分整理されているとは言い難い。これに対し、『啓示に面しての哲学的信仰』では「全ての暗号の彼岸」が主張され、開放性がより明確に論究されており、変化が見られる。したがって、顕現と開放の相即を究明するためにも、暗号と交わりに関する思想の展開を詳しく検討することが必要である。

『哲学』から『真理について』を経て『啓示に面しての哲学的信仰』に至るヤスパース思想の展開の中で、「実存すること」における思惟の働きの位置付けが変わっているのではないか、思惟の役割がより重要になっているのではないか、と我々は考える。ヤスパースは、内在における対象的思惟ではない、様々な理性的思惟の働きを語っている。ヤスパースのいう理性は理論的に明確なものではなく、むしろ理性は経験的事物とは異なりその存在を実証できるものではなく、交わりを説くヤスパースの絶対的前提とも言え、そこからヤスパースは思索を展開したが、理性自身の由来については最終的には不明と考えられる。ヤスパースは理性と実存の相即を主張し、「私の理性全体が、実際に（faktisch）、また私の知にとって、〈非理性〉（Unvernunft）に基礎を置く場合にだけ、私は本当の意味で〈理性的〉なのである」（Jaspers 1935:94）と述べる。実存と理性の相即は、広い哲学的文脈で言えば、直観と反省、経験と思惟の相即と言えようが、ヤスパースでは、顕現と隠匿、充実と開放の相即、一言で言えば囚われのない「浮動」（Schwebe）と言え、この浮動が主張されていることがヤスパースの根本的特徴と言える。現実の実存のあり様における思惟の働きとしては、少なくとも、『哲学』における対象的思惟の限界を明確化し超越者の「暗号」の空間を開く「形式的超越」、『真理について』における現実において一者としての超越者を探求する「統一への意志」、「交わりの意志」としての「理性」、『啓示に面しての哲学的信仰』における内在を徹底的に超出し暗号をも無化し「全ての暗号の彼岸」を眺望する「思惟の自己止揚」、また同じく『啓示に面しての哲学的信仰』における哲学的信仰と啓示信仰の統合の可能性の追究という四つの様相が挙げられ、ヤスパース哲学の全体的理解のためにはこれらの思惟の様相を整理する必要がある。先取りして言えば、ヤスパース哲学の最終地点と言える『啓示に面しての哲学的信仰』では、思惟の働きは、交わりを遂行する働き、「交わりとしての思惟」であり、ただし交わりに挫折し交わりへと復活する思惟、「自己否定して交わりを遂行する働き」として理解できると思われる。ヤスパースの主要著作『哲学』、『真理について』、『啓示に面しての哲学的信仰』は何れも大部であり、後の著作にある考えは前の著作に萌芽として見出せなくはなく、ヤスパースの思想的発展はさほど根本的なものではないと見ることもできる。しかし本論考では今述べた理由で、ある着想が以前の段階でも存在したことを指摘しつつも、それぞれの段階の特徴をより強調する仕方で考察を進めたいと思う。言い換えれば、我々は『哲学』と『啓示に面しての哲学的信仰』を比較した場合、思想的に注目すべき変化が見られるとの姿勢を取る。

　ヤスパースにおいて「超越すること」が「実存すること」の重要な契機であることはヤスパースを読む者に共

通して是認されることであり、「超越すること」は一言で言えば内在者からの超越なのであるが、多様に語られる体系的に整理されているとは言い難い。しかもその超越することが思惟によるとされることは、直ちに承認されるものではない。一般に「超越」は宗教の領域で語られる事柄であるが、「哲学的信仰」と「啓示信仰」を区別するようにヤスパースは明確に宗教の立場と一線を画している。リクール（Ricœur, Paul）は、ヤスパースを実定的な宗教と無神性の間に定位する数少ない哲学者と見なし、宗教なしに超越者への道を見出すという困難に向かわざるをえない点で、プロティノス、ブルーノ、スピノザ、カントと類似していると述べている。(5) ヤスパースは、実存や超越者の叙述に対しては、客観的な分析・秩序付けである解明（erklären）ではなく、主体的な覚知を要求する「開明」（erhellen）という語を用いている。実存や超越者といった「非対象的なもの」を主題とするヤスパースの哲学は捉えどころがないような印象を受ける。しかし後述のように、ヤスパースは哲学という営みは一般に非対象的なものに関わると考えている。例えば、対象的事物に関わる思惟自身や、個々の事物を包含する世界全体や存在そのものといった非対象的なものが、哲学の主題と言える。経験的な認識とは異なる哲学の特徴は、非対象的なものの追究を含んでいることであると言えよう。ヤスパースの特徴は、明示的に非対象的な物事の探求を課題として掲げることである。ヤスパースはたびたびカントとキェルケゴールに言及しており、カントによる対象的認識の制約の分析と、キェルケゴールとニーチェによる理性批判を継承していることが、非対象的なものの探求を前面に掲げるヤスパースの思索の態度につながっていると考えられよう。

我々が直接思惟できるのは対象的な存在であるため、実存や超越者の開明は、対象的な言表を媒介としつつ、読者が自ら覚知するよう促す「訴えかけ」（Appell）という性格を持つとされている。「実存は〈いかなる普遍的妥当性も要求しない〉」（Jaspers 1932 II:19）のであり、実存や超越者の開明は「多義的」（vieldeutig）で「誤解され易い」（missverstehbar）。ヤスパースの思想には、「実存」、「超越者」の他にも様々な概念、例えば、「暗号」、「交わり」、「包越者」、「限界状況」（Grenzsituation）などの概念が現われる。これらの概念はそれぞれ詳細に論じられているものの、独特であり、なじみにくい印象を受ける。一つには、ヤスパースが自らの使用する用語の由来について多くを語っていないことも理由と考えられる。『哲学』への後年の後書きによれば、過去の哲学者からの引用などは『哲学』では省いたとある（Jaspers 1932 I:XXI）。しかし何よりも、ヤスパースの思惟が事物の対象的な分析とは異なる「開明」を目論んでいることが、ヤスパースの概念の分かりづらさの理由と言えよう。これらの概念は、実存の超越することを多様な側面から開明しようとしたものであり、非対象的なものの開明という意味があるが、「超越すること」の根本的な原理が明確でないため、決定的なところで不明瞭さが残るような印象がある。

「実存を開明する思惟は、存在の認識とはなりえず、むしろ、生そのものにおいて活動する思惟である場合には、存在の〈確信（Seinsgewissheit）を生み出す〉。その思惟は、哲学的な言語の中で訴えかけながら自らを伝達する場合には、存在の確信を〈可能にする〉。その思惟は、哲学的世界定位の中で獲得される浮動を無条件に敢行する。しかし、哲学することが到達しうる全範囲において実存の自由に浸透する明るさ（Klarheit）が増すほど、それだけ決定的に実存にとっての超越者が開顕さ（offenbaren）れる。実存の全ての道は形而上学へ通ずる」（Jaspers 1932 I:32）。存在の「認識」ではなく、「確信」が実存を開明する思惟の目的とされている。客観的に確定できる知識ではなく「浮動」が目指される。内在者からの浮動、未決定は、「自由」でもある。実存の自由が明確化されればされるほど、超越者が実存に開示されるため、実存を開明することは「形而上学」につながるとされている。後ほど触れるが、実存の自由は恣意とは異なり、自由と必然の統一とされており、また『哲学』第三巻『形而上学』は、超越者の「暗号」を内容とする。実存の自由は対象的には内在者の恣意と区別できず、「暗号」は対象として現象しつつ、超越者を示すものとされている。したがって、実存すること、超越することは、最終的には

「超越者」の感得へと収斂することになるが、ヤスパースは超越者についても多様に語っており、「存在そのもの」、「神性」、「一者」、「無」、「統一」など多くの術語が使われており、一義的に把握することは困難である。

あくまで我々が直接認識したり論じたりできるのは諸対象であるため、ヤスパースの思索には対象的なものを手段としつつ、非対象的なものを問題とするという困難、対象の中に超越者の現象を見て取ろうとする困難がある。それは対象的認識を否定して神秘的融合（unio mystica）や超越的世界を説くものではなく、対象的な認識の根底へと思惟が自己自身を思惟しつつ、押し進むという手続きを伴っている。『理性と実存』以降は思惟の重視がはっきりと読みとれるが、『哲学』においても、概念として「理性」が重視されてはいないが、理性的な思考態度は一貫していると考えられる。[6] したがって、ヤスパースの思想は、理性的な思惟を軽視する非合理的主義ではない。ヤスパースは確かに繰り返し単なる合理的なものへの批判を行っており、また実存の宗教的モチーフ、即ち超越的なものへの関係、は思惟を越えたものに関わっている。それと同時にヤスパースは、あくまで対象的な認識を軽視せず、対象的な明白さを求めつつ、理性による他者との交わりを追求する。ヤスパースには、思惟が二次的な意味しか持たないという側面と、思惟が哲学の手段として重視されるという両側面がある。ヤスパースの思想全体を見た場合、思惟を越えたものと思惟の相克・相属が特徴とも言える。

このような理性的思惟に関するヤスパースの考えは、自立的な理性主体という理念が徹底的に批判されている現代において、意義を持ち得るだろうか。現代のニヒリズムの大きな原因は、理性が自足したものであるとの錯誤・不遜だと言えよう。これに関して、近代的合理性と主体の自立性という二つの観点から次のように言えよう。

第一に、近代的な合理性に関しては、ヤスパースのいう理性は、単に形式化する理性、ホルクハイマー（Horkheimer, Max）、アドルノ（Adorno, Theodor W.）、ハーバーマス（Habermas, Jürgen）などが言うところの「道具的理性」（die instrumentelle Vernunft）ではなく、むしろ暴力性を帯びる形式的な理性に対抗する手段となりうる。

「交わりの意志」としての理性は、独断的・閉鎖的な態度を乗り越え、他者との共同の生を可能にすることができる。(7)

また、現在コミュニケーションが問題化し、ハーバーマスが「コミュニケーション的理性」を論究したように、コミュニケーションの場面における理性を重視する思潮がある。しかしコミュニケーションが単なる共通性の追求を目指すものであるなら、抽象的な普遍主義に陥ると思われる。これに対して、ヤスパースは様々な考え方が関わり合う世界を踏まえ「世界哲学」を構想しているが、その世界性と自己存在の歴史性との相即を主張している。グローバル化した世界において、単に抽象的な普遍性ではない連帯を模索する場合、ヤスパースの言う「愛ある闘争」は一つの参考になり得ると思われる。

第二に、主体の自立性に関しては、ヤスパースの「交わり」論は、実存や理性はそれだけで自立するものではなく、自己ならざる他者や超越者との関連にあることを明確に示している。自立性の成立の場面を明確化し、自立性の適切なあり方を提示することが必要と思われるが、「交わりの意志」としての「理性」による「哲学的信仰」というヤスパースの立場は、他者との交わりにおいて、またその交わりを媒介として超越者との関係において、実存と思惟の自立性を位置づける一つの提案と見ることができよう。

ヤスパースは『哲学』以来、内在者の閉鎖的秩序に囚われない「自由」として実存を捉え主体の自立性を重視しつつ、実存の自由は超越者に贈与され、また超越者において止揚されることをたびたび述べ、主体の自立性の非自足性を主張している。『真理について』における「交わりの意志」としての「理性」の導入を経て、『啓示に面しての哲学的信仰』では、主体の自立性を否定する立場は、啓示に依拠する「啓示信仰」と言え、交わりの意志としての理性を手段とする実存の「哲学的信仰」と「啓示信仰」の関わりが、『啓示に面しての哲学的信仰』の主題の一つである。詳しくは第四章で考察するが、哲学的信仰は啓示信仰を単に否定するのではなく必要不可欠として要求し、哲学的信仰と啓示信仰の関係は「愛ある闘争」の関係にあると見ることができると思われる（「愛ある闘争」は諸暗号の闘争に主として用いられる用語であるが、神の具象的な実在を主張する啓示信仰に対する、哲学的信仰の異議も闘争と呼ばれているので、両者の関係を愛ある闘争と呼ぶこともできよう）。両者の関係についてのヤスパースの主張が形成される過程を我々は検討するが、その検討により実存の主体的な思惟が自己ならざるもの、理性ならざるものに関わらざるを得ない理由、そしてその関わりにある主体的な思惟には、田辺元の言う「絶対批判」のような、根本的・徹底的な自己省察・自己否定が求められることが明確化すると思われる。

「結び」でも言及するが、ヤスパースの主張は交わりの内にある主体的思惟のありように関しては示唆深いが、主体の非自足性に関しヤスパースの不十分な点、というよりヤスパースが正面に据えていない問題があると思われるので、それについて触れておきたい。「啓示信仰に対する哲学的信仰」という枠組みでは、ヤスパース的な実存は「哲学的」に信仰し、自立した主体の知的作用を重視する立場を採り、超越者は間接的に「統一」として作用する。主体の非自足性が全面的に問題化する場面、罪と救済といった場面では、実存と超越者はこのようなあり方とは異なるあり方をしていると思われる。「回心」、例えばパウロの「もはや我生くるにあらず、キリスト我が内に在りて生くるなり」（ガラテヤ書2:20）、と呼ばれる絶対的転換においては、知の働きも含め主体が絶対的に否定され、全く新しい自己が生成し、より直接的な超越者と実存の関係が存すると思われる。(8)

ヤスパースにおける思惟についての従来の研究について述べると、思惟を越えたものを志向しつつ、思惟を重視するヤスパースの姿勢は、ヤスパース哲学の解釈に大きく分けて三つの方向を生じさせている。

一つの解釈の方向は、実存思想一般を生の哲学と通底する反合理主義と捉えたり、超越的なものに関わる宗教的性格から理解し、ヤスパースの哲学もやはり非合理主義として解釈する方向である。テュッセン（Thyssen, Johannes）は、『哲学』における「挫折」を「究極的に非合理的な経験」としている。(9)テュッセンは、客観的知識への敵意と非合理主義という基本的な性格は、ヤスパースのみならず実存主義や他の当時の風潮に共通であるとしている。[10] ハイネマン（Heinemann, Fritz）は、実存哲学の原点を宗教的モチーフとしている。[11] ハイネマンは、ヤスパースが一九三五年の『理性と実存』以降理性を主張するようになったことを評価しつつ、ヤスパースの理性は無限の反省を続ける主体的な統一に止まり、明確な概念も客観的な統一も与えず、不十分とする。[12] ヤンケ（Janke, Wolfgang）も、ヤスパースの追求する実存や超越者が範疇的論理では扱えず、ヤスパースの実存開明は自己存在への覚醒への「訴えかけ」に留まるとしている。[13] ヴィッサー（Wisser, Richard）は、「思惟しえないものの感得」がヤスパースの主眼であり、[14] 圧倒的な理解不可能性における絶対的なものの経験という否定神学と共通する性格を有していると述べている。[15] 渡辺二郎氏は、『理性と実存』以降に理性の契機が導入され、交わりに根ざしたより合理的な体系が構成されていることを評価しつつ、ヤスパースの哲学の根源を「実存における神秘の存在の確認」であると見ている。[16]

もう一つの解釈の方向は、実存という非合理主義的な要素を認めつつ、理性や交わり（対話）といった、明るく開かれた思惟の姿勢を評価するものである。ボルノー（Bollnow, Otto Friedrich）は、ヤスパースの「理性」と「包越者」の主張を、実存哲学の非合理主義を克服する試みとして評価している。[17] ザーナー（Saner, Hans）は、『理性と実存』でヤスパースは理性の哲学を主張するようになり、ヤスパースの思惟の「実存中心主義」（Existenz-Zentriertheit）が打ち破られたとしている。[18] ザラムン（Salamun, Kurt）も同じ方向にあると言えるだろう。ザラムンは、限界状況に直面する実存というモチーフと、理性による交わりというモチーフは、対立・不整合にあると考える。[19] そしてザラムンは、ヤスパースは本来的には自由主義的で啓蒙主義的な思惟の伝統に立っていると見なし、ヤスパースの主張が「非合理的」、「神秘的」に見えることがあり、「実存的交わり」等は代替できない個人の直観的理解や主観的明証といった非—合理的な行動によってのみ体験できることを認めつつ、それは反ドグマ的な「知的誠実さ」からくるとしている。[20] そしてヤスパースの主張を反合理主義の領域へと押しやるのではなく、他者の理想や自己の生活経験と比較し再検分できるような可能的な自己実現のあくまで一つの理想として理解すれば、合理的に解釈されうるとしている。包越者論も、超越者に関わる神秘的思弁という側面があるとしつつも、むしろ包越者の諸様態がそれぞれ独自性を持ちつつ相互に関わるという「開かれた、ダイナミックな多元性」から受け取られるべきとしている。[21]

そして三つ目の解釈の方向は、実存と理性の相克を相克のまま受け取ろうとするものである。金子武蔵氏は、ヤスパースにおける理性が、伝統的な悟性、理性、精神を踏まえつつそれに止まらず、イデーの統一を破って「今—ここ」における「この」自己に向かう「実存理性」であることを論じている。[22]「実存理性」は物事の元に真実に現在させると共に、人間の必然としての挫折において存在を経験させるものとして絶対的である。また実存は個別的な限界状況の内にあるが、限界状況においては個的な主体と個的な主体が相対し、その間の交わりを可能にするものも、交わりの理性としての「実存理性」であるとされる。[23] 林田新二氏は、理性と実存の相即を論じ、ヤスパースの理性を、反理性的なものに対してさえ開かれていることを強調している。[24] そしてヤスパースの理性は、あらゆる固定化や一義的客観化をたえず拒否し、全てを結びつけ統一的一者へと迫り行くものであり、いかなるものにもその相対性と限界とを指示し、その最も包括的な開かれた本性によって、己の限界を知り、そこで己を限界づける超越者に、即ち自己の挫折を通じて超越者に向かうもの、と論じている。[25] 福井一光氏は、世界や自然が全て理性に内在化され得るという近代的な考え方の根本的な反省の一つが実存主義哲学であったことを指摘されつつ、単に理性を否定する態度に疑問を呈し、理性に内在化されえない非合理的生命性や実存的問題との対決において、理性の本来の意義が発揮される可能性を指摘している。[26] 福井氏は、実存哲学的思潮が問題としたのは、単に非合理性を棄却した合理的なものでも、単に反合理性を強調した非合理的なものでもなく、合理性と非合理性の緊張を見据えた上で、両者を媒介する超合理的なものであると述べている。(27) 北野裕通氏は、ヤスパースの哲学の動因となっているものは、海の波浪のような現象の無限性の経験であり、それは同時に自己存在の有限性の徹底的な経験であることを指摘し、このような経験に基づく思惟がヤスパースの特色であると述べている。(28) そしてヤスパースにおける理性は、有限者である実存にあってその限界を突破し無限者へと帰還せんとする作用であると捉えている。(29) これらの解釈は、内在的な目的を追求する「道具的理性」(30) や体系化を図る知的能力とは異なる点を、ヤスパースの言う「理性」に見て取ろうとしている点が共通している。

我々も基本的には実存と理性、信仰と思惟の相即をヤスパース哲学の特徴と見なす立場をとる。しかしその「相即」を主張するためには、「実存すること」における思惟の働きを明確化する必要がある。交わりが哲学すること、超越することの手段となったとしたら、暗号論とどのような関係にあるのか。また、『啓示に面しての哲学的信仰』における「全ての暗号の彼岸」へと至る暗号論の展開の理由と意義はいかなるものか。また、「超越する思惟」と言える包越者論（ないし哲学的論理学）の意義はいかなるものなのか。このようなことが明らかにすべき課題として浮かび上がるのである。冒頭に述べたように、本論考の目的は、暗号解読における超越者の顕現と理性的交わりという二つの契機が、ヤスパース哲学においてどのように関係しており、ヤスパースの思想的発展の中でどのように変遷したかを論究することである。それはヤスパース哲学における理性的思惟の解明という意味を持つ。

非常に単純化して言えば、ヤスパース哲学の非合理な側面は「暗号」論によく見られ、合理的な側面は「交わり」や「理性」の思想によく見られ、この二つを連関づけることは、先に触れたヤスパースの神秘主義的側面を重視するか、合理的側面を重視するかという、解釈の大きな違いを総合する可能性を見出すことでもある（これからの考察で明らかになるが、ヤスパースは狭義の神秘主義、神秘的融合を説くドイツ神秘主義などと自らの立場の相違を繰り返し強調しており、哲学的信仰という概念で思惟を契機として含む信仰を標榜している。したがって、正確に言えば暗号論は神秘的体験や非合理的信仰を説く思想というわけではない。また逆に交わりは、自他の合理的な関係に止まらない、人格的関係を視野に入れたものである。そこで交わり思想は単なる合理的思想ではない)。

本論考で扱う著作について触れておくと、周知のようにヤスパースは精神病理学から哲学に転じた。哲学に転じてからの主著が、『哲学』(*Philosophie*, 1932)、『真理について』(*Von der Wahrheit*, 1947)、『啓示に面しての哲学的信仰』(*Der philosophische Glaube angesichts der Offenbarung*, 1962) の三つと言える。本論考では、これら三つの主著を主として参照し、場合に応じて他の著作についても検討する。(31) 中でも、『理性と実存』(*Vernunft und Existenz*, 1935) は、「統一への意志」・「交わりの意志」としての「理性」を提出し、『真理について』と同様な内容であるが、より簡潔であり、重要な主張が明確に語られているので合わせて参照する。また『哲学的信仰』(*Der philosophische Glaube*, 1948) は、『啓示に面しての哲学的信仰』と同じく「哲学的信仰」について論じているが、やはり簡潔であり、「哲学的信仰」の概念を得るのに適しているので、合わせて参照する。

第一章で「実存」、第二章で「哲学的論理学と哲学的信仰」という基本的な術語を検討し、経験可能な内在者からの超越を志向しつつ、神秘的・彼岸的なものを求めるのではなく、あくまで思惟を手段として現実において「浮動」を目論むヤスパース哲学の基本的性格を確認する。第三章で「暗号」、第四章で「交わり」の発展を考察し、それを踏まえ第四章の最後で暗号と交わりの関係を究明する。先取りして言えば、『啓示に面しての哲学的信仰』の地点から見た場合、ヤスパース哲学における思惟は、「交わりとしての思惟」であり、しかも交わりを志向して挫折し交わりに復活する思惟、「自己否定して交わりを遂行する思惟」と捉えられると思われる。最後に第五章で他の思想との比較を通じて、ヤスパースにおける交わりとしての思惟の特徴を考察する。

第一章　ヤスパースにおける「実存」の概念と内実――キェルケゴールとの比較――

1　ヤスパースのキェルケゴールへの評価

この章では、ヤスパース思想の一貫した主題である「実存」(Existenz)の概念を検討したい。一般に実存は「現実の自己存在」、金子武蔵氏の言葉を借りれば、「今―ここにおいてあるこの自己」(1)を指す。歴史的に見た場合、実存 Existenz 元来の意味は、中世の existentia であり、それは本質 essentia から「外に出た存在」である。「実存」は、シェリングの積極哲学において概念で捉えられない現実存在として重要な意義を与えられ、キェルケゴールにより主体的な単独者(Einzelner)としての人間を指すようになった。ヤスパースは『啓示に面しての哲学的信仰』(一九六二)で、eesentia と existentia の範疇では後者が含意する現実性であるが、加えて唯一性と代替不能性の意味が取り入れられるべきとしている(Jaspers 1962:118)。実存は対象的な概念で把握されない、現実における自己存在と言えよう。しかしながら、実存の具体的なあり方は、実存を論じた思想家によって様々だと考えられる。ヤスパースにおける実存の詳細な明確化は、本論考で行う「暗号」思想や「交わり」思想の考察を踏まえて初めて可能であろうが、前もって概略を見ておくことは有益と思われる。

ここでは、ヤスパースにおける実存の概念をキェルケゴールと比較しつつ、明確化することを試みたい。周知のようにヤスパースはキェルケゴールの実存概念を受け継ぎ、それを元に自らの哲学を展開した。「実存とは決して客観となることのないものであり、私がそこから考えかつ行動する〈根源〉であり、何ものも認識することない思想過程において私が語るところのものである。即ち実存とは、〈自己自身に関係し、そしてそうすることの内で超越者に〉関係するところのものである」（Jaspers 1932 I:15）というヤスパースの実存に対する規定は、キェルケゴールの「自己自身に関わり、そしてこの自己自身に関わることにおいて他者［神］に関わるところの関係」（Kierkegaard 1849:9）[2]という規定と共通するところがある。[3]両者共に実存を自己自身に関係し、同時に超越的なものと関係するものとして考えている。『世界観の心理学』（*Psychologie der Weltanschauungen*, 1919）では、キェルケゴールが自己を現存するものでなく、自己自身に関わることにおいて生成すべきものとする点、自己生成は開明化（Offenbarwerden）である点を評価している。「開明化の過程は、自己となること（Selbstwerden）、即ち、そこでは単独者が絶対的単独者になると同時に一般的となるところの逆説的生成（das paradoxe Werden）と同一である。完全な透明性（Durchsichtigkeit）と公明性（Offenbarkeit）の理念は――有限的なものにおいてはいつでも理念に過ぎないが――［単なる自然的発育としての］生成から救い出されて自己となることの過程を実現するだろう」（Jaspers 1919:422）。その他、「決断」（Entscheidung）、「決意」（Entschluss）、「実存的思惟」（existentielles Denken）、「弁証法」（Dialektik）といったそれぞれの思想において、重要な役割を果たす幾つかの概念が共通しており、この二人の共通性はたびたび指摘されるところである。[4]

ヤスパースは、一九五五年になってから『哲学』（一九三二）に付した後書きの中で、キェルケゴールに感銘を受け、第一次世界大戦中熱心に読んだこと、重要であると思われるにも関わらず当時のドイツではキェルケゴールは注目されていなかったことに不満だったこと、彼の実存の「概念」を我がものにしたこと、を述べている（Jaspers

1932 I:XIX-XX)。

しかしながら他方、ヤスパースの思想にはキェルケゴールとは異なる点がある。一つには、キェルケゴールには「他者」の契機が希薄であるのに対して、ヤスパースは「交わり」を重視するという大きな違いがある。ヤスパースは、「開明化」を「交わり」の重要な要素と考えている。「交わりにおいて私は自分に他者と共に明らかになる」(Jaspers 1932 II:64)。「単独者」という用語は自己存在の唯一性を意味するのであるが、必ずしも他者からの隔離性は付随せず、むしろヤスパースは、キェルケゴールの自己生成としての開明化を交わりの中で為されるものと考えている。

その他ヤスパースの思想には「包越者」(das Umgreifende)、「理性」(Vernunft) といった、キェルケゴールとは異なる要素がある。ヤスパース自身「〈キェルケゴールの〉いかなる信奉者にもならなかった」(Jaspers 1932 I:XX) と明言している。その理由としては、キェルケゴール的なキリスト教信仰に共鳴していなかったこと、また、彼が世界内での実現に関わらなかった点に相容れないものを感じたこと、が挙げられている。特に宗教性B、つまり絶対的逆説としてキリスト教信仰を把握することは、ヤスパースにとっては「歴史的なキリスト教の終焉であり、また全ての哲学的生活の終焉であるように思われた」(Jaspers 1932 I:XX)。キェルケゴールの主張する実存が世界から離脱するような観があるところが、相容れないものと感じられたと思われる。したがって両者の思想は外見上の相似にも関わらず、異質な側面がある。

2　キリストの模倣――キェルケゴールにおける実存――

キェルケゴールは現実的な存在、即ち実存を問題とし、その真のあり方は単独者としての実存が、人となった神、永遠の有限化としてのキリストを主体的に模倣することであると考えた。

周知のようにキェルケゴールはヘーゲルの体系的哲学を批判する。それは、思惟によって存在を体系的に把握する「抽象性の立場」、「客観性の道」、「純粋思惟」は、実存を把握することはできない、と彼が考えるからである。「抽象的思惟は、まさに永遠の相の下に（sub specie aeterni）観察する故に、具体的なものを、時間性を、実存の生成を、実存する者の困難を見損なう。実存する者の困難とは即ち、彼が実存の中に置かれ、永遠と時間とから構成されていることである」（Kierkegaard 1846 II:1）。抽象的思惟においては、全ては無時間的に、常に存在するものとして扱われ、実存を特徴づける「具体性」、「時間性」、「生成」は真の意味では把握されない。そのような「永遠の相の下に」捉えられた存在は「純粋存在」（das reine Sein）と呼ばれる。永遠の相の下では思惟と存在は一つである。というのも、「抽象的に考えるならば、いかなる断絶も存在しないが、いかなる移行も存在しない。というのは、抽象的に見れば全ては《ある》（ist）からである」（Kierkegaard 1846 II:46）。表面的には、抽象性の立場も「変化」について語っているように見える。しかしそれは「可能性」に移し変えられた「変化」である。つまりここでは現実の存在が可能的な存在へと転換されるため、変化は現実そのものの変化ではなく、理論的に理解され、いつでも再現可能な可能的な「変化」となってしまう。同様にヘーゲルにおける概念の運動の契機である「止揚」、「移行」、「新しい統一」は、現実的なものではないと批判される。

思惟では把握されない具体的な実存は、絶対的逆説としての宗教性Bにおいて顕わになる。まず宗教性Bの前段階である宗教性Aを瞥見し、それとの比較において宗教性Bを検討しよう。

宗教性Aは「永遠の幸い」(die ewige Seligkeit) に情熱を持って関わることとされる。永遠の幸いは、「人が絶対的に全てを賭けることによって得られる善であると言う以外にない」(Kierkegaard 1846 II:134)。この「情熱」、「賭け」ということが、主体性のメルクマールであり、単に客観的に考察する純粋思惟と異なる点である。ところが実存自身は自らの有限性・時間性を変えることはできない。それ故「苦しみ」が、永遠の幸いの追求には付随する。

このような宗教性Aは、いわゆる実存の三段階において美的・倫理的段階より高次の宗教的段階に属するが、内在的な宗教性とされ不十分だとされる。「内在者においては神は何か (ein Etwas) でなく、むしろ全てであり、無限に全てであり、また個人の外部にあるのでもないからである。何故なら教導 (Erbauung) は正に神が個人の内部にあるということに存するからである」(Kierkegaard 1846 II:272)。宗教性Aにおいては神が単に超越的なものであり、有限者との対比における無限者であるが、この場合有限者と無限者の区別が絶対的なものではなくなる。というのも、この場合有限者は、自己が有限であるということを強調し、ひたすら自らの力で自己否定することによって、自己がそこに含まれる無限者である神と関わることができるからである。「《宗教性A》は、なるほど思弁ではないが、思弁的であり、実存することを考えることによって、この［時間と永遠の］区別を考える」(Kierkegaard 1846 II:282) とされる。宗教性Aにおいて実存は、自己を賭けて実存してはいるが、有限者と無限者との、自己と神との区別が反省により把握され、その断絶が真に自覚されてはいない。

その自覚が生ずるのは、無限者でありながら有限となった存在に出会うことによってであり、その存在が人となった神としてのキリストである。キリストは、「苦しむ者にのみ心を痛め、自ら自身は全く顧みない、無制限な《一途さ》(Rückhaltlosigkeit)」(Kierkegaard 1850:65) を特徴とし、「《自らを最も不幸な人と文字どおり一つに》すること」

（Kierkegaard 1850:67）という神的同情を持ち、人間とは絶対的に隔たった存在である。このキリストに出会うことによって、逆説としての宗教性Bが成立する。「逆説的な教導は、したがって、一人の人間としての時間における神という規定に対応する。何故ならもしそうだとすれば、個人は自己自身の外の何ものかと関わることになるからである、このようなことが思惟されないことが、まさに逆説である」（Kierkegaard 1846 II:272）。

　キリストのあり方は、「世界に対して死にきり、地上的なものを放棄し、自己否定すること」（Kierkegaard 1850:253）であり、さらに十字架につけられることとされる。それは地上的な基準では悲惨な姿であるが、「［神の］栄光が、誰でもたやすく見ることのできるような、直接的に見ることのできるものであったならば、キリストが自らを卑しくして僕の形をとったことは非真理である」（Kierkegaard 1850:73）とされる。キリストの姿が栄光そのままであれば、それはひたすらそれを追求することによって到達しうる対象となり、そのような追求は宗教性Aのあり方と言えよう。卑しい姿で現れ人間によって殺されたということによって、キリストは人類を責めあらしめ、自らの罪を自覚させる。そのことにより真の意味での神の追求が生じる。人間は罪に沈み込んでおり、実存として覚醒するための条件さえ、自己の外から神によって与えられることが必要である。実存する者は「神からの条件を受け取ることによって、新しい被造物になるのでなければならない」（Kierkegaard 1846 II:288）。条件さえ与えられるという、神への全き依存性において生成するのであるから、新しく創造されると言えるのである。

　この際、自己が成るものは、過去に存在したものでなければならないとされる。「宗教性Aにおいては、［神との関わりの場である］歴史的起点は存在しない。個人が時間の中に見出すのは、ただ自己自身を永遠的なものとして前提としなければならないということだけである。したがって時間の中における［信仰の決意の］瞬間は、そのまま永遠に呑み込まれてしまう。時間の中において、個人は自分が永遠であることを自覚する。この矛盾は、ただ内在者においてのみ存在する。それと違うのは、歴史的なものが外部にあり、外部に止まっており、永遠でなかった個人が今や永遠となる、つまり彼が現にそうであることを自覚するのではなく、現にそうでなかったものになる、という場合である。特に注意しておきたいのであるが、それが現に存在するや否や、それは既に存在したのでなければならない、との弁証法を持つあるものが生成するのである。というのは、これが永遠的なものの弁証法だからである」（Kierkegaard 1846 II: 285）。成るべき対象が未だ存在しないものなら、自己を維持しつつ自己の努力によってこれからそれに成る可能性があるが、これは宗教性Aのあり方と言える。しかし生成が全くの他者となることであるならば、歴史上既に存在したものになるということでなければならない。それが「模倣」と呼ばれる事柄である。

キェルケゴールにおける実存の真のあり方である宗教性Bには、自己であるためには他者にならねばならないという逆説、神が人間しかも最も悲惨な人間の姿をとったという逆説、キリストは歴史的存在であるが永遠と関わるためにその歴史的存在に関わらねばならないという逆説がある。キェルケゴールは、有限者と絶対者の厳密な区別の上に、現実に実存することを追究し、それを絶対的逆説という形で示した。絶対的逆説は思惟によっては把握不可能で容認されないものであり、実存の現実的信仰の「飛躍」（Sprung）によって是認されるのである。

3　現実における暗号解読――ヤスパースにおける実存――

先述のように、ヤスパースもキェルケゴールと同様に、普遍的概念によって一般化されない真の自己である実存を追究し、実存は超越的なものとの関わりにおいてあるとしている。ヤスパースは実存を、「現存在」（Dasein）、「意識一般」（Bewusstsein überhaupt）、「精神」（Geist）といった内在的な自己存在と対比し、客観的には捉えられない超越的な自己存在とする。「自己の現存在を越え永遠なものに到達しようとする人間の衝迫は、内在的根拠とは違った根拠を持たねばならない」(Jaspers 1947:78)。実存の核心は内在的なあり方に満足せず自らのあり様を自ら決定する「自由」にあるとされ、超越者は実存の自由を贈与するものとして規定されている。「超越者は実存にとっては、実存がそこに自らの足場を持つような他者である。私が本来的に私自身である場合、私は私自身によって私自身であるのではない。私は自分で自分を創造しはしなかった。私が本来的に私自身である場合、私は自らに贈与されるのだと知っている。私の自由が決定的に意識されればされるほど、同時にそれだけ決定的に、私がそれによって存在する超越者もまた意識される」(Jaspers 1947:110)。我々は自由に基づいて個々の活動を意志するのであるが、自由自体を意志することはできない。この意味で自由は実存の被投性を端的に表すものと言えよう。実存は自らの自由を行使することによって、いわば回想的に超越者と自らの繋がりを自覚する。

したがって、実存の自由は内在者の恣意とは異なる。「現存在は経験的に現存するが、実存は自由としてのみ現存する。現存在はただ時間的であるが、実存は時間の内にあって、時間を超えている。私の現存在は、現存在の全てでない限り有限であるが、にも関わらずそれ自身で完結している。また実存はそれ自身で孤立していないし、また一切でもない。何故なら実存は、他の実存と超越者に関係している場合にのみ存在するからであり、全くの他者としてのこの超越者の前で、実存は自己自身によってのみ存在するものではないことを自覚する」(Jaspers 1932 II:2)。この引用に見られるように、ヤスパースにおける「現存在」Dasein は、対象的に経験可能であり一義的に意味が確定できるが、そのつどのパースペクティブに制限されており非本来的であり、否定的な意義を持たされている〔ただしその現存在が超越者の現れという意義を持つ時、いわゆる「暗号」(Chiffre) となる〕。現存在は、時間の中での局所的な存在である。実存は時間の中にありつつ時間を超えた永遠である超越者に関わることで、それ自身時間を超えている。現存在は固定的に確定しており〔単独で完結しており〕、いわば閉じているが、実存は孤立した自我存在ではなく、超越者と関係へといわば開いている。実存の自由は独我的にふるまう恣意ではなく、論理的必然とは異なる超越者によって運命づけられた必然という性格を合わせ持つ。「ただ自由に対してのみそのものとして開かれるところの超越者において、自由は自らの充実（Erfüllung）を求める」（Jaspers 1932 III:5）とされている。

内在者からの超越、自由、交わり、といった特徴以外に、ヤスパース自身が実存を定義づけているところを見ると、「歴史的に一回限り」（Jaspers 1932 II:19）といったことや、「存在可能」即ち「現存在の現象においては〈存在しない〉が、〈存在しうるしかつ存在すべき〉存在、それ故、それが永遠的であるかどうかを、時間的に決断する存在」（Jaspers 1932 II:1）といったことなどがある。これらの規定は主体としての実存に焦点を当てたものであり、「今―ここにおいてある自己」の様々なあり様を言い表わしたものと理解できる。

以上の規定は、キェルケゴールにおける実存を概念的に把握し直したものと見ることもできる。キェルケゴールと大きく異なるのは、実存することの場が内在者であることが主張される点である。自由や超越者への関わりは重要な契機であり、その面から論じられるのは当然であるが、自由も超越者も経験可能な内在者と関係してのみあることを、ヤスパースは繰り返し強調している。実存にとって内在者から遊離して全てが意のままになるような自由はあり得ないし、二世界論のように内在者と並列的に超越者を想定することは「別の世界にこの世界にも存在する事物と出来事が移し換えられるだけであり、想像的に拡大され、縮小され、組み合わされる」（Jaspers 1932III:9）だけである。主体としての実存は、必ず客観としての内在者と相関的に存在し、実存が面する内在者は内在的でありつつ超越者を表すという独特な存在、「暗号」とされる。

暗号については詳しくは第三章で考察するが、「現実的にその元にある直接性」、「可能性なき現実性」、「他のものによって解釈されない」などとされている。そこで、暗号に直面することを「物事の元に真実に現在すること」、

「可能性なき現実性に直面すること」と言い表せると思われる。実存の主体としての側面は、「本来的な自己であること」あるいは「今―ここにおいてある自己であること」と言えるが、「自己であること」と言ってしまうと、「自己」をどうしても確固として確定できる、固定的な存在として想定してしまう。ヤスパースの言う「実存すること」を、客観としての暗号に焦点を当てれば、「物事の元に真実に現在すること」、「可能性なき現実性に直面すること」と言えると思われる。(5)

『哲学』では実存から哲学することの出発点として「我々の状況から哲学することを始めること」が挙げられ、「状況内にある私の現存在としての私にとって、状況は現実性の唯一の形態である。私は状況の中から思惟しつつ、状況の中に再び還る。ここに、現在(Gegenwart)としてのそのつどの直接性があり、また唯一の確証がある」(Jaspers 1932 I:3)と述べられている。自らの状況のただ中にあって、自らの根拠や存在そのものを問い、自ら状況へ還り実践するということが、実存から哲学することであるとされている。自らの状況のただ中にあることとは、「物事の元に真実に現在する」と言い換えられると思われる。

ヤスパースの考えでは、実存にとっての拠り所は内在とはならない超越者であるが、実存はあくまでも現実の中で超越者と関係する。ヤスパースにおける実存のあり様は、内在の世界において実存が自らの自由の意味を問い実現していくことであり、それは超越者の現象としての「暗号」を解読するという意味を持っている。ヤスパースにおいて世界は、単なる認識の対象や感覚的享受の対象として内在的に経験可能な存在の総体としての世界であるばかりでなく、実存が「暗号」として解読することによって自己実現を図り超越者によって充実されるための素材である。

ヤスパースに従えば、世界は内在的経験の対象という意味と、超越者の暗号という二重の意味を持つことになる。暗号という現象には、世界存在が内在的なものでありつつ超越者の現象となるとはいかなることなのか、という問題がある。実存にとっての直接の対象は暗号であるが、超越者それ自体は対象として固定されないのであるから、超越者それ自体とその現れである暗号は相対立し、互いに否定し合う側面がある。暗号は超越者の「言葉」（Sprache）であって、超越者そのものではない。ここには超越者が内在者の内にある意味で現れつつ、それ自身としては消え去るという弁証法がある。

この弁証法については詳しくは第三章第一節で論じるが、通常の暗号による内在者の充実と「挫折」（Scheitern）の暗号による内在者の空無化の弁証法として捉えられよう。[6] 暗号は、実存が「想像」（Phantasie）によって把握する、内在者の根源や完成した姿である通常の暗号と、「決定的な暗号」、「究極の暗号」と呼ばれ特別な意義を持つ、あらゆる存在者の挫折の暗号との二種類に区別できる。前者は、認識によって把握される事物の現にある姿を越え、実存の視野を広げ生に一貫性や深みを与える。後者は、あらゆる存在者が永遠に存在するのではなく、消滅せざるをえないという存在者の真の姿としての無常性を知らしめる。挫折は、死、苦悩、闘争、負い目といった、人間の生の根本的意義が問題化する「限界状況」（Grenzsituation）において経験される。暗号解読の際には、通常の暗号によって内在者における実存の活動が導かれ実存が充実される契機と、挫折の暗号によって内在者が否定されるという契機が併存すると我々は考える。

暗号という現象には、内在者が実存を充実する側面と、内在者が空無となる側面が含まれている。この二つが同時的に働くことによって、単なる内在的現実が打ち破られ、超越者によって充実された高次の現実が現出する。ヤスパース自身は個々の暗号と挫折の暗号を分離して語っているが、それは便宜上為されたもので、充実と無化は全ての暗号解読の際に相克する両極として同時に成立していると考えて良いと思われる。

ヤスパースは超越的な自己存在である実存を、内在的な自己存在と区別すべきことを繰り返し強調している。しかし、「[現存在、意識一般、精神という]」私がそれであるところの三つの包越者の様態は全て、実存が自己自身に現象し現実的になるための不可欠の条件である」(Jaspers 1947:83) とされるように、内在的なあり方を離れては実存は現実的ではありえない。挫折を踏まえることによって自己の有限性を自覚しつつ、現実の世界において存在を暗号として受け取り、己れにとっての世界と自己自身の意味を問い、その意味を主体的に実現して行くことが、ヤスパースの考える、実存の超越者への関わりなのである。

4 両者における現実の意義

これまで見てきたキェルケゴール、ヤスパースそれぞれにおける実存の内実を考察しよう。キェルケゴールにおいては、真に現実的に実存するためには、どこまでも現実の世界にある自己を打ち捨ててキリストを模倣することが必要とされる。そのあり方は、先に見たように「世界に対して死にきり、地上的なものを放棄」するというものであり、キェルケゴールにおいては世界内の行為は専ら否定されるものと言える。ここでは現実に実存することと、人間がその内にある現実の世界とが、分離していると言えよう。キェルケゴールにとっては、人間が存在する現実の世界は、美的な享楽の場として、どこまでも乗り越えて行かねばならないものであった。

これに対してヤスパースにおいては、人間がその内にある現実の世界は、我々が内在的なあり方をして接するものとしては差し当たり否定されるが、それが暗号となることによって、超越者に充実されたいわば高次の現実となることが主張される。ここでは実存することの現実と現実の世界の乖離が、暗号を媒介にして克服されている。

したがって、この両者の違いは、実存することの現実をキリストに関わることに限定するか、世界存在に関わることに見るかの違いにある。その違いは、実存の覚醒の条件をキェルケゴールはキリストにのみ認めるのに対し、ヤスパースはより広く限界状況に認めるという違い、また決意がキェルケゴールにおいてはキリストを信じる決意に限定されるのに対し、ヤスパースにおいては超越者を覚知しつつ自らの自由を世界において行使する決意という広がりを持つという違いにも表れている。

また、「開明化」（Offenbarwerden）についても、キェルケゴールは直接的に神へと開かれるという意味が強いのに対して、ヤスパースは「開明化」は第一義的には他の実存との交わりにおいて、自らの代替不可能性が明確化することであり、そのことを通じて間接的に超越者へと開かれるという意味が強い。キェルケゴールと同様に「単独者」という言葉をヤスパースも多用し、単独者として実存は「唯一性」、「代替不能性」を有し、世界や他者から孤立し隔絶している側面がある。しかし、同時にヤスパースの場合、実存は世界や他者への関わりへと還帰することが明確に表れている。

キェルケゴールは、実存することを究極まで純化させて捉えたと言えよう。彼が現実存在の思惟不可能性を説き、実存の主体的な信仰にその現実の在りかを求めたことの哲学史上の意義は大きい。しかし、その結果かえって実存を非現実的・抽象的にしてしまった側面がある。実存の信仰の核心はキェルケゴールの言うように「飛躍」であるが、その核心はいわば飛躍する土台と飛躍した先をも含めた全体から抽出されたものと言えよう。キェルケゴールが実存の信仰の場として考える宗教性Bもそれだけで存在するわけではなく、宗教性Aやさらにそれより前の宗教的実存以外の段階を踏まえて成立する。また、ヤスパースは「キェルケゴールは何らかの立場ではなく、一つの思惟方式である」（Jaspers 1962: 519）と述べる。彼が提示した絶対的逆説は、現実的な実存することのあくまでも一局面――それは核心部分ではあるが――の提示であり、それ自身一つの実存の根本的態勢であると言えよう。その根本的態勢は真摯に受け取るべきであるが、あくまでも現実における信仰の中で意味があると言えよう。我々は現実的には何者かでなければならず、実存することが現実の世界においてどのように位置付けられるかは欠かせない問題と思われる。これに関して金子武蔵氏は、キェルケゴールにおける理性による媒介と歴史性の欠如を指摘している。「彼［キェルケゴール］に於てヘーゲルの理性に対抗して出現した実存はまだそれ自身の抽象であるにすぎず、それの登場は直接的たることを免れなかった。だからじつを言えば、それはヘーゲルの理性に、またこれを通じて悟性に媒介せられているのであって、この媒介過程を併せ考えるときのみ初めてそれの概念は絶対的となって完成することができるのである」(7)。実存は、理性の働きやそれによって形成された歴史的世界を、自らの成立のために必要とすると言えよう(8)。

キェルケゴールからすれば、ヤスパースにおける実存は内在的あり方において自己実現を図る点で、自己を保持していることになり、宗教性Aに止まっているということになろう。確かに、ヤスパースにおいては自己否定という契機が、キェルケゴールほど先鋭化された形では表れていない。我々が言及した究極の暗号と通常の暗号の弁証法も、明確な形では示されていない。それ故、信仰の核心である逆説的な実存のあり方が見えづらいことは否定できない。しかしヤスパースは単に内在者を是認していたわけではなく、超越者が超越的でありつつ内在者において現象するという弁証法には、キェルケゴールのいう逆説の弁証法に類似した点があると言えよう。さらに、逆説や不条理に止まらず、内在者が空無化することにより逆に「物事の元に真に現在する」という高次の実在性を見て取ることは、内在者を実存の場として真に解放へともたらしたと言えないだろうか。世界を越えた神秘的・非合理的な体験や、抽象的・概念的な絶対者ではない現実に、実存と超越者の関係を見出そうとするヤスパースの考えの意義は大きいと思われる。また、本章では十分扱っておらず、詳しくはこれから特に第二章で考察するが、ヤスパースが理性を単に合理的・論理的な概念の能力ではなく、交わりの働きとして捉え直そうとすることも、内在者の根底に超越的なものとの関係を見ようとする姿勢の表れと言えよう。

第二章 「思惟の思惟」としての哲学的論理学と「交わりへの信仰」としての哲学的信仰

1 哲学的論理学と哲学的信仰の概観

(1) ヤスパースの主要著作における哲学的論理学と哲学的信仰

ヤスパースは『哲学』(一九三二)で自らの実存哲学を確立した後、『理性と実存』(一九三五)で「理性」を重視するようになった。そして『理性と実存』以降は、思惟の自己反省である「哲学的論理学」(die philosophische Logik)と、実存の信仰である「哲学的信仰」(der philosophische Glaube)という二つの術語を用いて、実存と超越者の関係を論究するようになる。哲学的論理学は単なる思惟形式の反省に止まらず、対象的な認識を越え「包越者」(das Umgreifende)を感得させ、存在そのものへの視点である「根本知」(Grundwissen)を与えるものとされる。また哲学的信仰は、対象存在を超越者の「暗号」(Chiffre)として受容する実存の信仰であるが、「哲学的」とされるように思惟を手段とする。この二つは「実存すること」の不可欠の契機と考えられる。[(1)] この二つは単純化すれば、「思惟」と「信仰」と捉えることができ、哲学的論理学は広義の認識論・存在論、哲学的信仰は広義の実践論・信仰論と言える。思惟と信仰の双方を関連させつつ、実存を論じる点が、ヤスパースの特徴であると言える。

哲学的論理学は哲学的信仰を可能にする前提という意味があるが、哲学的論理学は「思惟」であり哲学的信仰は「信仰」であるので、思惟が信仰の可能性を開くとはどのようなことなのかが、問題として浮上する。ティリッヒ（Tillich, Paul）の言うように思惟の契機は客観的・科学的な自律性を持ち、信仰という個人的・実存的な事柄と相容れない側面がある。ティリッヒはこの点からヤスパースの「哲学的信仰」の主張に疑問を投げかけている。(2)

この章では「哲学的論理学」と「哲学的信仰」について、それぞれの概念やそれら二つの関係を考察したい。そのことにより、思惟と信仰を関連させつつ論じるヤスパースの姿勢、また「哲学的信仰」という概念の妥当性の是非が判断できると思われる。また哲学的信仰は「交わりへの信仰」とされているので、この哲学的論理学と哲学的信仰の関係の考察は、暗号と交わりの関係を明確化するという本論考の目的にとっても、必要な作業である。

『理性と実存』において提出された哲学的論理学は、言表の妥当性に関する形式論理学や諸科学における研究や論証の方法論としての論理学に止まらず、我々の思惟による思惟自身に対する反省であり、広く真理一般やさらに存在に関わる思惟である。哲学的論理学は異なる形態を取りうえ、例えばカントの超越論的論理学、ヘーゲルの範疇論等が哲学史において代表的なものである。ヤスパースが自らの哲学的論理学の核として提出するのが「包越者論」（Periechontologie）である。包越者概念は『理性と実存』以降のヤスパース哲学の要となるものであり、『理性と実存』以降は重要な思想を展開するにあたって使用されている。「哲学的論理学」と「包越者」に関しては、主著の一つである『真理について』（一九四七）において詳しく論究されている。

また、「哲学的信仰」は理性による実存の信仰とされ、『理性と実存』と『真理について』では一応独特な用語として見られるが十分展開されておらず、『哲学的信仰』（一九四八）において確立し、『啓示に面しての哲学的信仰』（一九六二）において、「啓示信仰」（Offenbarungsglaube）との比較がなされつつ、詳細に論じられている。[3]

（2）『哲学』における「哲学的論理学」と「哲学的信仰」につながる要素

・『哲学』における思惟の位置付けと哲学的論理学につながる要素

「哲学的論理学」と「哲学的信仰」という用語は『哲学』を中心とするヤスパース思想の確立期には確定した思想としては見られないが、萌芽となる考えは見られる。

一つには、『哲学』においても思惟の働きが、実存と超越者の関わりに一定の役割を果たすとされている点がある。『哲学』第三巻『形而上学』には、「形式的超越」（das formale Transzendieren）という章があり、超越的なものと思惟の関係が述べられている。超越的なものは、思惟に対しては「〈思惟可能でないものが存在するということは思惟しうる〉」（Jaspers 1932 III:38）という形で、思惟自身の挫折の中で感得されるという。思惟は超越的なものに関しては、循環、同語反復、矛盾に陥り、自らを否定するに至るが、そのことにより思惟を越えたものを暗示するのである。「超越者の〈探求〉は、超越者への諸々の実存的連繫の中にあり、超越者の〈顕現〉（Gegenwart）は暗号文字の中にある。形式的超越は両者のための〈空間〉を開けておく」（Jaspers 1932 III:35）。実存は超越者に現実的に関わり、実存に対して超越者は暗号という形で顕現するのだが、「形式的超越」による対象存在の否定が前提となるとされている。したがって、『哲学』においても思惟は、実存と超越者の実質的な関係を可能にする重要な役割を与えられている。

ただし形式的超越は不可欠の契機だが、あくまで「形式的な」超越であり、それだけでは「空虚」（leer）であり、超越者への実質的関係には暗号という充実が必要とされる。「超越者は全ての形態を越え出ている。思惟の挫折において確証される哲学的な神の思想は、その内で神性の「あるということ」（dass）を把捉するのであり、「何か」

(was) をではない。挫折する思惟は空間を作り出し、その空間は、歴史的な実存からそして現存在の諸々の暗号の解読において、それ自体常に歴史的な充実を見出しうるのである」(Jaspers 1932 III:39)。

なお、形式的超越と「挫折」の暗号は空虚をもたらす点で重なるものであり、「充実」を与える暗号も、「挫折」の暗号も、共に「暗号」とされていることは、『哲学』のはらむ問題の一つであり、この問題が『啓示に面しての哲学的信仰』における「全ての暗号の彼岸」(Jenseits aller Chiffern) という主張につながったと思われる。『哲学』では、思惟が否定的・消極的な面から捉えられており、暗号現象の前提という位置付けであり、「形式的超越」と「挫折の暗号」が別に語られることになっている。「全ての暗号の彼岸」に関しては、第三章第三節と第四章第三節で考察する。

そして、『哲学』では「哲学的論理学」の構想が提示されている。「哲学することはその本来的な首尾一貫性を「あくまで」非根源的に論理的な進歩の内に有するが、思惟と妥当的な知識の様式を意識しなければ、哲学することは「非根源的な」それに巻き込まれてしまうだろう。〈哲学的論理学〉は、ここでは提示された試みであり、本質的な部分が示唆されるであろう。しかし、その方法的な展開は他の書物に譲られる」(Jaspers 1932 I:IX)。思惟を重視しつつも、『理性と実存』以降の重視と比すれば、思惟の位置付けが補助的とされている傾向が見て取れる。「思惟様式と知識の妥当様式」を開明するのが「哲学的論理学」とされており、哲学することの本質は「根源的には論理的でない歩み」とされている。ここには、「統一への意志」、「交わりの意志」としての「理性」による哲学することという考えは見られない。そして、「その方法論的な展開は他の書物に譲る」とされており、その方法論的展開が『理性と実存』や『真理について』と言えよう。

哲学的論理学は『哲学』において本格的には展開されていないが、本質的な部分は「示唆され」ているとある。その示唆とは、『哲学』の様々な箇所で述べられている、対象的論理の不十分性や、主観と客観の分裂を越えることの重要性であると思われる。実存は「主観性を客観性に溶解し客観性を主観性に溶解する運動」（Jaspers 1932 II:344）とされ、実存が主観と客観を相互に関係させる運動として述べられる場合もある。詳しくは第三章で考察するが、暗号も主観と客観に浸透するものであり、主観性と客観性の両極を持つとも言われている。

主観と客観を越えたものに関しては、若干長くなるが次のような叙述がある。「確実な客観性に依拠する確定的なものによる満足は、誤解へと導いてきた。即ち、真理一般を確定的な正しさと混同することへと、したがってまた、知識による一切の満足を確定的なものを承認することに解消してしまう傾向へと、導いてきた。しかし確定的なものが世界定位の破棄しえない礎石であることは確かであるが、確定的なものが限界を持つことも同様に確かである。単に全体としての世界ではなく世界内の一つの世界だけが確定的洞察にとって近づき得るというだけではない。この確定的洞察それ自体が時の経過と共に期待を裏切ることがある。最初の発見において魅了したものが、諸々の正当性の限りのない可能性となる。最も単純な洞察の場合でさえも、もしそれが真に満足を与えるならば、それ以上のものが付け加わることが分かる。かの発明や発見やその後に来るものは、確定的なものなしには全く満足を与えないとはいえ、確定的なもののみによってではなく、個々の発見がその中でそれぞれ内実豊かな意味を持つところの一つの包被者（Übergreifendes）によってこのような満足を与えるのである。しかしこの包被者は、それ自体としては、確定的にも対象的にも知られず、そのつどの諸々の秩序、原理、統一、体系性の内に自らを告知しつつ、ただ理念として止まる」（Jaspers 1932 I:138）。

ここで言われている「包被者」は、後の「包越者」につながるものであることは明白と思われる。確定した知識は世界全体に及ばないというだけはなく、個々の確定した知識は、ある観点から満足を与えるとしても、別の観点からは不満足をいだかせる。真の満足は、確定した知識を越えた、種々の知識を包含するものにより生ずる、とされている。既にあるものから新たに発明・発見されたものへの移行自体が発明・発見の意義であり、確定したものとしての発明・発見の結果は、やはり乗り越えられるものである。発明・発見の移行は、既にあるものと新たなものを統合しているようなものを手引きにとするのであり、その手引きが「包被者」と呼ばれている。対象的なものにおいて現象しつつ、それ自体は対象とならないという、この着想が、後に「包越者」という概念に発展したと言えよう。

さらに前の『世界観の心理学』（一九一九）でも、主観性と客観性の分裂の問題は論じられている。「主観と客観は固定的な最終的な点ではない」（Jaspers 1919:20）のであり、「主観と客観の関係の多様性についての思想と、主観と客観を何か全く固定的でないものとする多くの諸解釈についての思想」（Jaspers 1919:21）が、『世界観の心理学』の根本思想だとされている。『世界観の心理学』以来、主観―客観―分裂（Subjekt-Objekt-Spaltung）を実存の根本状況とヤスパースは考えていたと言え、『理性と実存』以降、主観と客観を越え包むものが「包越者」として明確に概念化されたと考えられる。

・『哲学』における哲学的信仰につながる要素

後年にヤスパースが自らの思想的歩みを振り返った「哲学的自伝」（"Philosophische Autobiographie"）では、「私の『哲学』以来、哲学的信仰を哲学的教説の意義として、私は公に主張してきた。『哲学的信仰』という著作で、私は哲学的信仰をはっきりと定式化した」（Jaspers 1956:383）とある。[4] したがって、早くからヤスパースは「信仰」として「哲学すること」を考えていたと思われる。『哲学』の緒言には次のような叙述がある。「「哲学すること」（Philosophieren）においては、各人の啓示を伴わない一つの信仰が、同じ道を歩む者に向って訴えつつ、表明されている。哲学することは混乱の中の客観的な道標ではない。各人はただ、彼が自己自身による可能性として何であるか、を把握するだけである。しかし彼は、現存在における存在を超越者への眺望に対して明るみにもたらす次元に賭ける。一切において疑わしくなっている世界の中で、我々は、目的地を知ることなく、哲学しながら方向を保とうと試みる」(Jaspers 1932 I:VII)。「哲学すること」は、啓示を伴わない信仰、確定的な知を与えるのではないが生を導くものとされている。「統一への意志」、「交わりの意志」としての「理性」を信仰の手段とするという規定は、未だ現れていないが、「哲学すること」が「信仰」であるという考えは、『哲学』の時期からヤスパースにあったと言えよう。『哲学』は実存の超越者への信仰、しかも啓示に依拠しない信仰を開明したものと見ることができる。

また哲学と宗教については次のように述べられている。「もし人が、自らを自己の超越者に関係付けられているものとして知る実存的無制約性を、既に宗教と名付けるとすれば、哲学もまた一つの宗教となるだろう。宗教にしても哲学にしても、曖昧にぼかしてしまわないことが肝要である。宗教は実証的な性格を持っているが、これに反して哲学は、何よりも先ずこのような性格を欠如していることを承認する必要がある」(Jaspers 1932 I:295)。この「実証的な」という語の意味は、この引用の前後を参照すると、祈祷、礼拝、啓示、教団、教会、神学といった客観的な要素を持つことを指すと思われる。哲学は超越者を主題とすると明確に述べられており、その限りで宗教と共通するとされる。ここには、後に『啓示に面しての哲学的信仰』で問題とされるような、具体的な共同体や制度を持つ宗教的信仰と個人の信仰である哲学的信仰の区別を見て取ることができる。

「〈啓示の客観性〉は、宗教においては、歴史的な一回限りの事実として有限的に洞察可能なものへと固定化され、もはや歴史的超越の結節点としての象徴的性格を失い、また神の直接の言葉は凝固してしまう。これに反して、実存の〈自主性〉(Unabhängigkeit) は、全ての歴史的客観性の内にただ超越者の可能的な言葉だけを認める。この超越者の可能的な言葉を我がものとして理解する (Verstehen) ことが実存の課題であり、実存はこの課題を自らの敢行において充実あるいは拒否するのである」(Jaspers 1932 I:297)。この引用には、啓示に基づく宗教的信仰と哲学的信仰の対比が見て取れる。ヤスパースは極端化して述べているが、啓示は説得力を有するために客観性をもたねばならならず、確定した知識として絶対性を主張する傾向がある。そのため他の可能性を否定することになり、排他的にならざるをえない。これに対して哲学的に信仰する実存は自らの自由において象徴として物事を受け取る。

「宗教はそれだけで独立して存立することができる。宗教は何らの捕足を必要とせず、哲学を、自己固有の思惟の中で哲学的概念性を吸収しながら、その根源を根絶することによって、宗教と闘うところの危険と見なす。これに反して哲学は、〈側面を開放して〉おく〈***eine*** *offene Flanke* behalten〉。即ち哲学は、ただ帰依者か、さもなければ異教徒と異端者しか知らない独断的な宗教のように、自らを閉ざすことをしない。哲学の自己識別が既に、哲学が自らを非完結なものとして知っていることを意味している。確かに哲学の真理はその無制約性において一切であろうと欲するが、しかしそれは自らが限界付けられていることを経験する」(Jaspers 1932 I:299)。この引用は、宗教に関して外面的な見方であるようにも思われるが、確かに宗教は、他の宗教へ関わり、理解しようとすることに熱心とは言えないと思われる。哲学は非完結であり、他へと開かれており、このことは言い換えれば、哲学は交わりへと開かれているということを意味する。後に一九四八年の『哲学的信仰』で「交わりへの信仰」と呼ばれる哲学的信仰の特徴の萌芽をここに見て取ることができよう。

・『哲学』から、『理性と実存』、『真理について』へ

このように見てくると、『哲学』においても「哲学的論理学」および「哲学的信仰」の思想の萌芽が見られる。しかし、『哲学』においては対象的論理の乗り越えの原理としての、ヤスパース独自の「理性」概念が見られず、その対象的論理の乗り越えと「交わり」との関係も十分には見られない。また、啓示に基づかないということ以

外に、信仰としての哲学に対して、具体的・明確な規定が与えられてはいない。独自の理性概念を打ち出し、いわゆる理神論や合理主義的神学とは異なる、「交わりの意志」としての理性に基づく信仰という「哲学的信仰」の概念は十分には現れていない。別の言い方をすれば、暗号思想と交わり思想の関係が不明確と言える。「哲学的論理学」と「哲学的信仰」の思想は、『理性と実存』や『真理について』で明確に打ち出される独自の「理性」概念によって確立したと考えることができる。(5) 『哲学』への後年の後書き（一九五五年）には、『哲学』が非合理主義であるとの批判があったと記されている。ヤスパースは主観性と客観性の両者を包含するものを考えており、専ら主観的なものを重視していたわけではないことを考えると、この批判は妥当ではないが、独自の理性概念が確立しておらず、哲学すること、超越することの方法が理論化・自覚化されていないという意味では、当たっている面もある。言葉としては存在した「哲学的論理学」が『理性と実存』、『真理について』で明確化されたのは、そのような欠陥を修正する目的があったと推察される。

2　ヤスパースの哲学的論理学としての包越者論

(1)「哲学的論理学」の理念と「包越者論」…思惟の思惟

では『理性と実存』以降の著作の内、「哲学的論理学」に関しては『真理について』を、「哲学的信仰」に関しては『哲学的信仰』と『啓示に面しての哲学的信仰』を参照し、それぞれの概念および両者の関係を考察しよう。

まず、「哲学的論理学」であるが、『真理について』の序文によれば、哲学的論理学とは思惟の思惟自身による自己開明である。過去の哲学は全て、思惟の意味の反省を含んでいると考えられるため、何れも哲学的論理学と呼べる性格を持っている。「我々は単に意識であるのみならず、自己意識（Selbstbewusstsein）でもある」（Jaspers 1947:3）故に、「真理についての知なしに、真理において生きるということは十分ではない。真理はそれが自らについて知る場合にはじめて真理として信頼できる。哲学的論理学は、真理の意識を直接性から反省された知へと移す。そのことにおいて、我々の真理意識の現実がそれ自身に対してはじめて本来的に確実になる」（Jaspers 1947:3）。

人間存在の根本的なあり方として、自己自身について知るということがあり、人間の認識[6]は自覚という側面を伴っている。それ故、真理についても、何が真理であるか、どのような場合に真なる認識が成立するか、についての明確な自覚が伴う必要がある。その真理に関する自覚を得る働きが、哲学的論理学の働きである。哲学的論理学は、形式論理学のように主語と述語の一致・不一致あるいは推論形式の妥当性といった思惟の形式のみを扱うものではない。むしろ思惟の成立の場面そのものを開明し、我々の思惟の本性に根ざす非真理の要素を取り出し、それを抑止することを目指す。哲学的論理学は、できあがってしまった認識をあとから別の認識によって吟味するのではなく、思惟自身が自らを反省する自覚という側面を持っている。哲学史における「哲学的論理学」の代表的な例としては、カントの超越論的論理学がある。カントは対象が成立する構造を認識能力の批判によって浮き彫りにし、最終的な認識の自発性のありかとして超越論的統覚の自覚を主張した。

哲学的論理学によって、限定された存在ではなく、存在そのものを自覚的に探求することが可能になる。我々の思惟には様々な制限が存在するからといって、思惟の働きをただ単に放棄し、対象的な認識以前の主客混沌とした状態に還ることは、自覚的な知を重視する哲学の道ではない。哲学的論理学は、対象的認識を導きとしつつも、対象的認識を超越することによって、存在そのものに至る道を探究する。存在そのものへの視点が「哲学的根本知」（das philosophische Grundwissen, Jaspers 1947:44, usw.）と呼ばれる。そして、この根本知を獲得することが、「哲学的根本操作」(die philosophische Grundoperation, Jaspers 1947:37, usw.) である。根本知とは存在に関する基本的見方と言え、意識するしないに関わらず我々は一定の根本知に基づいて、世界へと関わっている。哲学的論理学は自覚的に根本知を追究するものと言えよう。

ヤスパースは、『真理について』を哲学的論理学の第一巻として構想し、第二巻『範疇論』、第三巻『方法論』が続くはずだったが、第二巻・第三巻は未完に終わっている。『真理について』では、その第一部で「包越者論」が提示され、第二部で認識の問題、第三部で真理の問題が論じられている。「包越者論」は、『理性と実存』ではじめて提出され、『真理について』で詳論された後、多くの主要な著作で言及されている。ヤスパースが自らの哲学的論理学の核心として提示するのが、「包越者論」なのである。[7]

(2)「包越者」(das Umgreifende) の提示…主客を越え包むもの

我々にとっての対象は限定された存在であり、全体者ではない。我々は常に一定の地平 (Horizont) の中にあり、地平の外へ出ることはできない。限界づけられた地平が止揚されても、別の地平の中に我々はあり、種々の地平の全部がそこから概観できるような立場を獲得することはできない。

「この「地平から出ることができないという」経験が我々に意識された後で、我々はもう一度、全ての我々の方に現われて来る現象が開顕されるに伴ってそれ自身としては我々から退いてゆくところの存在に対して、問いを発する。(常に狭隘にする) 対象でもなければ、(常に制限する) 地平の中で形成された全体でもないところのこの存在を、我々は〈包越者〉と名づける」(Jaspers 1947:38)。包越者とは、主観と客観を文字どおり「包む (umgreifen) もの」である。主観として我々は常に客観としての対象に向かい合っているが、包越者はその主客を越え包む認識が成立する場である。包越者はそのつどの認識がその内で成立するところの空間であり、我々の交わりの場である。認識の対象を存在の現象と呼ぶならば、包越者は存在そのものと呼べるものである。

主観と客観を越えた存在そのものは、我々の方に現れる対象が開顕されるに伴って、それ自身としては退いて行く。確かに、主観と客観としての対象を越え包む存在は、主客が成立する場として図式的に対象化される。例えば、認識主観としての私と目の前にある感覚的対象がその内にある空間として、生物としての私が他の生物と共に生存する環境世界として、市民としての私と他の市民である他人が共同で暮らす市民社会として、主客を越え包むものを考えることができる。しかしそのように考えられた場は、やはり主観に対向する一つの客観であり、その場とその場を考える主観を越え包むさらにより包越的な全体が想定できる。対象化されるものは、一定の観点から主観と客観を包越しているとしても相対的な全体であり、さらに広い全体が想定できる。包越的なものを越えてさらに包越するものが対象的に考えられる場合、考えられたときに既にそれは主観に対向する客観になっており、主観はその外部にある。思想の上で無限に越え包むものは想定でき、主客を越え包むもの最も広い場が包越者である。それは無限であり無限定なものと言うことができる。我々は包越者を想定することはできるが、知の形で固定することはできない。包越者はその内にありつつ予感されるものである。包越者は通常の対象的思惟によってではなく、主客の分裂という事柄そのものを反省する高次の思惟によって覚知される。「包越者は、我々にとっての全ての存在がそこで存在するようなものである。あるいは、全ての存在がその下で我々に対して本来的存在となるような条件である。それは存在の総計としての一切ではなく、存在の根拠として我々に対して非閉鎖的であり続けるような全体である」(Jaspers 1947:39)。

現象の無限性を認めたときに、その現象の根源を意味するものが想定される。包越者は現象の根源として、現象の意味を担っている。例えば、ある認識が別の認識と関係しつつ、意義あるものであるとき、それらを越え包む一つの全体が想定される。そのような想定を繰り返したとき、現象の何らかの全体が想定される。包越者はそのような諸現象をまとめて統一を与えるものである。しかしながら、包越者は個々の存在の総計としての全体ではない。言わば諸現象の内部に働く、統一性のようなものだと考えてよいと思われる。包越者は対象的に確定できるものではないが、現象の豊かな意味は包越者から発する。

「包越者は、――対象的に顕現しているものや諸地平の中では――常に〈告知される〉だけのものであって、決して対象や地平にはならない。それは、それ自身が現れるのではなく、その内で全ての他のものが我々に対して現れるものである。我々が包越者の中で全ての地平にまで進んで行き、その地平を超出する（überschreiten）ことによって、この包越者はただ間接的な仕方でだけ顕現する。それぞれの一つの地平の内部で、我々は、事物を正にそのつどこの特定の対象として、即ち直接に現象するものとしてあるのみでなく、包越者によって、包越者に基づいて透明になるところの対象として、把握する」（Jaspers 1947:38）。そのつどの認識には地平があるが、包越者はその内で地平が成立する場のようなものであり、それ自身は認識されず、その内で現象が成立するものとして間接的に感得されるのみである。そして包越者を踏まえることによって、個々の対象は「透明」（transparent）になるとされている。「透明」という表現は、次章で見る「暗号」にも用いられる。個々の対象が普遍的な概念によって認識されると、その対象の本来の由来である主客を越えた存在が覆い隠されてしまう。そのように由来が見えなくなった対象は「不透明」と言えよう。逆に、その対象の本来の由来が感得されるなら、その対象は透明となり、本来の由来をかいま見させるものとなる、と言えよう。

（3）包越者の諸様態

包越者そのものは「一なる包越者」あるいは「端的な包越者」等と呼ばれ、「唯一の言表されないもの」（Jaspers 1947:47）、「我々にとって規定されず充実されない限界」（Jaspers 1947:47）とされている。包越者を解明しようとすると、「現存在」(Dasein)、「意識一般」(Bewusstsein überhaupt)、「精神」(Geist)、「実存」(Existenz)、「世界」(Welt)、「超越者」(Transzendenz)という六つの様態に分裂するという。これらの様態は、包越者を思惟しようとする思惟自身のあり方に応じたものであり、思惟のあり方に応じて変化する。包越者の区分は「ある原理からの強制的導出を意味するのではなく、限界に出会うことと、我々に対して根源的に存在が顕現する仕方を受け入れること、を意味する」(Jaspers 1947:50)。我々の思惟のあり方は歴史的な背景を持っているものであり、究極的には人間一人一人で異なると言える。したがって、包越者の様態も究極的には人間一人一人で異なった区分になるはずである。ヤスパースが挙げている先の六つの様態は、「その思考されたあり方では歴史的であり、〈我々西洋の形成過程の成果〉」(Jaspers 1947:125)と言われている。存在が多くの場合これらの様態で思惟されてきたということは大よそ是認されると思われる[8]。

この包越者の諸様態の区分は、ヤスパースの著作間でも若干の相違がある。『理性と実存』や『真理について』では「理性」(Vernunft)が全ての様態の紐帯としての包越者とされている。また言語・歴史・愛等が包越者と呼ばれる場合もある。しかし、端的な包越者が我々の反省によって分裂して生ずる諸様態は先の六つといってよいと思われる。

次に個々の様態について簡単に瞥見しよう。ヤスパースは包越者の様態を二つに分けて、「我々がそれであるところの包越者」と「存在自身がそれであるところの包越者」とに分類している。前者は一なる包越者を主観の方向へ反省することによって想定される様態、後者は客観の方向へ反省することによって想定される様態である。まず我々がそれであるところの包越者の様態として、「現存在」、「意識一般」、「精神」、「実存」が挙げられている。現存在は時間・空間の内に現に存在するものであり、ヤスパースは生命を念頭に置いている。意識一般は対象的認識の普遍的な主観である。精神は思惟・感情・行動の全体性であり、理念によってそれらに一貫性・方向・構造・限界を与える。実存は本来的自己存在であり、前三つの様態を超越しそれらに意味を与える自由である。存在自身がそれであるところの包越者は「世界」と「超越者」が挙げられている。世界はその内で経験的存在が我々に出会う場である。超越者は世界を超越する存在そのものであり、実存の自由な行為を保障するものである。これらの様態はそれぞれの仕方で包越的な場を形成する。現存在は生命活動が成立する場、意識一般は論理的妥当性が成立する場、精神は理念による秩序が成立する場、実存は本来的自己存在が成立する場、世界は経験的事象が成立する場、超越者は実存の自由な行為が成立する場である。包越者の諸様態は、存在が我々にとって具体的に現象する意味空間と考えることができる。

包越者論は存在を対象的に捉え、何らかの原理の下に分類したり体系化したりする存在論ではない。ヤスパースは、存在論と包越者論を明確に区別している。包越者は「消滅して行く思惟媒体」であり、「包越者の対象化が消滅してゆく思惟媒体としてではなく、対象化そのものとして考えられることは、常に危険である」(Jaspers 1947:158)。包越者論は、次に述べる対象存在の「浮動」(Schwebe)を惹起し、本来的存在との出会いを可能にするための手段であり、それ自体が存在に関し確定的なことを述べるものではない。包越者を語る際に我々は先の六つの様態で語る以外にないが、これはあくまでも仮説的な対象であり、包越者そのものは対象化されえない、ということをヤスパースは繰り返し主張している。

(4) 包越者論の哲学的意義

ヤスパースは、包越者論の哲学的意義を、対象的存在に囚われることと、逆に対象的存在を軽視すること、という二つの態度を防止することとしている。

まず、包越者論は対象的認識の限界の明確化という意義があるとされる。包越者という主客を包越するものを覚知することによって、対象的存在が主客の関わりの中で生じた暫定的な結果であることが承認され、対象的認識に囚われることが防止される。「それは、我々を全ての限定された存在者から再び〈解き放ち〉、全ての固定化からの〈還帰〉(Umkehr)を強いる思想であるから、言わば我々を〈転回せしめる〉(umwenden)思想である」(Jaspers 1947:39)。包越者論という根本知は、対象的な存在があくまで現象であることを是認させる。我々はできるだけ明確で確実な知識を求める傾向があるが、概念によって把握される対象的認識は、決して存在そのものとの関係において把握されたものではないし、パースペクティブによって異なる様相をとるのであるから確実でもない。このようなことを包越者論は知らしめ、対象存在から我々を解放する。本来的な存在と言えるのは包越者であって、対象存在はその現象に過ぎない。包越者論は「その内ではいかなる対象も我々に存続することがないような思想」(Jaspers 1947:40)と言われる。また、「この思想そのものは我々に何らかの新たな対象を示さない。それは、通常の世界知(Weltwissen)という意味では空虚であるが、しかしその形式によって、存在者の端的に普遍的な可能性を開く」(Jaspers 1947:39)と言われる。

しかし同時に包越者の覚知は、対象存在の不可欠性も示す。我々にとっての直接的な対象は認識の対象であるから、それを欠いては我々は何も思惟することができない。対象的認識を軽視することは、主観の無拘束な空想や狂信に陥ることにつながる。包越者論は、対象的認識を越える手段として、神秘的融合や陶酔的運動の熱狂や直接的生命力による、主客の分裂の放棄ではなく、むしろ分裂の内に分裂の突破の萌芽を見いだそうとする。「深さへの道は、我々にとって、主観─客観─分裂を介して、即ち、この分裂の側を通り過ぎるのではなく、この分裂を貫き通って行くのである」(Jaspers 1947:246)。

包越者論には独特の誤解の可能性がある。「非対象的なもの(Ungegenständliches)の思惟が対象的なものの形で言い表わされる場合、それぞれの命題は必然的に〈誤解されうる〉。その命題は全ての研究可能な諸対象にそこで一つの新たな対象がつけ加わったかのような観を呈する」(Jaspers 1947:41)。包越者論は、非対象的なものを対象的なものによって語る「非対象的思惟」である。そこで、「包越者」も一つの対象的な存在であるという誤解が生じる恐れがある。この誤解は広く哲学的思惟一般に対しても見られるものと言えよう。我々は「存在そのもの」、「超越者」、「絶対者」、「自己存在」、「自由」などを対象とせざるを得ないが、それらを他の認識の対象と同等の対象と捉えることは誤解と言えよう。

我々が対象的認識の限界とその不可欠性を同時に踏まえるなら、対象存在は包越者を指し示すものという意味を持つようになる。つまり、我々が知りうる個々の対象は、それ自身は我々に対して知られえないものの現れとなる。このような意味を持つ対象をヤスパースは「暗号」と呼ぶ。このように包越者論は、我々にとっての対象を暗号として受け取ることを促し、存在そのものとしての包越者を間接的に探究することを可能にする。「この思想によって、我々は本来的なものを聞くように覚醒される。それは、我々をして種々の根源を聴き取る(vernehmen)ことを可能にする」(Jaspers 1947:39)。

包越者論は一種の存在に関する教説であるが、一般的な存在論とは異なり、根本的な存在や存在の体系を知の形で把握するものではない。暗号による存在そのものの受容は固定されたものではなく、常に変動するものである。ヤスパースはこの非固定性を「浮動」と呼ぶ。包越者に諸様態があるということは、我々にとっての対象の意義は多重性を持つことを意味する。ある一つの対象の意義は、それが現象する様態によって、異なり、可変的である。一般的な存在論は何らかの根本的な存在を想定し、全ての存在者をその根本的な存在に還元することで、全ての存在の間に構造を設定し、体系化する。しかし我々にとって把握可能な対象は限定された存在でしかない。ヤスパースの考えでは、全ての存在論の本来の意図は単なる対象の分類ではなく、主客の分裂を越えた存在そのものを捉えることである。しかし存在論は、対象存在を分類し存在そのものに到達するものと誤解されてしまう。存在の把握が、認識として確定的な形では不可能であることが、包越者論によって是認される。

包越者を感得するならば、我々の存在に対する態度が変化する。この変化を「存在意識の変革」（Verwandlung des Seinsbewusstseins, Jaspers 1947:112, usw.）とヤスパースは呼ぶ。個々の対象は固定した存立物ではなく、あくまで暫定的な結果であり、無限の包越者の一現象である。それ故状況が異なることによって、異なる現象が生じてくる。このことを意識するなら、現象が我々にとって無制限に開かれたものであることが分かる。我々の経験の可能性は開放的である。包越者論は、我々が「制限なしに存在者の〈広がり〉を獲得する」（Jaspers 1947:39）ような思想である。次のようにも言われている。「全ての存在知の様態は言わば超出される立場である。哲学することにおいて我々は、この超出する道を遂行しまた訓練する。しかし結局のところ、本来的な存在意識はいかなる立場でもない」（Jaspers 1947:1048）。存在に対する様々な見方は、制限され、不十分であり、乗り越えられるべきである。この乗り越えを承認し遂行するものが、本来的な存在意識とされている。そして、本来的な存在意識自身は「立場ではない」とされており、言わば「立場なき立場」と呼べるものである。

とは言えこの主張は、我々の認識がそのつどの解釈にすぎず、無際限な可能性がありうるとする相対主義とは異なる。包越者論は認識の究極的な目標をも指示している。その目標とは、包越者そのもの、一なる包越者、全ての現象の統一としての超越者である。全ての認識は、それだけで完結しておらず超越者に関係して初めて本来の意義を持つ。

このことは認識の交わり的性格に表れている。交わりとしての認識については詳しくは後ほど（第四章第二節）検討するが、認識には妥当性の意識が必ず伴う。妥当性に照らしてそれぞれの認識は検討に付される。それは、認識の動因がその妥当性を実現しようとする意志であるためである。意志が他者という抵抗に出会い、出会いという事態が意志が追求する妥当性に照らして評価される。したがって、認識は固定的な表象の提示ではなく、認識は他者との関わり、即ち、交わりという性格を持っている。その意志は限定された形では、例えば現存在的な自己の維持・拡張を目指すものであったり、精神的な理念の実現であったりする。限定された意志に導かれる交わりは、限定された交わりであり、この場合把握される存在は、限定された存在である。認識の限定されない無制約的な形態は、端的に交わりを目指す意志によって導かれる交わりそのものと言える。その目標は、交わりにおいて明らかにし、明らかになって行くことそれ自体である。即ち、我々に対向する事物、我々自身、さらには両者を越え包む存在そのものを開明することが、認識の究極の目標である。包越者論は我々に対して知られる存在の限定性を強調するのだが、同時にその限定された存在が開かれてあることをも示す。包越者論による限界の意識は単に対象的存在を否定的に捉えるのみではなく、開かれた態度に結びつき、我々を交わりへと開いておく。この交わりという目標はそのつどの条件によって様々な形態を採り得ようが、実存にとって確固とした導きとなる。哲学的論理学は「底なしの所へと沈み込むことなしに浮動することを、固化することなしに自らを支えることを教える」(Jaspers 1947:42)のである。

3　実存の信仰としての哲学的信仰——思惟を伴う信仰——

(1)信仰一般の規定——信仰と知識の相違——

次に『哲学的信仰』および『啓示に面しての哲学的信仰』に沿って、「哲学的信仰」の概念について考察した後、「哲学的信仰」と「啓示信仰」の暫定的な比較を行いたい(両者の交わりについては詳しくは第四章第三節で考察する)。

まず、信仰という概念をヤスパースがどのように規定しているか、ヤスパースの叙述をいくつか見てみよう。「信仰とは、私が持つ何かについての知ではなく、私を導く確信である」(Jaspers 1962:49)。「信仰によって私は、思惟された信仰内容において私に語りかける根源に基づいて生きる」(Jaspers 1962:49)。「信仰は、何らかの思想によって強制されたり、単なる内容として述べられたり、伝えられたりできない。信仰とは、私がなるほど保持はできるが作り出せない根拠から、私が自らを確信する力である」(Jaspers 1962:49)。これらの引用では、信仰とは人間がそこで自己自身の自覚に至り、それを拠り所として生きる確信とされている。それは哲学や宗教が回答を求める「我々はどのように世界内に存在しているのか、我々はどこからやってきたのか、我々は何であるのか」(Jaspers 1962: 25)という究極的な問いに、答えを与えるものと言えよう。そして信仰は、述べたり、作り出したりできないものとされている。ヤスパースによれば、人間がそれに基づいて生きる根拠は、人間の全ての操作・認識を越えたものである。人間の操作・認識の対象となるのは、世界内の有限な事物だが、有限な事物は恒常的なものではなく、常に変動し、それを拠り所とすることはできない。世界内の何らかの事物の中に、先の問いの回答を求めることは不可能である。それ故、信仰は世界そのものの根拠、世界を越えたもの、ヤスパースの用語では「超越者」への洞察を含む。「〈実存〉の内には、本来的な信仰としての真理が存在する。信仰とは、超越者と関係している実存の意識のことである」(Jaspers 1948:28)。

また信仰は「私の確信」と呼ばれていることから理解されるように、個人個人にとって特有なものであり、その時々で歴史的な形態をとり、世界内の物事に関する対象的な「知」(Wissen)とは異なり、客観的かつ普遍妥当的なものではない。

憶測や思いこみでない純正な「知」は、対象的認識を適切に遂行する科学的精神によって担われるが、それについてヤスパースは次のように述べる。「近代科学は、第一にそのつどの方法についての知を伴う方法的認識である。第二にそれは異論の余地なく確実である。理解する者は誰も、非誠実という暴力的な行いなくして、認識を回避しえない。第三にそれは普遍妥当的であり、しかも全てのかつての認識のように単に要請としてのみならず、実際に普遍妥当的である。即ち科学的認識のみが、万人に対し理解できるものとして伝達される。第四にそれは全般的である。即ち科学は、実在性と思惟可能性として現れる一切を把握する」（Jaspers 1962:95）。科学は前提と方法に応じて一義的に物事を確定するため、その知は主観の違いに依存せず普遍妥当的であり、異なる人間において同一である。近代科学以前に科学の方法が確立していなかった時代は、理念としてのみ普遍妥当的であったが、近代においては近代数学という方法を獲得し事実的に普遍妥当的になった。近代数学は対象的認識を司る人間の悟性のみに基づくため、時と場所に依存しない。またそれは悟性の働きが関われるもの、つまり人間の知にとって対象となる全てに関わることができる。

『哲学的信仰』では、実存的な真理と客観的な真理についての違いについて次のように述べられているが、この違いは信仰と知の違いとも言えよう。「私がそれに基づいて生きる真理は、私がそれと一体になることによってのみ存在する。この真理は、その現象においては歴史的であり、客観的な言表可能性においては普遍妥当的ではないが、無制約的である。これに対して、その正しさを私が証明することのできる真理は私自身なしにも存立する。この真理は普遍妥当的であり非歴史的であり無時間的なものであるが、無制約的ではなく、むしろ有限的なものの連関の内にある認識の諸々の前提や方法に関係付けられている。証明可能な正しさのために死のうと欲することは不適切であろう」（Jaspers 1948:11）。実存的な真理は私という個人に即したものであり、客観的な真理のように普遍妥当的ではない。しかし実存的な真理は無制約的であり、逆に客観的な真理は種々の条件に制約されている。生死に関わる重要な事柄は実存的な真理に照らして判断されるはずであり、客観的な真理は生死に無関係である。実存的な真理とは信仰の真理であり、客観的な真理とは知の真理だと言えるだろう。

とはいえ、実存的な真理あるいは信仰は、単なる主観的真理なのではない。次のように述べられている。「確かに信仰は常に何ものかに対する信仰である。しかし、信仰は、信仰によって規定されるのではなく、むしろ信仰を規定するような客観的真理である、と言うことはできない。――逆に、信仰は、対象によって規定されるのではなく、むしろ対象を規定するような主観的真理である、と言うこともできない。信仰は、私たちが主観と客観として、自分がそこから信じているような信仰と自分がそれを信じている信仰として、私たちが切り離しているものにおいて一体のものである」（Jaspers 1948:14）。普遍妥当的ではないという意味では主観的であるが、単なる個人の主観性ではなく、そこから生きる確信であるから、客観が主観にいわば浸透している。対象的な把握では、切り離された主観と客観があり、主観を客観が信じるという具合に理解される。しかし実際の信仰は客観により主観が変動を被るような動的な関わりであるはずである。

「キェルケゴールは、信仰の本質的な特徴を、信仰が歴史的一回性に向けられており、それ自身歴史的であることに見ている。信仰は体験ではないし、また所与のものとして記述しうるような、何らかの直接的なものでもない。むしろ信仰とは、歴史と思惟という媒介を介した、根源からの存在の覚知である」（Jaspers 1948:15）。キェルケゴールにおける真理は、通常「主体的真理」とされる。しかし、主体性という契機は重要であるが、信仰とは同時に「存在の覚知」でもあり、単なる主観性ではない。

（2）哲学的信仰の特徴

・「包越者」と「哲学的信仰」

哲学的信仰は、思惟の働きを伴う信仰であるとされている。「哲学的信仰、即ち思惟する人間の信仰は、知と連携してのみあるという特徴を常に持っている。哲学的信仰は知りうるものは知ることを欲し、自分自身を見通すことを欲する」（Jaspers 1948:13）。信仰と知は異なることを先ほど論究したが、この引用では哲学的信仰は知と協力するとされている。したがって、「非合理な故にわれ信ず」、とか、「知の犠牲」により信仰が成立する、とはヤスパースは考えない。したがって、表面的には超越的な神を理性によって根拠づけようとする「理神論」と類似している。しかし、ヤスパースが考える理性は対象的な認識を行う働き以上のものであり、合理主義的な理神論とは異なっている。

『哲学的信仰』では「哲学的信仰」が「包越者」概念を用いて説明されている。「信仰は、包越者に基づく生であり、包越者による導きと充実である」（Jaspers 1948: 20）。「包越者に基づく信仰は、何らかの絶対化された有限なものの内に固定されないため、自由である。この信仰は、（言表可能なことに関しては）浮動するものという性格を持つ――私は自分が信仰しているかどうか、また何を信仰しているかを知らない――。それと同時にこの信仰は、（決意に対して生ずる活動の実践と安らぎにおいては）無制約的である」（Jaspers 1948:20）。有限なものに囚われない自由と「浮動」を獲得することは、先に見たように包越者論の意義であった。哲学的信仰は対象的に確定できるものへの信仰ではなく、むしろ固定化を脱するところに特徴がある。このことを強調すると、引用にあるように「信仰しているかどうか知らない」ということになると思われる。また、そこから活動したり、安らぎを得たりする決意は、包越者に依拠するものであれば、限定されたものに左右されず無制約的である。哲学的信仰は純粋に浮動の状態にあることと言えよう。

しかしそのような浮動はあくまで歴史的な信仰の基盤の上で達成される。「哲学的信仰は〈伝承〉の内にある。確かにこの信仰は、そのつどの単独者が自己を思惟することにおいてのみ存在するものであり、制度のような客観的庇護性（Geborgenheit）を欠いており、一切が壊れても存続するものだが、世界内の何らかの助けのように掴もうとすると無である。しかし、この信仰のそのつどの顕現性（Gegenwärtigkeit）は、伝承を機縁として自己自身に到達することによって獲得される。したがって、哲学はその歴史によって規定されており、哲学史はそのとき為されている哲学することから、そのつど一つの全体となる」(Jaspers 1948:22-23)。哲学的信仰は、個人の自己反省という思惟において成立し、客観的な制度によって保証されていないが、逆に全くそれ自身に依拠するのであり、「一切が壊れても存続する」と言われている。しかしながら、哲学的信仰は過去の諸思想と無関係にあるものではなく、伝承を受け取り、それを教義として信奉するのではなく、それを媒介として個人が自己へと到達し、物事の元に真に現在する信仰であると言えよう。

「このような信仰にとっては、時間における我々の存在は、実存と超越者との出会い——創造され自己に贈与されたもの(Geschaffen- und Sichgeschenktsein)として我々がそれである永遠なものと、永遠なものそれ自体との出会いである。世界において、永遠であるものと時間的に現象するものとが出会うのである」(Jaspers 1948:33)。哲学的信仰にとっては、時間の中での存在は、対象的な存在という意味ではなく、超越者の現象という意味をもつ。そして時間内の現象こそ、またそれのみが、実存にとって永遠なものとの出会いの媒介という意味をもつ。哲学的信仰は、世界を越えた場所に超越的な世界を想定する二世界論ではないし、また単に対象的な存在の意義を否定する非合理主義でもない。

・「理性」による「交わりへの信仰」

以上の規定だけでは、哲学的信仰は個人にとってのそのつどの現れを強調する個人主義的な信仰のように思われる。しかし逆に哲学的信仰は、「交わりへの信仰」(Glaube an Kommnikation)とも言われている。哲学的信仰が不可欠の契機とする思惟は、「統一への意志」(Wille zur Einheit)、「交わりの意志」(Kommunikationswille)という規定を与えられる「理性」(Vernunft)である。ヤスパースにおける理性については、詳しくは第四章第二節で考察するが、ここでは哲学的信仰における理性の働きを簡単に考察しよう。

「理性の根元は、知的な詭弁の無際限性（Endlosigkeit）において効力を持つような破壊的な意志ではなく、諸々の内実の無限性（Unendlichkeit）に対して開かれてあることである。確かに理性には、懐疑すべしという要請が妥当するが、それは真理を純粋に獲得するためである。悟性は地盤のない思惟として虚無的であるが、理性は実存に根拠付けられて、ニヒリズムに対しても救いとなる。何故なら理性は、世界存在の具体性の中で悟性を伴いつつ運動することによって、二律背反や突破や分裂という深淵の内でも、最終的には再び超越者を確信するという信頼を保持しているからである」（Jaspers 1948:38-39）。理性の本性は、開かれた態度とされている。悟性はそのつどの視圏に従うだけであり、確定した知識を与えるが、「地盤」がなく確信を与えるものではなく、実存の拠り所とならない。理性は実存に担われる限りニヒリズムにあっても超越者を確信するとされている。その意味は、理性は統一へ意志、交わりの意志として、確定的な知識が不可能な場合でも、あるいは不可能な状態においてこそ、超越者の探求に向う働きであるためと思われる。

絶対的真理を認識したと思い込むことによって孤独を正当化したり、あらゆる人間は閉ざされたモナドであるとする誘惑や主張をヤスパースは批判している。「哲学的信仰はこうした［交わりを幻想とする］誘惑や主張に対抗するのであって、交わりへの信仰とも呼ぶことができる。というのはここでは、真理は我々を結び付けるものであるという命題と、真理は交わりの内にその根源を持つという命題の二つが妥当するからである。人間は世界において、自分が理解しながら信頼して結び付くことができる唯一の現実として他の人間を見出す。人間の間での結び付きのあらゆる段階において、運命同伴者達は愛しつつ真理への道を見出すのであるが、この真理への道は、孤立し、強情や我意に陥り、自らの内に閉じこもる孤独にある人間には、失われる」（Jaspers 1948:40）。哲学的信仰にとっては、現実における交わりがそのまま超越者の探求という意味を持つと言える。超越者は全ての統一であり、統一への意志としての理性により統一に接近することができるからである。一九六一年の最終講義である『神の暗号』（*Chiffren der Transzendenz*, 1970）にも次のような叙述がある。「人間が人間同士の間で交わりを獲得するに程度に応じて、一者は現成する」（Jaspers 1970:53）。

哲学的信仰が交わりへの信仰であることは、先の浮動としての信仰と合致する。対象的存在を看過せず固定的なものに囚われないという、対象性における浮動を実現することは、自己の立場に固執せず開かれてあることであり、交わりに入ることと言えるからである。また、少し前の引用にあった「信仰しているかどうか知らない」という規定は「交わりへの信仰」からも理解することができる。無制約的に統一を探求すること、即ち無制限な交わりを遂行することが、超越者の探求であるとすれば、超越者は内在的・固定的な統一ではなく、言わば開かれた統一、無限の目標であり、信仰の対象として具体的に示せるものでなく、実存は何らかの個別的対象を信仰しているわけではないからである。

（3）哲学的信仰と「啓示信仰」（Offenbarungsglaube）の違い

「信仰」と言えば、宗教的信仰がまず想起されるのであるから、哲学的信仰と宗教的信仰の違いや両者の関係が問題となる。この問題を詳細に考察するためには、第三章第二節と第四章第三節で詳論する「包越者論」という「根本知」の意義の変化や、『啓示に面しての哲学的信仰』における「全ての暗号の彼岸」という節に見られる暗号の意義の変化、第四章第三節で詳論する両者の交わりの可能性を検討することが必要だが、ここでは『啓示に面しての哲学的信仰』に沿って、「啓示」（Offenbarung）に関して両者の簡単な比較をしておきたい。基本的には本章で既に見た『哲学』の叙述と同内容であるが、より詳細に論じられている。ヤスパースは宗教の本質を「啓示」による超越的なものの直接的顕現と考え、「啓示信仰」という語を多用する。なお、宗教を啓示に帰着せしめる見方は、あくまでヤスパースの理解であり、一般的に容認されるかどうかは検討の余地があるが、このことの是非は問わないでおく。

「啓示」についてヤスパースは次のように述べる。「〈啓示の類概念〉は、言葉、要求、行為、出来事による、直接的な、時間的および空間的に限局された、神の告知として規定できる。神は律法を与え、神は共同体を創設し、神は人間たちの間に現われ、神は祭式を基礎づける。このようなことは、外からの客観的な突如の出現によって起る」(Jaspers 1962:48-49)。啓示とは、様々な形をとって直接的に世界に現れた神の顕現であるとされる。啓示に基づいて信仰の規則や組織や制度は形成される。啓示の本質は内在的な世界へと超越的なものが出現するということである。

具体的な啓示信仰の例としては、広く考えた場合、キリスト教、ユダヤ教といった聖書に依拠する信仰、さらにイスラム教、ヒンズー教、儒教が挙げられている(Jaspers 1962:48)。ただし、啓示信仰の特徴が特に現れているのは、人格神を強調するキリスト教だとされる。しかし、キリスト教には多数の宗派があり、異端や狂信を含み、諸々の特殊グループの形でのみ存在する。神人イエスへの信仰すら共通の特徴ではないし、聖書自体が無限なほど多義的である。実際に、『啓示に面しての哲学的信仰』でヤスパースが問題視しているのは、キリスト教の中でも神人イエスの思想や教会の排他性である。ヤスパースは現実のキリスト教信仰のあり様、多様性を踏まえており、決して理論的・概念的にのみ啓示信仰を考えているわけではないが、個々の存立している特定の宗派やグループを問題にするのではない。ヤスパースが使用する「啓示信仰」という用語は、キリスト教の本質と彼が考えるもの、啓示に依拠する信仰を純粋に貫徹する場合に帰結すると考えられる特徴、を表していると言えよう(9)。

哲学的信仰は我々の認識の対象となる世界内の事物のみならず、世界の根源、世界を超越したもの、即ち「超越者」を問題にする点では「知」ではなく、「信仰」と言える。しかしその「超越者」は、他の人間との交わりの中で、自己とは異なる見解・思想との広い交わりの中で、人間の理性によって追求されるべきものである。それは具体的な特定の「神」のような形をとらず、直接人間と交渉を持つものではない。これに対し啓示信仰は超越的なものの啓示に基づき、他の見解・思想に関しては自らの絶対性・排他性を主張し、人間どうしの交わりを妨げる場合もある。啓示とは超越的なものが具体的に感性の対象として世界内に現れることであり、啓示においては超越的なものと人間との直接的な交渉が認められる。ヤスパースは啓示信仰の絶対性・排他性と超越者との直接的交渉を批判する。簡単に言えば両者には、理性によるか啓示によるか、超越的なものとの関わりを間接的とするか直接的とするか、理性的思惟に基づく自由な信仰か具体的な顕現に基づく権威主義的な信仰かという違いがある。

哲学的信仰は「暗号」への信仰と言え、暗号は、詳しくは第三章で考察するが、隠れた超越者の言語であり、多義的であり、内在的な秩序から浮動している。哲学的信仰において超越者は直接世界に現れることはない「隠れた神」であり、「偶像」はその超越者の性格を破壊することになる。ここから次のような疑問が生じる。「啓示信仰は、暗号言語の実在性への転倒と、不可避に結び付いているのではないか」(Jaspers 1962:197)。哲学的信仰からすると、啓示信仰は世界において客観的な形で存立している故に、絶対性・排他性を持つ点が非難される。

啓示の代わりにヤスパースが提示するのは、自由や限界状況である[10]。「我々は、世界からは理解し難い、我々の自由と我々自身を経験する。我々は、死、闘争、負い目、偶然という、我々を覚醒させる限界状況を世界において経験する。こうした全ては、啓示なしで起る」(Jaspers 1962:34)。「このような［経験的世界における事物とは別の根拠を持つ］思惟が歴史的に特定の啓示から起こり、それによって制限されているならば、神学と呼ばれ、人間存在の根源から起こっているならば、哲学と呼ばれる」(Jaspers 1962:36)。自由や限界状況は、特定の啓示とは結び付いていない、人間存在に共通の実存の基盤と言える。別の箇所でも次のように言われている。「［啓示信仰と哲学的信仰の］両者は、それらの由来に基づく自己の基礎付けの様式により分離されている、即ち、啓示に基づくか、単独者の、理性の媒介で生じる、自己を贈与されることに基づくかであり、後者は哲学的伝承への参与により単独者に明らかになるのである」（Jaspers 1962:527）。啓示信仰においては超越的なものと人間の繋がりは、人間の「外から」示される啓示であり、またそれは人間の外の存在である世界内で客観的な存立物によって、意義を与えられ保持される。これに対して、哲学的信仰においてはその繋がりは、実存自身の最も「内なる」ものであり、それは世界内の存立物によって保証されない。ヤスパースは実存の核心を自由と考えている（Jaspers 1947:110, Jaspers 1962: 116, usw.）が、我々の自由は世界内の事物からは導出されず、また我々自身が作り出したものでもなく、世界を越えたもの、超越的なものから贈与されたものとされる。ヤスパースは『哲学』以来一貫して「自由の贈与」を超越者と実存の結びつきとして主張している。この点が、サルトルなどの超越者不在の実存主義と異なるヤスパースの特徴と言われている。[11]

啓示信仰からすると哲学的信仰の抽象性、世界内の具体的経験に比したときの非現実性が非難される。例えば、「信仰者たちの神は具体的で、近く、生けるものであり、聖書の神である。哲学の神性は抽象的で、遠く、単に思惟されたものである」（Jaspers 1962:482）として批判される。

4　哲学的論理学と哲学的信仰の関係

以上見てきたように、哲学的論理学は思惟による思惟の自己開明であり、哲学的信仰は思惟を伴う実存の信仰と言える。この二つの関係を本章の最後に考察したい。

この二つに関しては、異質性と同質性が指摘されている。[12]哲学的論理学は思惟であり、哲学的信仰は信仰であり、前者は反省的・論理的であり、後者は現実的・実践的であるという異質性がある。と同時に、そもそも哲学的信仰とは『哲学』以来ヤスパースにとって哲学することに他ならないのであり、哲学的論理学が探求する包越者は超越者に他ならないのであり、両者は実存の「哲学すること」の異なる表現に過ぎないと言えよう。ヤスパースにおいては信仰と思惟が、哲学的なものとしては同一なものであると見なせる。

哲学的論理学と哲学的信仰の関係について、今まで見てきた中で明確に読み取れるのは、前者が後者を可能とするというもの、即ち実存の信仰は、思惟の自己反省による内在者からの超越を契機として含むことによって可能になるというものである。哲学的信仰が思惟による自覚を含むとされていた点を考慮すると、その自覚を概念的に取り出したものが哲学的論理学ではないかと考えられる。

ヤスパースが哲学的論理学（ないし包越者論）と哲学的信仰の関係について直接述べている箇所は少ないのであるが、包越者論と暗号の関係については、例えば『真理について』では次のような箇所がある。「「包越者の諸様態の」根本関係についての超越してゆく思想は、人がその思想を、論理的な開明とする代わりに、誤って存在実体の顕現性たらしめようとする場合には、何と無力で無効であろうか。しかし、この思想がただ指し示すに過ぎない諸根源から我々が充実される場合には、それは我々の明晰さに対して何と強力で有効でありうることか。我々はこの思想によって、現実的なものを象徴の形で受容するための、また同時に、歴史的な象徴の形で我々が出会う諸形態を純化するための自由を、自ら創造する」（Jaspers 1947:139）。包越者論は諸根源を指摘するとされているが、包越者論によって我々は、我々に対する現象が非対象的なものから生じることを覚知することを述べていると思われる。そのことにより、包越者論は、暗号という現象を可能にする。包越者論は、存在についての対象的な教説と見なされると「無力で無効」だが、超越者の現象の場を作り出すという点では「強力で有効」なのである。

ただし包越者論自身は暗号ではない。「包越者とその根本関係との開明は、その［非現実的なものと狭さへと欺かれる」幻惑から解放する手段となり、また根源的現実性の言葉の真の内実に対してよく見えるようにする手段となることができる。しかし、開明する我々の思惟の概念形成物が、現実のものそのものの把捉に代わることは許されない」（Jaspers 1947:140）。「根源的現実性の言葉」とは暗号に他ならないであろうが、その真正性を包越者論は可能にするのであり、包越者論自体が現実であるわけではない。実存の信仰である哲学的信仰は、暗号への信仰と言えるのであるから、暗号を可能にする包越者論は、哲学的信仰を可能にする手段と言えるのである。

また、哲学的信仰は実存どうしの交わりにおいて成立するが、実存が真の交わりへと開かれるために哲学的論理学は必要と言える。先に哲学的信仰においては、現実における交わりがそのまま超越者の探求という意味を持つことを考察した。内在的な局所的な統一に止まらず、包越者という統一そのものを覚知することによって、実存同士の交わりは純正になるのである。

交わりは哲学的信仰の前提に止まらず、目標という意義をも持っている。「制限のない交わりへの心構えは知の帰結ではなく、人間存在における一つの道への決意である。交わりの思想はユートピアではなく信仰である。各人が交わりへと入るか否か、彼岸的なもののようにではなく全く顕現しているものを信じるか否かが、各人にとって問題である。即ち、我々人間の中に、現実に共に生き共に語る可能性を、それによって真理に通じる連帯性を見出し、その道においてはじめて本来的に自己となる可能性を、信じるか否かが問題である」（Jaspers 1948:135-136）。制限のない交わり自体が哲学的信仰が目指す目的そのものと言え、哲学的信仰は「交わりへの信仰」であった。そうであるなら、哲学的論理学は無制限な交わりを希求し実現する哲学的信仰の内実そのものを成立せしめるものである。交わりにおいてある実存の現実的生そのものが哲学的信仰であり、その生に実際には働いている理性の思惟を、開明し自覚させ促進する思惟が哲学的論理学であると言えよう。哲学的論理学を欠く哲学的信仰は、交わりへの信仰という性格を失うと思われる。

このように実存の信仰としての哲学的信仰は、哲学的論理学を不可欠の要素とするのであるが、逆に哲学的論理学も実存の信仰という実質を必要とする。実存の超越者への関わりという内実を欠く哲学的論理学は、対象的認識の基礎づけ以上の意味を持たないと思われる。超越者という思惟されざるものに関わる思惟は、循環、同語反復、矛盾という形式を取り、「包越者」も非対象的なものを表示する対象的な手段であった。哲学的論理学という「思惟の思惟」が、実存の現実における思惟を反省するのではない場合、対象的な認識における思惟形式の反省にとどまり、認識の構造や諸概念の関係の内在的解明という意義に限定されると思われる。したがって、両者は相依相属していると言えよう。

ヤスパースが主張する哲学的信仰に関しては、「信仰のために思惟を廃棄する」のではなく、「信仰のために思惟を遂行する」あるいは「思惟を完遂することが信仰である」ということが言える。そして思惟を伴う信仰は、思惟の挫折において神秘的なものが経験されると解される場合もあり、確かにヤスパースのテキスト、特に『哲学』にはそのような経験を語る表現もあるだが、特に『啓示に面しての哲学的信仰』では最終的には交わりの遂行に意義があると思われる。この点は詳しくは第四章第三節で考察したい。また、哲学史において信仰と思惟は対立的に捉えられることが多く、ヤスパースの思想において信仰と思惟は調和的すぎるような印象がある。(13) 哲学的信仰の対象（悟性的認識の対象ではないが）は、「超越者」という概念的な絶対者であり、罪性を贖う救済者ではない。信仰と思惟の対立は、ヤスパースにおいては啓示と思惟の対立として、『啓示に面しての哲学的信仰』の中で最も尖鋭な形で論究されているが、結局のところ神学者が問題とするような形では問題になっていないと考えられる。これに関しては、第四章第三節および結びで検討したい。

第三章　暗号思想の展開

ヤスパースは先述のとおり、実存に対する超越者の現れを「暗号」(Chiffre、Chiffer) と呼ぶ。暗号は世界内の事物と異なるものではなく、世界内の事物は経験的な自己存在にとっては概念的に規定され対象的に把握されるのに対して、本来的な自己存在である実存にとっては超越者の現象という意味を持つという。『哲学』(一九三二) において暗号は詳しく論じられ、基本的な概念はその後も大きな変化はないと思われる。暗号は超越者に関するヤスパースの主要な思想であり、全ての主要な著作で言及され、また『啓示に面しての哲学的信仰』(一九六二) で哲学的信仰と啓示信仰の関わりが主題となる時に、鍵となっている概念である。「暗号」という独特な用語は、とっつきにくく神秘的な印象がある。我々は「今―ここにある物事の代替されない絶対的現実」として暗号を捉えることにしたい。可能性なき「絶対的現実性」(absolute Wirklichkeit) (Jaspers 1932 III:8) として超越者は出会われるとされており、また暗号は解釈されえない、つまり他のものによってその意味を説明されず、そのものとして受け取るしかないとされているのであるから、暗号を「今―ここにある物事の代替されない絶対的現実」と考えることは適当と思われる。我々は先に「第一章」で実存することを「物事の元に真実に現在すること」、「可能性なき絶対的現実に直面すること」と捉えたいと述べたが、それは実存を「自由」という主観の側からのみ捉えるのではなく、実存することは暗号に直面すること、物事を暗号として受け取ることであるという、実存にとっての客観の側にも着目したためであった。

超越者そのものが何であるかについて、具体的にはヤスパースは語っていない。むしろ超越者は直接的には経験的対象となることはなく、思惟不可能であることが繰り返し強調されている。概念的には、超越者は実存の自由の贈与者、「端的な包越者」(das Umgreifende schlechthin)、「包越者の包越者」(das Umgreifende alles Umgreifenden)、などと言われている。「神」、「神性」と呼ばれる場合もあるが、その際もあくまで「隠れた神」とされている。単に「存在」と呼ばれる場合もあれば、全てのものを包含する「一者」(das Eine) と呼ばれたり、局所的・限定的な現実ではない「絶対的現実性」、「本来的現実性」と呼ばれる場合もある。全ての限定されたあるものの非存在としての本来的存在である「無」、思惟されない「無」ともされる。

「暗号」の基本的な概念は『哲学』後も変更がないと思われるが、ヤスパースの思想構成における「暗号」の扱われ方は変化していると思われる。『真理について』(一九四七) では暗号の規定は『哲学』と同様のことが述べられているが、具体的な暗号の例については多くは論じられていない。そして『真理について』では「統一への意志」、「交わりの意志」としての理性が哲学の手段とされたことに伴い、あらゆるものの統一という観点から暗号が語られ、また個々の暗号を越えるものが言及されている。『哲学的信仰』(一九四八) においては「哲学的信仰」の概念の論述が主で、暗号は中心的な主題ではないが、『啓示に面しての哲学的信仰』において再び暗号は詳細に論じられる。『啓示に面しての哲学的信仰』では暗号の規定としては変更がないものの、暗号同士の衝突がより明確に語られること、啓示信仰の具象性と暗号の対照が見られること、「全ての暗号の彼岸」という節があることなどの変化がみられる。

暗号という用語の由来については、先に「はじめに」で触れたように、他の様々な彼の独特な概念同様にヤスパースは多くは語っていないので、定かではない。次章で見るように「交わり」の萌芽となる考えは、『世界観の心理学』

（一九一九）にも明確に認められるが、「暗号」はそうではない。『真理について』では言語の意義に関して、全ての言語は暗号であり、さらに自然や歴史も神の語りかけであり暗号である、という言語観が示されている。ヤスパースはこの言語観をハーマン（Hamann, Johann Georg）から受容したという。「超越する探求にとっては、言語は超越者の暗号として現象する。言語を通して超越者を注視し、言語という暗号文字を解釈することが、試みられる。それはハーマンの道程である」(Jaspers 1947:441)。そしてハーマンの言語観について次のように述べる。「存在する一切は、彼［ハーマン］にとって、神的なものの象徴的啓示である。自然と歴史は、神の言語、即ち被造物を通しての被造物への語りかけ（Rede）である。日々の夕に、神は自身の子を通して我々に語りかける。言葉（ロゴス）は創造における神の言語であり、結局のところキリスト教においては神と世界との間の無限の深淵の仲立ちである。存在する一切は、言語である」（Jaspers 1947:441）。しかしながら、ハーマンに関する言及は少ない。ヤスパースにおける「暗号」の特徴がどの程度ハーマンに由来するかを検討することは、筆者の力の及ばないテーマである。ただ、「存在する一切は神的なものの象徴的啓示である」というヤスパースが理解するハーマンの思想は、全てのものが暗号になりうるとするヤスパースの考えと、軌を一にしているということは言える。(1)

「暗号」という言葉は、ドイツ・ロマン派にあり、またカントの『判断力批判』にも見られる。(2) カントの場合自然美のみが暗号と呼ばれており、また重要な概念として詳論されているわけではないのに対して、ヤスパースの場合「暗号でありえないものはない」とされており、また実存に対する超越者の現象としての暗号はヤスパースの中心的主張の一つである。ヤスパースの暗号概念はカントからも着想を得た可能性がある、と言えるのみであると思われる。(3) ただ、『哲学』はごく概括的に見た場合、第一巻『哲学的世界定位』は経験的認識の問題を扱い、第二巻『実存開明』は自由を中心とする人間の実践の問題を扱い、第三巻『形而上学』は超越者の現れを扱うという構成であり、この構成はカントの三批判書を想起させる。また『判断力批判』（*Kritik der Urteilskraft*）は構想力（Einbildungskraft）と悟性の調和を判定する「判断力」（Urteilskraft）が主題であり、しかも美的判断と道徳的判断に共通する超感性的根拠が示唆されており、ヤスパースにおける暗号は実存に対する超越者の現れであり「想像」（Phantasie）により受容されることを踏まえると、思想の構成として重なるものがあると言える。(4)

ヤスパースは自らの思想とカントやキェルケゴールとの関連については、しばしば述べている。しかし、ヤスパース思想と他の哲学者との関連とのつながり、また、哲学史全体における自らの概念の位置については、明確な叙述は少ない。『哲学』の後年の後書き（一九五五年）では、草稿から歴史的な論究が捨象されたことが述べられている（Jaspers 1932 I:XXI）。哲学史上の他の思想とのつながりの不明確さが、「暗号」の分かりづらさを増しているように思われる。

第一節『哲学』における「可能性なき絶対的現実」としての「暗号」

1　『哲学』第三巻『形而上学』について

(1)「世界存在」、「実存」から「超越者」へ

『哲学』は、第一巻『哲学的世界定位』、第二巻『実存開明』、第三巻『形而上学』という構成になっている。この三つの巻は、本書「はじめに」で触れたように、「実存すること」を世界認識、自己存在の自覚、超越的なものへの自己存在の関わり、という三つの視点から叙述したものと考えられる。この三巻の関係について、ヤスパースの言葉を参照しておきたい。「世界存在から、それを突破して、私は可能的〈実存〉としての私自身へと来る。その際、私は自由としてまた交わりにおいて他者の自由へと向けられている。あるか否か、また何であるのか、を決定するような存在の、ただ中に在ること（Darinsein）は、自己から外へ出て眺めることもできないし、自己を眺めることもできない。しかしこの存在もまた、それによって全てが汲み尽されるだろうところの存在ではない。それ［実存］は、自由な他の存在［つまり他の実存］と共にまたこれを媒介として存在するのみならず、それ自身実存ではなくそれの〈超越者〉である存在に関係している」（Jaspers 1932 III:2）。『哲学的世界定位』においては、経験可能な内在的世界における実存による存在の探求が検討され、世界内で

対象的に経験される事物の諸限界が示される。対象的事物はそのつどのパースペクティブによって整理され、概念的な規定により把握されるものであり、存在そのものではない。『実存開明』では、内在的事物を超越した実存のあり様が、限界状況、自由、交わり、歴史性などといった諸相の下に検討される。実存していることは、経験的事物のように観察の対象になるものではない。そして経験的事物のみならず実存もまた存在そのものではなく、超越者に関係しているとされる。『形而上学』において実存の拠り所であり、存在そのものである超越者について論究される。

もう少し引用しておくと、「〈実存開明〉において自由は特殊な思惟によって、覚醒させる訴えかけにおける伝達可能性へともたらされた。ただ一般的であるものにおける〈単なる世界現存在に関する不満足〉が実存開明に導いたのである。しかしこの実存開明においてもまた〈いかなる最終的な満足も〉達成されなかったのである」(Jaspers 1932 III:4) と述べられている。『実存開明』は、普遍的概念で把握される内在者とは異なる実存のあり様を究明するものであった。それにより、実存の内在者からの自立性、自由としての実存が明らかになったが、同時に実存自身が自由を創造したわけではないことも自覚される。『実存開明』では、実存の自由の贈与者として超越者が論理的に要請される。そこで『形而上学』では、その自由の充足が主題となる。自由の充足を与えるものが「暗号」であると言える。

(2) 可能性なき現実性としての超越者

では自由の充足とは何であろうか。一般に自由とは自らに基づいていることと言えるが、ヤスパースの場合、自由を与えたのは超越者であるから、自由の充足は、カント的な自律ではないことになる。自由としての自己の自覚が、直ちに超越者の認知と結びついていることがヤスパースの特徴の一つと言える。ヤスパースが考える自由の充足は、超越者と関係することであり、それは自由の止揚、超越者における必然、現存在的な因果法則による必然ではない高次の必然であるという。「自由はなるほど世界現存在を突破する際に、自由において存在をこれから決定するという情熱をもって把捉されるが、しかし自由はそれ自身を究極的なものと見なすことはできない。何故なら自由はただ時間の中で、なお可能的な実存が自己を実現する途上にあるからである。それは即自的存在ではない。超越者においては自由は終止する、何故ならもはや決断されることがないからである。そこには自由も不自由もない。自由としての存在は、我々が何者であるかがなお我々にかかっている限り、我々に対する最深の訴えかけではあるが、超越者の存在ではない。自由もまた、自己自身へ制限されると、委縮せねばならない。ただ自由に対してのみそのものとして開かれるところの超越者において、自由は自らの充実を求める。この充実が何であるかは、自由にとって超越者の存在における完成（Vollendung）、宥和（Versöhnung）、救済（Erlösung）、あるいは痛み（Schmerz）の可能性となる。どの場合においても自由にとっては、自らにおける〈可能的な自己充足の止揚〉（Aufhebung）が時間的現存在における最終の〈満足〉である」（Jaspers 1932 III:5）[5]。

自由は内在者から実存を区別する重要な特徴であった。自由である実存は、普遍的な概念に拘束されず、決断を下す。しかしこの決断が根拠のない恣意であるならば、複数の可能な決断の中で、なぜその決断をしたか不明である。したがって恣意は、諸可能性の中の一つに止まる。内在的なあり方からの脱却は、自らの自由な決断という可能性へと開かれるだけでは不十分である。実存の自由は超越者と関係することにあるが、超越者は決断することがないゆえに自由ではない。そこで自由が完遂する時、実存は充足することになる。この意味についてもう少し検討したい。

経験的現実は可能性であるが、超越者は可能性なき現実性である、とヤスパースは言う。「実存が問いかける現実としての超越者は、もはや普遍妥当的に問われることはできない。何故なら超越者は〈可能性のない現実性〉（Wirklichkeit ohne Möglichkeit）として、それを越え出ては何も存在しないところの絶対的現実（die absolute Wirklichkeit）として、私に出会うからである。私は超越者の前に唖然として立つのである。私が〈経験的〉現実として認識するものを、私はその実現の諸制約によって〈可能性〉として把握する。私は私の認識の助けによって、具体的に現実的なものを目的に適うように変えようと試みる」(Jaspers 1932 III:9)。また次のような叙述もある。「私が〈可能性への変転なしに〉〈現実性〉に突き当たる所で、私は超越者に出会う」（Jaspers 1932 III:9）。『哲学的世界定位』において『哲学』の構成を予告している箇所で、『形而上学』の内容について、暗号は「絶対的対象性」（absolute Gegenständlichkeit）として実存の意識を満たすとされる（Jaspers 1932 I:33）のも、同じことを述べていると考えられる。

「可能性なき現実性」ということは分かりづらいが、唯一の「これ」と解することができる[6]。世界内の物事は普遍的な概念で理解されるが、普遍的な概念は他のものとも共通する規定であり、それでありうるという可能性として物事に言わばレッテル付けされる。その規定に応じて我々は物事を操作・認識しようとする。しかしその規定は、条件が変ればふさわしくなくなり、物事にそぐわなくなる。普遍的な概念による規定は、物事そのものの規定ではなかったのである。普遍的な概念によらず、物事そのものに対する時、物事は代替不可能な個として受け取られる。そのとき我々は「今―ここにある物事の代替されない絶対的現実」に直面していると言え、その物事は存在の顕現であり、超越者の現れである、とヤスパースは主張していると考えられる。「絶対的現実」という言葉は、世界を超越した特別な経験のように受け取られる恐れもあるが、具体的な物事そのものへの臨在のことであると考えられよう。

可能性がないということは、内在者における因果法則の必然性とどこが異なるのか問題となる。超越者における充実は、自由の自覚を経ているが故に、高次の必然性と呼べよう。因果法則の必然性における原因と結果の関係は様々なものがあり、ある一つの因果関係はその見方の内では必然的であるが、別の因果関係もありうることを顧慮すると、やはり可能性である。実存の自由の自覚は、浮動の自覚とも言い換えられるのであり、因果法則の必然性からの解放と言える。逆に言えば、自由の自覚が生じた時点で、因果法則の必然性は打破されている。その上で、「唖然として」つまり「思惟できないもの」に直面し、ただ受容するだけの絶対的現実が現出するのである。それは穿鑿を越えており、実存の自由を越えていると言えるのである。

（3）『形而上学』の構成

『形而上学』は、「形式的超越」（das formale Transzendieren）、「超越者への実存的連繫」（existentielle Bezüge zur Transzendenz）、「暗号解読」（Lesen der Chiffreschrift）という三つの側面から、実存と超越者の関係を論究している。「超越者の〈探求〉は、超越への諸々の実存的連繫の中にあり、超越者の〈顕現〉（Gegenwart）は暗号文字の中にある。両者のための〈空間〉を開けておくのが形式的超越である。しかし哲学することにおいては、諸々の形式的な思惟の経験も暗号文字の解読も、それらの重みを実存開明から初めて受け取るのである。実存に根付かなければ、それは気儘な無際限へ陥るだろう」（Jaspers 1932 III:35）。

実存が世界の中で統一を志向したり、閉鎖的な秩序を打破したり、実践的に超越者へ関わることが、実存的連繫である。暗号は「観想的」（kontemplativ）な関わりであるとされており、直観や思弁による超越者の観想と理解できると思われる。形式的超越は、対象的思惟にとって超越者は矛盾・循環・同語反覆として現れ、思惟可能でないものが存在するということが感得される、ということである。形式的超越によって、内在者に止まらない超越者の存在が是認され、実存的連繫や暗号解読が可能になる（「形式的超越」に関しては、第二章でも触れたが、今後もたびたび言及する）。そしてまた、形式的超越、実存的連繫、暗号のいずれも、実存が自覚化されていることが、真正さの条件とされる。

2　暗号の規定と暗号の三つの種類

（1）暗号の規定

「形而上学的対象性は暗号と称する、何故ならそれはそれ自身としては超越者ではなく、超越者の言語（Sprache）だからである。それは［超越者の］言語として意識一般によっては理解されず、また聞かれさえもせず、この言語の本性と、それが話しかける仕方は可能的実存にとってのものである」（Jaspers 1932 III :129）。意識一般は、物事を普遍的な概念で捉え、超越者の現れとして捉えることはない。暗号という現象は、実存の自由の自覚が前提となる。実存が内在者においては自らの導きや根拠がないことを認め、自由としての自らのあり様を自覚するとき、自由の贈与者として超越者を想定し、自由の実現の場、さらに自由の意義の告知という意味を内在的世界が持つようになる。そうすると、内在者は超越者の現れということになる。暗号は「言語」であるから、超越者そのものではなく、超越者がそれにより顕現する媒体という意味を持つ（ただし後で暗号の諸特徴を検討する際に述べるように、その媒体と別に現れるものがあるという、通常の媒体とは異なる）。

またあらゆるものが暗号となりうるとされている。「暗号でありえないようなものは何も存在しない。あらゆる現存在が不明確に振動し語りかけ、何かを表現するように見えるが、しかしそれが何のために、また何についてであるかは確かではない。世界は――自然や人間であろうと、星空や歴史であろうと――、また意識一般は、ただそこにあるだけではない。あらゆる現に存在するものがいわば観相的に観想されるべきである」（Jaspers

1932 III:168)。あらゆる世界内の存在は対象的な認識の対象となるが、対象的な概念によって把握される以上の意味をもっているとヤスパースは考える。実存にとっては、世界内の存在は不明確ながら、「振動と語りかけ」を発していると述べられている。その不明確な何事かを実存は、観相的に聴き取るのである。「観相的に」とは、表面に見える対象的な意味を踏まえ、その本質へと深く思いを致すことと考えられる。物事を深く見つめる時に、超越者との繋がりが見出される、とヤスパースは考えていると言えよう。

(2) 内在的超越者…暗号の逆説的・弁証法的性格

経験的事物が実存にとっては暗号であるという主張は、内在的なものが超越的なものを現わすという悟性的には理解しがたい困難がある。「存在は、現存在において言語となる限りにおいて、我々にとって存在する。単なる彼岸は空虚（leer）であって、あたかも無きに等しい。従って本来的存在の経験の可能性は内在的超越者（immanente Transzendenz）を要求する」（Jaspers 1932 III:136）。ここで述べられている内在的超越性は、暗号の逆説的性格と弁証法的性格という特徴に表れる。

逆説的性格については次のように言われている。「超越者の存在が実存に顕現する時には、それはそれ自体としてではなく――何故ならば実存と超越者との同一性は存立しないから――、〈暗号〉としてであり、そしてまた、特定の対象である対象としてではなく、言わば〈あらゆる対象性を横切って〉なのである。内在的超越者は、同時に再び〈消失した〉〈内在〉である。それは、現存在において〈暗号としての言語〉になった〈超越者〉である。意識一般において実験が主観と客観との間の仲介者（der Mittler）であるように、暗号は実存と超越者との間の仲介者である」（Jaspers 1932 III:136-137）。

暗号においては、超越者が直面する対象そのものではないという形で表れている。暗号は対象的に経験可能な内在者でありつつ、対象化されないものを表すという逆説的性格を有している。対象性を「横切って」(quer)という表現はヤスパースが所々で使う分かりづらい表現であるが、通常の対象的認識における概念の世界の秩序とは別に顕現するということで解しておきたい。事物を概念によって秩序づけ、概念同士の関係で成立している世界の中に、暗号は実存の自由の根拠という別の根源として顕現するのである。[7]

暗号の弁証法的性格については次のように言われている。「超越者と内在者とが相互に端的な別のものとして思惟された後に、もし超越者が沈み込んではならないならば、超越者と内在者はむしろ我々にとって、〈内在的超越者〉としての暗号においてそれらが顕現している弁証法と成らねばならない」(Jaspers 1932 III:137)。

超越者が「沈み込む」(versinken)とは、内在者が対象として現前と目の前にあるのに対して、超越者は直接対象となることはないため、不可知とされたり、内在者に比して夢想的なものとされ否定されたり、逆に内在者と同一視されたりして、真の超越者ではなくなることであると思われる。したがって、超越者は何らかの形で内在者のうちに現象せねばならないが、そのためには内在性と超越性を併せ持つ機構が必要である。暗号が、その役割を果たすものであり、内在性と超越性を弁証法的に統合したものである。超越者は暗号において、内在的であることを打ち消しつつ、同時に超越的なものに止まることなく、顕現する。このことは詳しくは後で見るが、「挫折」の暗号により個々の暗号の絶対化が防止され、個々の暗号がそのつどの現れとして受容されることにより可能になると思われる。

(3) 三つの言語

ヤスパースは、暗号は第一言語、第二言語、第三言語という三つの種類があるという。第一言語は、直接的言語であり、個々の実存の一回的な歴史的意識、即ち絶対的意識に直接顕現する。第二言語は、伝達における一般化であり、物語、形像、人物、所作の形で表現される。第三言語は、哲学的伝達の言語であり、形而上学的思弁により超越者が表現される。

・第一言語

「存在については現存在の諸暗号において経験されるべきである。現実性が初めて超越者を開顕する(offenbaren)。超越者については普遍的なものの中では知られない。それはただ歴史的に現実性から聞かれるべきである。経験は、経験的知識の源泉であるのと同様に、また超越者の確認の源泉である」(Jaspers 1932 III:130)。「形而上学的経験において私は深淵(Abgrund)の前に立つ。経験が単なる現存在的経験に止まる時、私は慰めの無い欠乏を経験する。現存在的経験が透明になり、そのことにより暗号となる時、形而上学的経験において充実する顕現が存する」(Jaspers 1932 III:130)。

この二つの引用によれば、経験は普遍的概念で捉えられるとき経験的知識を与えるが、同じ経験が形而上学的経験、即ち超越者の暗号にもなるという。二番目の引用にある「透明」(transparent)になるという表現もヤスパースは多用しているが、分かりづらいことは否めない。ただ前の引用と併せ読むとき、通常の内在的な経験において普遍的な概念の形で理解される物事は不透明ということになろう。それに反して、「今―ここにある物事の代替されない絶対的現実」においては、物事は透明であるということになる。その意味は、物事が本来の由来である超越者との繋がりにおいて受け取られることであると思われる。対象的な意味を単に失うことであれば、「透明」というより「変化」であろうが、対象的な意味が超越者との繋がりという広い文脈で捉えられるようになり、対象的な意味の中に超越者が読み取られることが、「透明」ということであると思われる。普遍的概念によっては与えられない充実が生じ、物事の元に真に現在することは、その繋がりを感知しつつ物事に面することでもあると、ヤスパースは考えているのである。超越者は経験的現実から乖離した何か別の意味というよりも、先に触れたように現実そのもの、絶対的現実と言える(8)。

「この形而上学的経験は第一言語の解読（Lesen）である。これを解読することは了解（Verstehen）ではなく、根底に存するものの開示でもなくて、その元で現実的な自己であることである。合理的な確認ではなくて、それを越えて現存在における存在の澄明性（Durchsichtigkeit）であるが、この澄明性は、実存の最も原初的な直接性に始まり、そして思惟による最高度の媒介において、しかもこれ［思惟］ではなくこれによる新たな直接性なのである」（Jaspers 1932 III:130）。

この引用にある「その元で現実的な自己である」ということは、今まで出てきたことと同じと思われる。それは「直接性」とも言える。普遍的概念による把握は、物事を概念という媒介によって受け取っているため「間接的」と言える。思惟の契機が弱い原初的な経験は、思惟の媒介が少ないという意味で、自己が直接物事の元にあり真に現実的と言える。また非対象的な思惟により普遍的概念を超克して物事に直面するという場合、即ち対象的な認識を越え超越者の現れとしての暗号に直面する場合も、自己が直接物事の元にあると言えよう。自然や社会的状況等が、素朴に経験された場合でも、あるいは思惟による反省を経る場合でも、まさに自己にとって代替不可能な現実として受け取られるとき、それは「可能性なき現実性」であり、存在そのものの現象以外ではないと言えよう。

そのように解するなら、次の引用の意味は分かりやすくなると思われる。「私は可能性を止揚しながら、現実的なものに衝き当たろうとする。個別的にまた限局的に成りつつ、諸々の可能的なものに充実され私は現実性へと歩を進める。何故なら、私はもはやいかなる可能性もなく、それが端的に存在である故にただあるところの、決定的に現実的なものが存する所へと至ろうと欲するからである。この存在は、時間的現存在の中では、それ自身としては私と決して出会うことはない。しかし存在の暗号を解読することは、他の全ての所業と経験の意味になる」（Jaspers 1932 III: 131）。

普遍的な概念で表わされる意味は他の物事とも共通する規定であり、そのようでありうるという可能性であるが、それは今―ここにある物事そのものを表わしてはいない。むしろそれらの規定では不十分であると考え、物事の真の個別的なあり方を探求してゆくなら、物事を可能性なき現実として受け取るしかない局面へと至ると思われる。その現実を受け取ることは、別様にもありうる交渉ではなく、動かし難い根本的な物事との交渉である。実存にとっては、そこから普遍的な概念の世界である内在的世界が意味を与えられるのである。

また次の引用の意味も「今―ここにある物事の代替されない絶対的現実」という点から理解することができる。「超越者の経験は、それが普遍的になるほど色あせたものになり、反対に、それが今ここでのみ充実されるものの頂上に登ぼるほど確かになる。例えば自然の経験は、全く個体的なもの（das ganz Individuelle）の判然性の増大につれて、つまり私がある世界の全体が顕現する中で最も微細な現実性の最も具体的な知識を獲得する場合に、暗号文字の解読へと変わるのである」（Jaspers 1932 III:131）。

我々が物事を普遍的な概念で理解する場合、超越者から遠くなりむしろ「今ここで」「充実」されるものに直面するとき、超越者に近づくとされている。「充実」（Erfüllen）という用語もヤスパースは多用するが、今まで見てきたことを踏まえるなら、可能性なき現実にあること、現実そのものに全面的に直面すること、今ここの現実のただ中にあること、さらに言えば現実と一体化することと、解してよいと思われる。自然の経験に関して、概念的な抽象的理解ではなく、「最も微細な現実性の最も具体的な知識」において超越者は顕現するのである。

また第二言語と比較すると、より第一言語について明確になると思われる。第二言語は次に考察するが、第一言語が神話や伝承の中で伝達される形になったものとされる。「ただ瞬間的な顕現の直接性においてのみ聴き取れる（vernehmbar）超越者の言語の反響の中で、形象や思想としての諸言語が創られ、これらの言語は、［超越者の言語として］聴かれたものを伝達することになる。存在の言語に加え人間の言語が現れ出る」（Jaspers 1932 III:131- 132）。キェルケゴールに由来する「瞬間」（Augenblick）もヤスパースが多用する表現であるが、ここでは概念的な通常の把握が尽きる時、思惟の限界が現出したとき、物事の真の個別性、「このもの」としか言えないあり様、言わば「このもの性」が受け取られるが、それは一瞬のことで、我々はすぐに概念的な理解に戻るという事態があるため、瞬間的に顕在することと解してよいと思われる。そのような根本的な第一言語の経験が、伝達される形象や思想として表現されるようになったものが、第二言語である。

「瞬間」については、『実存開明』に次のような叙述もある。「もちろん我々は、究極目的を知ることなしに、限られた領域の中で行為し建設せねばならない。全ての内容は、充実する究極目的が未来において初めてでなく、たとえ不分明でも既に現在的に（gegenwärtig）、即ち瞬間における永遠的なものの顕現として、経験される場合に、顕現化する。意志は、瞬間における永遠的なものの顕現である。意志は、自己存在の顕現であり、この顕現の根拠の上で初めて、一切の対立を止揚する普遍的観想が、超越的存在（transzendentes Sein）の暗号文字の解読において、可能となる」（Jaspers 1932 II:162）。

人間は現実においては認識された範囲の中で世界に関わらねばならない。未来に実現される究極目的という形ではなくて、「今―ここ」という瞬間に集中することで、「今―ここ」にある個々の物事が、絶対的な現実と化し、究極目的となる。その際個々の物事は、永遠なるものが限定されたものという意義をもつ。そのように考えた場合、それがあること自体が究極目的であると言え、永遠なるものの意志によるということができる。暗号解読するとは、その永遠なるものの意志を予感しつつ、世界においてその意志を実現するという意味を持つ。傍観的に世界を眺めるだけでは、世界内の事物は対象的存在という意味しか持たない。暗号という現象には自己存在が自由に暗号解読するという実践的な契機が欠かせない。暗号解読は実存の自由によるのであるが、本節の1で触れたように暗号においては実存の自由が高次の必然性へ止揚される。その自由の止揚をこの引用を踏まえ言い換えるなら、自由における未来の可能性に向かっての目的意識を現在への集中へと転換し、可能性なき絶対現実としての今―ここの対象に面するとき対象は暗号と化し、実存の自由は超越者により充実された必然性へと止揚されると言える。

・第二言語

「子供は第二言語を媒介として、超越者の存在を疑問のない現実として経験できる」(Jaspers 1932 III:139)。子供は神話を純粋に信じ、その中で超越者を経験する。個人にとって根本的な経験は第一言語であるが、第二言語は共同体の神話として世代の連続性や社会性をもった観念を与える。第二言語により、我々は現実を捉え、現実へと関わる仕方を学ぶ。そして我々は成長するに従い、神話以外の様々なパースペクティブや思想を学び、純粋に神話を受け取らなくなる。

ヤスパースは神話の種類として、「特殊形態の神話」、「彼岸の神話」、「神話的現実」の三種類を挙げている。「特殊形態の神話」とは、世界内の何らかの事物の意義を提示するもので、事物の起源や由来を語る神話に該当すると思われる。「彼岸の神話」は、現世を越えた超現実的世界を描くことで世界全体の意義を提示するものと思われる。

最後の「神話的現実」が理解しづらいが、実例としてファン・ゴッホに見られる、日常がそのまま神話化しているような生が挙げられている。次のように述べられている。「〈現実性〉そのものが同時に〈神話的〉であれば、現実的なものは無価値にされることもなく、客観的な特殊形態によって補足されることもない。現実的なものは、現実的なものとして同時に、それに超越者が授ける意義において見られる。それは探究可能なものの単純な経験的現実でもなく（かえって現実として、あらゆる探究可能なものを包越しており）、またそれは経験的現実を欠く超越者でもない。全く顕現的なものとして、その現実はどこまでも同時に現実的かつ超越的なのである。ファン・ゴッホにとっては、風景、事物、人間がそれらの事実的な顕現において同時に神話的になり、したがって彼の絵画の唯一独特の力となるのである」（Jaspers 1932 III:133）。神話の中に純粋に生きるような場合が、神話的現実の中にあることだと考えられる。通常の意味で「現実的なもの」は、暗号ではなく、概念的な把握で理解される世界であり、暗号の「絶対的現実」と区別される。しかし「神話的現実」ではその区別はなくなり、現実は全て超越的となっている、と理解できるのではないか。言い換えれば、経験的事物が暗号としても受容されるということではなく、事物が暗号としてしか受容されない、と理解できるのではないか。逆に言えば、概念的な把握が不可能になっているとも言える。

・第三言語

思弁によって超越者を把握しようとするのが第三言語である。「思想が暗号文字を自らに解釈する時、それは明らかに、他者としての超越者を認識することも、また現存在としての現存在に関する知としての世界定位を拡張することもできない。しかし思想は、それ固有の形式の法則に従いながら、必然的に諸々の対象性において思惟するのである。思想は〈根源的な暗号文字を〉、一つの〈新しいもの〉を書くことによって〈解読する〉。思想は、それにとって直観的また論理的に顕現している世界現存在との〈類比〉に従って超越者を思惟する。思惟されたものはそれ自身ただ、今や伝達可能になった一つの言語としての象徴に過ぎない」（Jaspers 1932 III:134）。第三言語は超越者や神に関する様々な形而上学的思想が該当すると思われる。形而上学的思想は、自己の体験や神話や過去の形而上学的思想から超越者の現れを受け取り、自らもまた超越者について記し、新たな暗号文字を書くのである。

第三言語は思索者にとってのそのつどの超越者の現れと言えるが、どれもが超越者そのものを捉えるわけではなく、「そのどれもが他と同じ仕方では暗号として存在を捉えず、どれもが本来的には、また完全には捉えることはない」(Jaspers 1932 III:136)。

原初的には第一言語が本来的に直接なものとして優位をもっている。しかし人間は自己の体験のみならず、共同体における伝承により生育するものであるから、第二言語は共同体における生にとって決定的な意味をもっている。だが、合理的な反省にとっては、第二言語の内容は疑わしいものである。そのときに思惟により超越者に迫ろうとする第三言語が重要になると言えよう。

3　暗号の諸特徴

以上で暗号の本質に関するヤスパースの主張を見たが、より詳しく暗号の諸特徴を検討し、超越者の現れとしての暗号についてヤスパースが考えていることを明確化したい。

(1) 解釈不可能性

暗号の意味は、その暗号自身において現れており、解釈されない、即ち別のものにより別の仕方でその意味を理解することはできないとされる。この特徴に記号や通常の象徴(ヤスパースは暗号を象徴と呼ぶこともあり、次の引用でも象徴という言葉が使われているが）とは異なる、超越者の現れとしての暗号の性格がよく出ている。「暗号がそのつど何らかの世界存在と超越者の統一である時、もし暗号が何らかの他のものを表すもの（Bedeutung）と考えられるなら、それは途絶える。暗号文字においては、〈象徴（Symbol）と象徴されるものとの分離は不可能〉である。暗号文字は超越者を顕現へもたらすが、しかしそれは〈解釈可能（deutbar）ではない〉。私が解釈しようとすれば、およそ一緒にあるものを、私は再び分離せねばならない。私は暗号を超越者と、即ち私に対してはただ暗号においてのみ現われるが、暗号ではないところの超越者と、比較することになろう。そうすることは、暗号文字の解読から純粋に内在的な諸々の象徴関係の把握への逸脱であろう。（中略）記号、譬喩、比較、代表、模型という意味での、ある物からやはり他の存在者としての他の物へのつながりによる、世界内の諸事物の把握であるところの、随意の象徴性は、暗号文字ではない」（Jaspers 1932 III:141）。

通常の象徴や記号は、例えば鳩は平和の象徴であると言われたり、音符が音を表したりして、表すものと表わされるものが異なっている。そして我々の通常の対象的認識も、物事を普遍的な概念によって解釈するものであり、その当の物事そのものを純粋に捉えていない。また、普遍的な概念は他のものにも適用できるものである。「今―ここにある物事の代替されない絶対的現実」としての暗号は、唯一的な代替しえない意味をもっている。その代替不可能性の意義は、まさにそこに超越者が現れており、観る者にとってそれなしには超越者は存在しないということと解せよう。暗号は超越者を表すもの、超越者の現れ、なのだが、暗号と別の場所に存在する超越者を示すわけではなく、暗号のただ中に超越者が顕現する。暗号の場合、徴表と意義が分離していないと理解できると思われる。

経験可能な対象的存在は、他との関係で概念的に規定される。それ自身は何かということは、別の物によって定義づけられ、その別の物もさらに別の物によって定義される。そこで「それ自体（es selbst）ではない」（Jaspers

1932 III:146）と言われている。対象的存在は明確で確固としたものと思われるが、実は連関と依存性にあり、確固としたものではない。そのように考えれば、逆に暗号は「それ自体」ということになり、「それ自体」とは「今―ここにある物事の代替されない絶対的現実」ということと同じと言えよう。

解釈不能ということに関して、暗号は解釈不能であるが、「観想可能」（schaubar）であるという。「人は明瞭にするために［暗号において］把握されたものから離れるが、新しい象徴性によってそうするのであり、ある物から他の物を解釈することによってではない。人は立ち還り、そして新たな深みを覗き込むのである。暗号文字の言語としての観想可能な象徴性は、ある実存にとってこの掘り下げによってのみ到達可能である。解釈可能な象徴性は意識一般にとって存立する」（Jaspers 1932 III:146-147）。暗号はそこに本質的なものが現れており、我々はその本質的なものを観想する。対象的存在の意味は別の対象的存在によって規定されるのであり、対象的存在を意識一般によっていくら詳細に観察しても、そこに存在そのものに関係する契機が見て取れるわけではない。したがって、対象的存在は観想不可能と言える。あるいはより正確には、対象的存在に真に直面し、単に概念によって理解するのではなく、その意義を追求するとき、同じものが暗号となる、と言えるだろう。そしてその意義の追求とは、別のもので解釈することではなく、深く掘り下げるということである。

（2）多義性（Vieldeutigkeit）

暗号は、そこから我々が生の意義を受け取るようなものであり、世界内の事物や行為の意味がそこから理解されるような、無限の源泉である。ヤスパースは、暗号は「多義的」であるとしている。暗号の多義性は、唯一の現実であることと一見矛盾するようであるが、そうではない。暗号の意味を問うとき、そのつどの条件の下での受け取り方によって様々な意義を生じるということであり、意味を問うた果てに、ただ受容するしかないあり様に直面した時には、暗号はただ受容するしかない現実そのものである。多義性は問いかけの多様性・無終性に焦点を当てた規定であり、そのつどの問いかけ（暗号解読）の瞬間的な完結性と矛盾するものではないと思われる。

「〈あらゆる暗号の無限な多義性〉が、時間的現存在における暗号の本質として現れる。他の暗号による暗号の〈解釈〉、即ち思弁的暗号による直観的暗号の解釈、産出された暗号による現実的暗号の解釈は、それによって実存が自らの超越者を確証し、また覚悟しつつ諸可能性を自ら創り出したく思うところの媒介として、〈いかなる終結もない〉。諸暗号の一つの体系は〈不可能〉である、というのは、諸暗号はそれらの有限性においてのみ、そして超越者の担い手としてではなしに、体系において位置付けられるだろうからである。無限な多義性は可能な諸暗号の一つの体系を排する。一つの体系はそれ自体一つの暗号でありうるが、しかし見取図として真正な諸暗号を有意義に包括することは決してない」（Jaspers 1932 III:150）。暗号の語る意味は、対象的な認識にとっては常に多義的であり、確定されない。何かの意義に限定された場合、暗号は超越者の現れとしての性格を失う。我々の受け取り方、そのつどの条件によって、暗号の意義は変わるのである。暗号解読は一つの暗号に基づいて世界内での実現を図ることであり、暗号解読はそのつどの自己存在の「解釈」作用を含むとも言えるが、対象の意味を別の対象で解釈することとは異なる。暗号解読による世界への働きかけは、それ自身別の暗号という意義を持つ。そして暗号解読は無限の内容・様態がありえ、暗号全体を一つの体系に秩序づけることは不可能である。暗号解読は常に運動しており、開かれている。

暗号はそのつどの代替しえない顕現であると同時に、無限に開かれているのであり、暗号解読は終結しないということは、大きな問題をはらんでいる。ヤスパース思想の発展において、より交わりが重視されるようになると、自己にとっての暗号と他者にとっての暗号の相克という難題が浮上するのである。詳しくはこれから見ていくように、『真理について』の時期ではより開放に重きが置かれるようになり、『啓示に面しての哲学的信仰』の時期では、交わりのために自己にとっての暗号を放棄することが主張されるようになる。

(3) 暗号と実存の一体化

暗号は実存に生の意味を与えるものであるから、実存は暗号において生きるとも言える。そのことをヤスパースは、「滞留」(verweilen)、「沈潜」(sich vertiefen) と表現している。「暗号の中で私は〈滞留する〉。私は暗号を認識しないが、私は暗号の中へ沈潜する」(Jaspers 1932 III:153)。

暗号に全面的に参与するなら、もはや暗号と実存は別のものではなく、一体化すると言えよう。実存の行為の意味、さらに生の意義は、暗号においてある。「滞留」、「沈潜」と言われた事態は、暗号解読は、暗号の外に実存が立って暗号を解釈するようなものではなく、暗号を手引きとして世界内で行為するということであるから、暗号のただ中に実存が入り込むような関係であると考えられる。主観が普遍的な概念によって対象を認識する場合、主観と認識は別のものである。暗号の場合、もはや暗号は主観と別のものではなくなり、主観は暗号の中に包含される。また逆に言えば、主観がそこへと入り込んでいくような、大きな意義を暗号は蔵している。その意義は、誰にとっても妥当するような普遍的なものではありえず、自己にとって決定的な意味があるもの、あるいは自己にしか理解できないような物事の意義と考えられる。そしてまた暗号解読する主観の働き、自由がないと、対象存在は暗号とならないと言える。

暗号解読を行う自由については、先に「第一言語」の検討の際にも触れたが、暗号と実存の一体化に関しては次ような叙述がある。「実存的想像にとってむしろ重要なことは、存在する全てのものを、自由が浸透しているものとして把握することである。暗号の解読は一種の存在知の意味を持つが、この中では、言わば想像の最も深い眺望にとって一方でも他方でもなく両者の根拠であるために、現存在としての存在と自由としての存在が同一的になる」（Jaspers 1932 III:153）。

暗号においては、現存在という対象的存在と自由という自己存在が一致しているとされる。この意味は、上述のように暗号へと実存が沈潜し、一体化していることだと言えよう。経験的な物事の現存在は超越者そのものではないのであるから、二世界論的な考えでは、現存在は二義的なものとして軽んじられかねない。しかし、ヤスパースは二世界論をとらず、経験的な物事とは別の場所にある彼岸を想定することはない。経験的な物事は、暗号としては超越者の現象であり、それ以外に実存が存在に出会う場はない。それは言い換えれば、実存の暗号解読の場、自由の場という意味を経験的な物事が帯びることである。逆に言えば、現存在を超越者へと開放することが、自由の意味と言えると思われる。

以上のような暗号の特徴は、主観と客観という構図においては、先ほども引用したが、「意識一般において実験が主観と客観との間の仲介者であるように、暗号は実存と超越者の間の仲介者である」（Jaspers 1932 III:137）と言われる。暗号は主観としての実存と客観としての超越者を媒介するものである。ただしこの図式は、『理性と実存』以降に提出される、主客を越え包む「包越者」としての超越者という主張に照らした場合、超越者が実存にとって実験対象と同じような客観であるような印象を与え不十分なところがある（もちろんヤスパースはこの言葉の前後で、超越者は単なる認識の客観でないことを強調しているが）。これに対し、後で見るように『真理について』では、暗号解読において暗号は客観であるが、主観に根拠と方向付けを与えることで主観に入り込み、実存は主観であるが、客観において自らの根拠と方向付けを見出すことで客観に入り込み、暗号解読においては主観も客観も、主観—客観—分裂における主観と客観であることを止め、客観に貫通された主観、主観に貫通された客観に変容し、主観と客観の相互浸透が見られることが、明確に述べられている。

（4）存在論との相違…了解不能なものとの遭遇

暗号は存在そのものを示すのであるから、暗号論は一種の存在論ではないか、という考えが生じる。特に第三言語は存在を思弁によって把握する存在論と受け取れる。しかしヤスパースは、暗号解読を存在の種類や構造を提示する存在論とは峻別する。存在論と暗号解読の違いについて、ヤスパースは次のように述べる。「〈存在論〉（Ontologie）は、本来的存在を存在に関する〈知識〉へと固定化する道であり、これに対して〈暗号文字の解読〉は、〈浮動〉（Schweben）における存在の経験である」（Jaspers 1932 III:161）。「〈存在論〉はその根源においては、あらゆる思惟の様態を、一つの包括的な、存在に燃え立たされた（seinsdurchglüht）思惟へと一つに摑むことであったが、その後この思惟から、〈一なる〉存在がそれにとっては〈可知的〉であるところの教説が生じた。これに対して〈暗号文字の解読〉は、実存的現実の〈行為のための〉真の〈統一〉を解放する。というのも、暗号文字はそれの思惟において、知に対する四分五裂を被い隠さないからである」（Jaspers 1932 III:163）。

ヤスパースの考えでは、存在論は知として存在の種類や構造を把握するものであり、存在を普遍的な概念へと固定化する。それに対して暗号は、普遍的な概念から浮動し、またさらに、暗号を解読するということ自体も開かれており浮動している。ヤスパースの言う存在論は、存在が我々に対して分裂しているという根本状況を看過する。第四章で検討するように、暗号解読はヤスパースが「統一への意志」としての「理性」の働き（『哲学』では「理性」のこの独特な規定は現れていないが）によると思われるが、理性の統一は、知として固定的な統一を求めるのではなく、交わりを求めるものである。存在論も根源においては存在の顕現という衝撃への反作用とも言うべき思惟であると思われる。その思惟が可知的なものへの固定化に狭隘化することは逸脱だと言えよう。そのような固定化は悟性の働きであり、実存の思惟のあくまでも一契機に過ぎない。

存在に関する知としての存在論は、存在を了解（Verstehen）しようとするが、暗号はむしろ了解不可能である。

「暗号としての思弁的思想は解釈するが、しかしその解釈は存在の了解ではなく、了解の中で存在実体の本来的に了解不可能なものに触れることである。したがって、もし私がその思弁的思想によって、それによりまたそれと共に私が本来的であるところの、〈了解されないものに〉〈衝き当た〉らないならば、私が単に了解するその思弁的思想を私は了解しないのである」(Jaspers 1932 III:153-154)。

ヤスパースの叙述は分かりづらいが、思弁的思想が暗号であれば、了解しようとする中で、了解不可能なものを示すとされている。単に悟性的な意味で了解する思想は、暗号ではない。悟性的な意味で了解しようとしつつ、その了解に入ってこないものを示すような、広がりや深みのある思想が、暗号としての思弁的思想であると思われる。ここで「了解不可能なもの」と言われているのは、理論的に考えれば超越者であり、暗号も了解不能であるが、それは概念的に把握できない超越者が表れているため、と言うのが適当と思われる。ただし、暗号と別に超越者を語るのは暗号論の趣旨に反している。また、実存が直接「衝き当る」のは暗号である。そこで了解し難いものは、暗号と考えた方がよいと思われる。思弁的解読は理解することに意義があるのではなく、理解が不可能な地点へと到達することに意義があるのである。その地点ではじめて現存在は詮索の余地がない現実として受け取られ、暗号としての性格を獲得する。「可能性のなき現実性」あるいは「絶対的現実」も、思惟不能という性格があると我々は考えた。

「了解不可能」ということに関してもう一つ引用しておきたい。「暗号は実存にとって、他の何ものによっても表現されず、ただそれ自身と比較されうるだけの、ある客観性である。それにおいては超越者が語るのであり、単に高揚され拡大された人間の魂が語るのではない。従って、表現において了解されるようになるものは暗号ではない。了解されるようにすることは暗号文字の廃棄を意味する。了解されないものそのものを、了解可能なものの了解によって簡潔に(prägnant)かつ造形的に(gestaltet)見ることは、この了解されないものが透明になる時に、暗号を通して超越者に触れしめるのである」(Jaspers 1932 III:169)。

暗号において超越者が語るとされているが、そのためには「了解しがたい」ということが不可欠である。了解できるものは、概念による規定であり、人間の内在的言語で捉えられる。了解できるものはできるだけ了解することによって、その了解を逃れる物事の了解しがたい本性が浮かび上がる。「簡潔にかつ造形的に」と言われる意味は明確ではないが、了解不能性が思弁的にではなく、具体的な物事に面しつつ示されることと理解しておきたい。物事の「このもの性」とでも呼べるもの、受け取るしかない「今―ここにある物事の代替されない絶対的現実」は、了解を尽くして初めて感得される。このとき物事は「透明」になるが、「透明」は先にも述べたように、物事が本来の由来である超越者との繋がりにおいて受け取られることと考えられる。暗号の了解不可能性は、曖昧で混乱しているということではなく、逆に概念化されえない個物が明々白々に現前しているということと考えられる。

(5) 奇跡(Wunder)としての絶対的歴史性

暗号は、個別性・唯一性を持ち、歴史的な形態を取るのであり、ヤスパースはそのことを強調し、暗号を「奇跡」と述べる。「暗号としての現存在は、全的に顕現するもの、絶対的に歴史的なものであり、そのようなものとして『〈奇跡〉』である。奇跡は、表面化されまた合理化されると、自然法則に反してあるいは自然法則なくして生起するものである。(中略)直接的・歴史的に現実的なものは、知られていないし、また単に事実であるのではない。それはその無際限性(Endlosigkeit)のおかげで、普遍的に知られるべきものへと余す所なく解消されえない。――たとえ私が研究的認識に属する限り、私は全てのものが正当に、つまり洞察可能な諸々の規則や法則に従って、成り行くことを疑わないにしても」(Jaspers 1932 III:172)。

この「奇跡」という規定は一見奇異な印象を与えるが、「今―ここにある物事の代替されない絶対的現実」は、歴史的に唯一のものであるという絶対的歴史性を持ち、思惟不能であることを言っていると思われる。奇跡は超自然的な出来事であり、自然法則に則って理解することはできない。因果的に生起が確定できるもののみを理解する悟性にとっては、奇跡を認めることできない。しかし、「直接的・歴史的に現実的なもの」である暗号という奇跡は、単に反自然法則的なのではない。先に見たように暗号は、実存の生を担う全体的な手引きを与えるのであり、無限に多義的であった。歴史的な現実は無際限なため、悟性の法則へ収納され切らない。したがって、奇跡は自然法則に反するというよりは、自然法則に収まらないと言う方が適切である。暗号の奇跡としての性格、つまり悟性にとって把握できないということは、穿鑿を越えており、不可思議と言える。

奇跡が反悟性的、非合理主義的という意味で受けとられるのは、悟性を絶対的なものと措定し、悟性の限界への洞察を欠き、それから外れるものを否定的にしか捉えないことからくる。悟性の一面性・暫定性を反省すれば、しかもこの反省が一般に理論的・概念的なものではなく、そのつどの状況において為される実質的なものであれば、つまり思惟の自己反省が個別の物事に関して行われれば、個々の物事の不可思議性が浮上すると思われる。つまり思惟の自己否定とも言える働きが、暗号の現象には働いていると思われる。後でも論じるが、『哲学』では思惟の自己否定（「形式的超越」）は、暗号解読の前提とされている面があるが、実際には暗号解読のさ中で働くと考えられる。また、『啓示に面しての哲学的信仰』の「全ての暗号の彼岸」という節では思惟の自己否定が個々の暗号を越える開放と結び付けられているのであるが、同時に暗号解読への還帰が説かれており、思惟の自己否定は個々の暗号解読が純正であり、真に超越者が現成する条件と考えられる。

ヤスパースは、暗号を「解読」することが実存の「想像」(Phantasie)によって可能になることを主張する。「私は世界定位における現存在を〈諸概念〉によって認識するが、現存在における存在[即ち暗号]をただ〈想像〉によってのみ解読する」(Jaspers 1932 III:152)。ヤスパースにおける暗号をより具体的に理解するために、この想像の働きに注目してみたい。

4　実存の「想像」

想像は、主観的で無拘束な表象作用であり、客観性や厳密性を欠くものとして通常は否定的に捉えられている。内在的世界の内部においては、事物は一定の秩序に基づき、一義的に解釈され、安定した世界を構成している。その内在性の枠内の基準に照らせば、確かに想像は非現実的であり無意味である。しかし、既存の枠組みに囚われずに新たな創造や発見が可能なのは想像の働きによるのであり、想像を通して実存は内在性を超出し、超越者への眺望を得るのである。ここで言う想像は、無拘束な遊戯的な表象作用ではなく、むしろ本来的なものを観想する働きと言える(9)。

ヤスパースは想像の働きについて、その逆説性に注目する。「想像は、実存が、どのようなものであれ現にあるものを全存在(alles Sein)と見なすことができず、超越者において自己を保持するために、全ての現存在的安定そのものから離れる、という逆説である」(Jaspers 1932 III:152)。内在者を全存在として受け入れ、その内部に止まることは、狭い範囲においては自己を安定させ維持することになる。しかし世界の無地盤性を顧慮すれば、内在者はそのつどの限界内にあるものであり、その限界が変動することによりその安定は根底から崩壊する。したがって、単に内在者に安らうことは、真の安定や真の安全とはならない。実存にとっての真の安定や安全は、超越者の内にあることであり、そのために内在者の制限が一旦廃棄されなければならないのである。この引用文中の「逆説」という言葉は、このように真の安定のために仮の安定を放棄するという事態を言い表している。

想像の具体的な働きについてヤスパースは次のように言う。「想像によって私は、〈完成したもの〉や自己の内に安らうもの（Insichruhende）を経験する。限界状況においては、一切のものが寸断されており、不可能であるか不純であるかに見える。想像において私は、存在の完全性を美として経験し、［現存在的安定から離れる］大胆な賭けにおいて恐ろしいものや破滅したものの美さえも経験する。なるほどこのような美は、現存在の意味では非現実的だが、絶対的意識（das absolute Bewusstsein）としての愛［即ち超越者への絶対的信頼］から見れば、錯覚ではない。理念・実存・超越者として現実であるものが、想像に対して美として言わば知覚可能となる」（Jaspers 1932 II:283）。通常の認識の働きは事物の現にある状態を捉えるが、想像は事物の現にない状態、内在的な見方では不可能な、事物の完成した状態や完結した状態を想定する。別の言葉で言えば、想像は、内在者の本来的あり様という、いわば高次の現実を美として見て取る。

とは言えヤスパースが言う想像は、専ら美を捉える働きである遊戯や芸術とは異なり、どこまでも実存の現実と繋がりを持つ。遊戯や芸術は、内在性を打破する働きとして重要であるが、その無拘束性の故に現実から遊離する。その点をヤスパースは次のように言い表している。「想像は実存の歴史的現在と出会わぬ限り、〈可能的なもの〉また〈一般的なもの〉という意味においてのみ見る。この結びつきを欠くならば、想像は実存の可能的空間のみを見るに過ぎない。想像は自らの存在を現存在の現実性に刻印することがなければ、対象的な現存在の内で存在の跡を追いかける遊戯に止まる」（Jaspers 1932 II:283）。想像が現実から遊離すれば、悪い意味での空想や夢想として、「可能的なもの」あるいは「一般的なもの」を描くにすぎない。周知のように一般に実存哲学は、思弁による存在の把握を疑問視し、単なる思惟では捉えられない現実を重視した。ヤスパースの言う想像も、そのような現実との繋がりの重視を抜きに理解することはできない。想像の内容は絶えず実存の現実と照らして検証され、修正されるという現実の反映である。

このことは、実存の想像の向かう方向が、内在者の外ではなく、内在者の内、あるいはその根底であることを、意味している。単なる遊戯としての想像は、内在者の外へと離れて行く。それに対して少し前の引用にあったように、「存在の暗号を解読することは、他の全ての所業と経験の意味になる」(Jaspers 1932 III:131)。つまり、内在者の本来的な意味を追求する方向へと想像は向かう。想像は、現に存在する内在的事物の、それ自体は現に存在しない完成した姿を表象する。想像を背景とすることによって、内在的領域における行為や経験は深みと広がりを持つようになる。暗号を聴き取ることはもちろん一面では内在者を越えた経験(「形而上学的経験」)と言えるが、しかしそれは、「底へ」と越えること、根底に立ち戻り意味を与えることでもある。

では暗号の想像と通常の表象作用の違いは何に由来するのか。それは、次に考察する「挫折」が働いている否かであると思われる。

5　挫折の暗号と暗号の動的構造

(1)決定的な暗号としての「挫折」(Scheitern)

以下では、暗号の中にある位階が存在し、その差異が動的な構造を成していることに目を向けてみたい。その構造を考察することによって、ヤスパースにおける暗号思想がより明らかになると考えられる。

先にも述べたように、ヤスパースは、実存にとって全てのものが超越者の現れとなりうることを主張している。しかし暗号の中でも「挫折」は、「決定的な暗号」、「究極の暗号」と呼ばれ、特別な意義が与えられている。挫折は、死、苦悩、闘争、負い目といった、人間の生の根本的意義が問題化する「限界状況」（Grenzsituation）において経験される。挫折には、あらゆる存在者が永遠に存続するのではなく、消滅せざるをえないという意識が伴う。挫折の暗号は、個々の内在者の根底を示す個々の暗号とは異なり、全ての内在者の根底とそこから帰結する全ての内在者の非恒存性を示す。

この非恒存性をヤスパースは次のように表現している。「諸々の限界状況において、我々にとって全ての肯定的なものがこれに付随する否定的なものへと結ばれている、ということが明らかになる。可能的および現実的な悪なしには善は存在せず、虚偽なしには真理は存在せず、死なしには生は存在しない。幸福は苦痛へ、実現は賭けと喪失に結ばれている」（Jaspers 1932 III:220-221）。内在者は、それを否定するものを成立の契機として含んでいる、矛盾した存在であると言うこともできよう。この否定ないし矛盾を知ることによって実存は、そもそも全てのものには十全な完成はありえず、いずれ消滅する運命にあることを意識する。言い換えれば、実存は全ての内在者が最終的には無化されることを意識する。

挫折を概念的に規定するならば、内在者の空無性の自覚と言えると思われる。最終的にその展開全体からみれば無に帰すものとして、内在者は暫定的・局所的に存在している。内在者は絶対的な意味では存在せず、言わば仮の存在としてある。挫折は、一見したところ内在者の無地盤性の自覚と似ているが、内在者の無根拠性のみならず、その空無性を知る点において徹底的な内在者からの超越と言えよう。

挫折は、通常の暗号より深化した暗号であると思われる。他の個々の暗号がそのつどの内在者の根底を示すのに対して、挫折は内在者の空無性という内在者全体の究極の姿を示すからである。その意味では、挫折の暗号のみを超越者の言葉とする方が適当であるようにも思われる。しかし、ヤスパースは挫折の暗号のみを超越者の現れとせずに、それを他の暗号と並立させて取り扱う。それは何に基づくのであろうか。また、挫折と個々の暗号の関係はいかなるものであろうか。この点を考察することによって、暗号の動的な構造を明らかにしたい。

(2) 暗号の構造

挫折の暗号と個々の暗号の関係に関して、ヤスパースの叙述の中から手引きとなる箇所を引いてみよう。「現実的な充実における諸々の暗号に即して存在を開顕したものは、解釈不能な挫折を前にして疑問に付され、逆行して沈黙の内で経験される存在の源泉から生を得るか、あるいは枯れ果てねばならない。何故なら挫折は、全ての暗号存在を包括する根拠だからである。暗号を存在の現実として見ることは、挫折の経験において初めて生じる。否定されない暗号は全て、その究極的な確証を挫折から得る。無へ沈ませるものを、私は暗号として再び受け取ることができる。諸々の暗号を解読する場合、私は没落を視野に入れつつそれらを生じさせる。私の挫折の暗号の内で、この没落が全ての個々の暗号に初めて共鳴を与える」(Jaspers 1932 III:234)。

この引用の前半では、究極的な暗号としての挫折から見れば、個々の暗号が否定的なものでしかないことが言われている。挫折を踏まえるならば、個々の暗号として本来的存在と思われたものは、それ自身に意味があるのではなく何らかの不可解な存在の源泉から発した痕跡として、あるいは意味があるにしてもこれから「枯れ果てる」運命にあるものとして受け取られる。このことは、暗号に基づく実存の営みが無意味であるという帰結を招くことにもなる。しかし同時に引用の後半では、挫折の経験の中で暗号が初めて存在の現実となりうることが言われている。個々の暗号の究極の確証を与えるのは挫折であり、挫折によって初めて個々の暗号に対する実存の共鳴、言わば「自己化」が生ずるとされている。したがって、挫折は個々の暗号を否定する側面と同時にその成立の根拠という側面を合わせ持つことになる。この二面性をより詳しく考察してみよう。

まず、挫折によって個々の暗号は、最終的には消滅するものとして示される。個々の暗号が真に暗号としてあるためには、それが完全な存在ではないことが含まれていなければならない。何故なら、本来的存在から発したものではない暗号、あるいは最終的に消滅するのではない暗号は、それ自身が絶対的存在つまり超越者となり、ヤスパースが退ける、超越者の内在者化を引き起こすからである。暗号自身は「消え去る」ものである。次に、実存が挫折に直面することは、実存の内在者における自己実現の完成の不可能性が明らかとなり、実存の有限性が真に自覚されることである。実存はそのつどの限られた状況の中で、暫定的にしか自己実現をはかることができない。しかし、この有限性の自覚があって初めて、「個々の」暗号を自己にとって重要なものとして受け取る態度が生ずる。「有限なものが本来的なものの容器であるべきならば、それは断片的とならざるをえない」(Jaspers 1932 III:229) と言われるように、超越者が断片的にそのつど個々の暗号として現れることは、その自覚があって初めて、受け入れられるからである。有限性の自覚が十分でないなら、そのつどの断片を重要視できないと言えよう。

また、存続する状態としての時間現存在が完成可能ならば、それは絶対化し、自己存在の可能性は消滅するという点から、挫折の意義を捉える解釈もある(10)。

したがって、挫折は個々の暗号の絶対化を防止する条件であり、また個々の暗号が実存にとって超越者の現れとして受け取られる条件と言える。直接的には内在者のみに関わりうる、有限者である実存が、絶対者である超越者と関わるためには、挫折は欠かせない。「有限性は挫折において以外には跳び越えられない」(Jaspers 1932 III:233) という、ヤスパースの言葉はこのことを表している。

このように、究極の暗号としての挫折が個々の暗号を可能にするのであるが、この挫折という根底を究極視することも、十分ではないと思われる。[11] 挫折に直面した根本的な不安の中で忍耐によって生きる中でも、やはり現実に向うことをヤスパースは重視している。「受動的な忍耐が虚しいものであり、諸事物を成り行きにまかせ無抵抗に自己を放棄する形式に過ぎないとしても、能動的な忍耐は、全ての現存在の挫折を経験することができ、それでも何らかの力が存する限り［現存在を］実現することができる。この［挫折と実現との］緊張の中で能動的な忍耐は平静さ（Gelassenheit）を獲得する」（Jaspers 1932 III:235）。消極的な忍耐は不安に苛まれるだけだが、現実における行為を目指す能動的な忍耐は平静さを獲得するとされている。この平静さは、世界からの遊離でも世界への埋没でもない、「浮動」と軌を一にすると思われる。[12] それのみならず、挫折はあくまでも現実の中で経験されるということがある。その点をヤスパースは次のように言い表している。「［挫折の］暗号は、私がそれを欲するときには露顕せず、むしろ私が挫折の現実性を避けるためにあらゆることを為すときに露顕する。それは運命愛（amor fati）の中に露顕する。しかし宿命論は非真実であろう。宿命論は時期尚早に屈服し、それ故もはや挫折しない」（Jaspers 1932 III:223）。直接挫折を目指すことは、挫折する前に現実から遠ざかることであり、そこでは実際には真正な挫折の経験は生じない。挫折を回避し、存続を求めようとする中で、はじめて挫折は経験される。存続を求めるとは、個々の暗号に導かれ、世界内での実現をはかることである。それ故、挫折の暗号は個々の暗号から独立したものではなく、切り離せない。

したがって暗号は、いったん内在者が無となり、その後に現実性を回復するという運動と、逆に現実の内在者において実存を充実しつつ、その充実を無化するという運動との二つの面を持つと言うことができる。ヤスパース自身個々の暗号と挫折の暗号とを分離して語っている。しかしそれは暗号現象を反省した場合に、分離して語るしかないためと思われる。この二つの運動は別々に成立するのではなく、実際には暗号解読の際に、相克する両極として同時的に働くと考えられる。

この相反する側面を包含する運動において、実存に直接示されるのは、あくまで超越者のそのつどの現象、限定された個々の暗号でしかない。つまり超越者の顕現は常に暫定性を持つ。それ故時間の内にある実存は、新たな状況に直面するとともに、常に改めて超越者を模索せねばならない。ヤスパース自身の表現で言えば、「根源的［自己］存在の自由、およびそれと共に超越者への関係は、新しい決断をもって日々新たに獲得されねばならず、個人の所有物でも継承されうるものでもない」(Jaspers 1932 II:327)。超越者と実存との関係は、一定のものに止まることなく、常に変化していく。挫折と充実の運動は、実存のある限り終結することなく、交代を繰り返すのである。

(3) 挫折における存在の顕現

我々は個々の暗号と挫折の相即を見てきたが、ヤスパースは挫折そのものにおいて存在が顕現すると述べてもいる。ヤスパースは挫折についての思想的な解釈を提示した後で、生産的な破壊ではない無意味な廃絶…実りなき苦悩や精神病など、可能性が萌芽のうちに潰えること…夭折など、絶対的な忘却…歴史的な記憶の断絶などを、解釈不能な挫折として提示している[13]。解釈不能な挫折は、思想的な解釈を越えて、沈黙の中で「存在」があることだけを語っている。「存在がある、ということだけで十分である (Es ist genug, dass Sein ist.)」(Jaspers 1932 III:236)[14]。『形而上学』は次のような言葉で終わっている。「完成における享楽によってではなく、世界現存在の仮借なさに直面した苦悩の道にあって、そして交わりにおける固有の自己存在からの無制約性において、可能的実存は計画することもできず、望めば矛盾的になるものに到達する。即ち、挫折において存在を経験することである」(Jaspers 1931 III:236)。この存在の顕現は、何らの意味を語らず沈黙しており、こちらも沈黙して受容するしかないものとの遭遇である。この考えにおいては、世界における実現、実存することそのものが超越され、自他の区別がなく、世界を経由せずに直接存在の経験を認める点で、ヤスパースは神秘主義に接近しているような印象がある。

そうであるなら、浮動を説いてきた主張との整合性はあるのだろうか。挫折における存在の顕現と、挫折と個々の暗号との相即という二つの様相を我々はどのように捉えたらよいであろうか。詳しくはこれから論究するが、『真理について』や『啓示に面しての哲学的信仰』における暗号論、交わり論の展開の中で、ヤスパースはこの問題についてより明確な姿勢を形成し、「交わりへの信仰」という世界における実現を重視する方向に向かったのではないかと思われる。

6 暗号思想の意義とさらなる問題

(1) 暗号思想からみた宗教的対象

本節の我々の考察を振り返ると、絶対者である超越者と有限者である実存との間には、埋めつくしえない隔たりが存在する。超越者それ自身が直接顕現することはありえない。しかしヤスパースによれば、実存が自らの自由を自覚した場合、内在者が超越者の「現れ」として、即ち「暗号」として受け取られ、実存の世界内における活動そのものが暗号解読となる。我々は暗号を「今―ここにおける物事の代替されない絶対的現実」と理解し、暗号の様々な特徴を見てきた。暗号という現象はある緊張をはらまざるを得ず、その緊張を我々は、内在者の空無化と充実という二つの契機の併存として、あるいは両者の弁証法的な運動として捉えた。この運動は、超越的なものがその超越性を失わずに、実存に対して現れるための機構と言えるだろう。

このようなヤスパースの思想に基づけば、宗教的対象と通常経験の対象の二つは、また、超越的なものが現れる非日常的空間（聖の領域）と通常の経験が行われる日常的空間（俗の領域）の二つは、固定的に分離したものではなく、動的に相互貫入していることになる。事物が、内在者を打ち消しつつ充実するという弁証法的運動において暗号として現れるとき、その事物は宗教的経験の対象となり、その場は非日常空間となる。逆にその運動を欠くとき、同じ事物が単なる通常経験の対象となり、その場は日常空間となる。それゆえ、この運動の存否によって、通常の経験領域のただ中に超越的なものが見出されたり、超越的であったものが直ちに経験的なものと化すことがありうる。

したがって、宗教的対象は、その対象自身が何であるかによって超越性を持つのではなく、我々に対するその現れ方に超越性の根拠があることになる。宗教的対象は、何らかの一定の事物としては固定されえない。原理的には、無化―充実の運動を伴うことによって、全ての経験的事物が宗教的対象に成りうる。しかし現実には、その運動の可能性は歴史的背景を持ち、宗教的対象が限定されるということになる。宗教によってその運動を担う対象を比較的多くのものに認めるもの、少数のものに限定するもの、あるいはその対象が比較的変動し易いもの、長期間変動しないもの、といった違いがある。とは言え、宗教の包括的な理解を試みる場合には、宗教的対象の別を一旦等閑視して、それらに共通する現れ方を見て取ることが必要であろう。

宗教的対象は固定されえないという考えは、他の宗教思想家にも見いだされる。例えばオットーは宗教的対象を概念的把握が不可能なヌミノーゼと呼び、それに対する人間の感情を分析する。またティリッヒは宗教的対象の規定不可能性の故に、宗教的な対象に向かう人間の究極的関心を通して宗教を理解する。これらの思想家との比較をここで行う余裕はないが、宗教的対象の現れ方という点から宗教を探究することに暗号論は寄与しうると思われる。

（2）『真理について』、『啓示に面しての哲学的信仰』へ

本論考においてこれから検討すべきと思われることを挙げると、一つは、暗号現象における思惟の機能である。暗号論において語られる思惟の機能は、合理的な把握を尽し、把握し切れないものとして、暗号という絶対的現実が是認されるという、否定的な媒介の機能であると思われる。また、超越者との認知という内的な変革を踏まえた上で、世界内で実存が行為することが暗号解読であり、世界内での行為には、思惟の積極的な機能が伴っているはずである。思惟の否定的および肯定的機能について、『哲学』では十分明らかとは言えない。そもそもヤスパースの思想は、「実存すること」を自覚的に思惟と協働して遂行する「哲学すること」を論究するものであった。したがって、思惟の機能を明確化する必要があり、そのために『理性と実存』（一九三五）以降、特に『真理について』（一九四七）で詳論されるように、独特な「理性」概念が提出され、重視されるようになるのだと思われる。それと関連して、『哲学』においては言語を絶した経験を主張しているとも受け取れる箇所が多くみられるものの、『理性と実存』、『真理について』以降の交わりの重視を顧慮すると、ヤスパースの真意は、絶対者が感性的な仕方で経験されるということではなく、交わりの根拠と目標として間接的に顕現するという意味だと思われる。これについても追って検討したい。

また、暗号同士の矛盾・衝突の問題が今まで見た中では十分論じられていないと思われる。我々の論究でも、第一言語、第二言語、第三言語の間には緊張があることが見てとれた。また諸暗号の内容に着目した場合、それらが矛盾なく調和しているわけではない。暗号解読は非完結的とされていた。『真理について』では個々の暗号の不十分さが明言され、『啓示に面しての哲学的信仰』（一九六二）では諸暗号の「闘争」がより明確に語られ、「全ての暗号の彼岸」が語られるようになる。

さらに、「挫折」は「暗号」や「経験」として語られるが、それは妥当かどうかという問題もある。まず挫折が暗号か否かに関しては、個々の暗号は充実を与えるが、挫折はむしろ空虚をもたらす。我々は両者が相即しているると考えるので、両者は同じく超越者の現れと言えるのであろうが、両者の性格は大きく異なる。むしろ「挫折」は暗号とは別の形で提示する方が良いのではないかとの疑念が生ずる。また、『哲学』では、「個々の神話と全ての暗号の彼岸において」初めて「超越者の本来的な深淵」へと超越することができる（Jaspers 1932 III:141）、「最も暗澹たる転回点（der dunkelste Wendepunkt）」においては「超越者の言語を断念する」（Jaspers 1932 III:236）との表現があり、現れとしての暗号を越えて、超越者そのものを探求するような姿勢を見せる箇所もある。しかし詳しく展開はされていない。暗号とは別の仕方での超越者への接近（それは暗号現象に内包されているのであるが）が、『啓示に面しての哲学的信仰』で「全ての暗号の彼岸」の主張につながったのではないかと推測される。

挫折が経験か否かに関しては、確かに『哲学』においては、挫折は世界存在の空無性の経験という側面から語られていると読み取るのが妥当だと言える。しかし、挫折が暗号を越えたものを指し示すとしたら、少なくとも通常の感性的経験ではあり得ない。そこに思惟の作用が不可欠ではないか、即ち経験の反省がはじめて空無性を自覚させるのではないか、と考えられるのである。後で見るように、「全ての暗号の彼岸」は思惟の自己否定により、言い換えれば、超越者に到達しえないという思惟の自己反省により眺望される。

これらの点を、以下の節および第四章で『真理について』や『啓示に面しての哲学的信仰』における暗号論や、「交わりの意志」としての「理性」の思惟を考察する中で、検討したい。

第二節　『真理について』における「暗号」――内在者における真理への運動――

1　道としての真理の完結――理性、愛、暗号――

（1）真理の非完結性

まず『真理について』の全体の構成の中で、どのように暗号思想が位置づけられているか見ておきたい。『真理について』は、三部構成であり、第一部「包越者の存在」（Das Sein des Umgreifenden）で「包越者」が論究された後、第二部「認識の包越者」（Das Umgreifende des Erkennens）で認識の構造や意義が論じられる。そして第三部「真理」（Wahrheit）で様々な真理の意味や真理と非真理の相即が詳論される。

暗号は用語としては第一部から登場するが、主題となるのは、第三部の最後の「真実存在の完結」（Vollendung des Wahrseins）という章の、さらにまた最後の「哲学することにおける真理の根拠と完結」という節であり、「理性」と「愛」と共に時間における真理の完成の形として論じられる。そしてその中でも、理性、愛に続いて暗号が中心的なテーマとなるのは、その節の終りの部分である。したがって、暗号思想は、『真理について』における結論的な議論とも思われるのだが、分量的に扱いは大きくはない。暗号の規定としては『哲学』の規定を踏襲しており、『真理について』における暗号思想は、『理性と実存』以降に導入された、「理性」や「包越者」の思想とのつながりにおいて述べられている。「理性」、「包越者」の導入は『理性と実存』以降の重要な変化であり、それに伴い暗号思想も力点の置かれ方が変化していると思われる。

「真実存在の完結」という章の前半では、「包越者」概念を駆使しつつ、時間の中では真理の完結が現存在しないことが説かれる。「包越者」については第二章で論究したが簡単に触れると、そこで我々が対象に出会う空間が包越者と呼ばれる。対象的な存在の成立の所以をさぐると、我々の視野の限界に対象的存在を越え包む包越者が感得される。根本的にはあらゆるものを越え包む一なる包越者が超越者たる存在そのものであるが、それを分析しようとすると、現存在、意識一般、精神、実存、世界、超越者といった区分に分かれる。包越者論の意義は、我々がそれである現存在、意識一般、精神、実存という様態それぞれで真理の意味は異なり、真理は分裂しており、あらゆるものの統一としての真理そのものは確実な存立物としては、虚偽を含み崩壊せざるをえないということを覚知させることである。

ヤスパースは、真理と非真理の相即の直観としてとしての「悲劇」を詳論している。悲劇については本論考では詳しく論じることはできないが、一つだけ叙述を参照しておく。「真理意志は悲劇的な知によって二者択一へ入り込んだ。生きて迷うか、それとも真理を把握しその元で死ぬかと。しかし悲劇的な知そのものの開放性（Offenheit）ではなくて、合理的に固定的な解釈が初めてこのあれかこれかへと入り込んだのである。むしろこの選択の不気味な壮大さに対して次のことが対比される。完結した全体的真理は――人間がその元で死に至るのであれ、その内で安らぎを見つけるのであれ――我々にとっては時間現存在の内には存在しない。真理は時間の内にあっては常に途上にあり、今なお運動しており、そして真理の最も見事な結晶（Kristallisation）においてすら最終的とはならない。この根本状況を看過しないことが、哲学することが真実であり続けるための条件である」（Jaspers 1947:960-961）。

悲劇は、真理が完結されないという我々の現存在の状況を覚知させる。その意味で、悲劇の意義は『哲学』における「挫折」の暗号に該当すると言えよう。真理か死かという選択は「合理的な固定的な解釈」であり、悲劇は結果として悲惨へと至るが、そのただ中での真理との関係は、むしろ真理へと向うあり様である。結果としての悲惨のみに着目することは、挫折のみを重視する態度と同じく、かえって時間における真理の現象を捉えていないと言えよう。むしろ、悲劇に現れている直観（悲劇的な知）それ自身は「開放性」を有するとある。開放性とは真理への開放性、超越者への開放性と言えよう。悲惨な結果に陥る場合もあれば、安らぎを得る場合もあるというのは、世界内の基準で測った生の意義である。そのような世界内の基準とは別の生の意義が、悲劇には見られる。その生の意義とは、時間の中で真理への途上にあることであり、そのような真理へ向う途上にあることが、超越者へと開かれることと言えよう。『哲学』における「挫折」の叙述においても、挫折のみに止まることは否定的に捉えられていたが、『真理について』ではより明確に世界内で途上にあるあり方を重視する姿勢が見られると言えよう。

(2) 運動としての真理

このような検討を受け、暗号、理性、愛が主題となる「哲学することにおける真理の根拠と完結」という節が展開される（Jaspers 1947:960 以降）。真理への途上にあることを、ヤスパースは「運動」(Bewegung) と表現している。「真理が完結した状態で現に存在しないならば、真理の完結が時間現存在の内で成功するであろう形式は、完結への運動それ自身である」(Jaspers 1947: 961)。実存にとっての真理の形態、時間の内での真理の形態を、ヤスパースは真理の完結への運動と考えるのである。この運動が、「理性」、「愛」、「暗号」という三つの様相で語られる。「哲学される程度に応じて、一切の運動は理性的な運動となり、一切の衝動は愛となり、一切の対象的なもの、妥当的なもの、目的を持ったもの、為されたもの、創造されたものは、暗号となる」（Jaspers 1947:962）。理性、愛、暗号は、我々が時間の内で真理へと向かっている形である。哲学することがよくなされるほど、世界における我々の知的働きは理性の統一の働きとなり、衝動は結びつける愛となり、対象的なものは統一の姿を示す暗号となる。

「これらの本来的に哲学的な運動は、その完結を言わば休止点（Ruhepunkt）を通して自分自身の内にもっている。完結は、限界のない開放性（die grenzenlose Offenheit）そのものの内に、愛のそれぞれの行為の内に、暗号の直観の内にある」（Jaspers 1947: 962）。理性、愛、暗号はそれぞれ真理そのものではないものの、それ自身の内に真理とのつながりがある。理性により開放性の内にあること、愛による一体化への行為、暗号による完成したものの表象といったものが、時間の中での真理への道である。この引用には「完結」という言葉があり注意が必要である。真理そのものの完結は時間内には存在せず、ここで言われているのは時間における真理（即ち真理の現象）の完結、「真理への運動」の完結のことだと言えよう。「我々にとっての真理存在の完結は、時間の内にあってまた時間の内にないというパラドックスがある」（Jaspers 1947:870）とも言い表されている。そして、その運動の完結が「言わば休止点を通して自分自身の内」にあるということは、運動の結果ではなく、運動そのものに運動の完結があるということと解せよう。運動の結果は、常に未完成なのであるから、結果に重点があるのではない。むしろ運動そのものが真理への道として重要であり、運動の意味はその結果にあるのではなく、運動のただ中にあることである。「休止点」とは運動の分節と解しておきたい。それは、理性の開放性、愛の行為、暗号の直観そのものである。

（3）理性と愛と暗号

『真理について』における暗号については詳しくは次の2で見ることにして、理性と愛の概略、および理性と愛と暗号の関係を瞥見しておきたい（理性については、より詳しくは「交わり」を考察する第四章で検討する）。

・理性

理性は「統一への意志」（Wille zur Einheit）、「交わりの意志」（Kommunikationswille）と規定され、あらゆるものを一者との関連において結び付けようとする働きとされ、あらゆるものの「絆」（Band）と呼ばれている。理性は、一見関係のないもの同士も、それらの根源を問い、関連を見出そうとする。したがって、理性は単に存立するものを受け取るだけではなく、問いかけ、動揺させ、運動へともたらす。一者へと開かれる「開放性」が理性の本質と言うことができる。全てのものの統一が内在者において現存しない以上、理性の統一は言わば開かれた統一、そのつどの統一作用そのものと捉えることができる。

しかし理性自身は何も生み出さないとされ、どのような場面で働くかが問題である。理性は実存に担われることによって、その意義を全うできる。普遍的なものを突破している（ないし普遍的なものから外れている）実存が、理性を行使することにより、全てのものの統一が目指されるのである。内在的な自己に担われた場合、内在的な自己の目的を達成するための計画や作業を理性は行うことになり、制限された働きしか発揮できない。「理性はそれ自身では何ものも生み出さない。理性は、存在しているものと存在しうるものが現成し、そして展開せずにはいられないようにする。理性は端的に包むもの（das schlechthin Umfassende）であり、全てを開くものである」（Jaspers 1947:968）。

・愛

「愛は［私の］最も固有の本質であり、自己存在と愛は同一である」（Jaspers 1947:988）とされるように、ヤスパースは、自己存在の本質を愛と考えている。「我思う」という意識一般の思惟は、対象的認識や自覚の明確さの条件であるが、自己存在そのものではない。また、「私は私の愛する能力において私を自分の意のまま処理できるのではなく、私は私に贈られるのである（geschenkt werden）」（Jaspers 1947:988）とされている。さらに、「愛は私の本来的な自由であり、即ち充実されている自由であり、その中で私は私へと飛翔する（aufschwingen）。しかしこの自由には最も決定的で超越的な従属が結合している」（Jaspers 1947:989）と述べられている。これの引用では、明確に愛は本来的な自由とされている。実存の特徴は自由であり、その自由は恣意ではなく超越者から贈与されるとヤスパースは繰り返し述べていることを考えると、ヤスパースが実存の本質を愛と捉えていると受け取れる。「超越的な従属」とは、超越者からの被贈与と、絶対的現実性としての超越者による充実のことを言っていると思われる。

愛の規定としては次のような叙述がある。「愛は結合するものであり存在するものの絆である。即ち愛は一体化することへの衝迫であり一つであること（Einssein）の開顕である。愛は一者を思惟すること全てにおける推進力であり、充実するものである。したがって愛は分離において一体化することであり、一体化されていること（Einsgewordensein）の内にある。分離においては愛は運動であり、即ち他者における一者へ、また一者の全体への傾向性であり、関与であり、押し迫りである。一体化されていることにおいては愛は安らぎである」（Jaspers 1947: 991）。

運動、動因、目標が語られており、分かりづらい叙述であるが、愛は結合するものとされている。分離している状態にあっては、愛は一体化へ向う原動力であり、一体化の根拠である一なる存在を開示することでもある。

一体化されている状態では、そこでの安らぎである。我々は愛を、現存在の四分五裂の状態において、超越者という一者を目指し結合してゆく原動力と捉えることができるだろう。語義的・論理的には、実存は「外に出ているもの」であり、根拠・根源である超越者へと関わるものであるが、より実践的な表現としては、実存は愛として一体化を探求するものと言えよう。

・理性と愛と暗号

ヤスパースは、理性と愛と暗号それぞれの特徴について詳しく述べているのだが、それらの関係については、十分明確には述べていない印象がある。ヤスパースの叙述から三者の関係を窺うことができる箇所を参照したい。「時間現存在の内で我々に可能な真理存在の完結として、我々が最終的に理性、愛、暗号という形でその回りを巡回しようとしているものは、それ自体において一者の内にある。我々は完結する場合は不分離であるものを分解し、順々に論究する。真に哲学することは集中であって、その集中の内で理性は空間と運動を、愛は充実を、暗号は存在意識の内実をもたらす」(Jaspers 1947:962)。理性の知、愛の動因、暗号の直観という三者は別のものということではなく、我々が真理へと向っている際の、統一への運動の三つの側面と考えられる。それらは、相依相属しており実際には分離不可能である。「絆」という表現が、理性にも愛にも使われており、三者を峻別することは重要視されていないと考えられる。

しかし理性、愛、暗号は本来は一つのものとしても、時間現存在においては分離している。その分離における三者の関係については次のように言われている。「理性は無限の運動において、愛がその内で充実を得るような存在の客観性によって、拠り所を見つける。この客観性は、もはや認識の対象となる何らかの客観的なものではありえない。何故なら真理の完結は、認識の峰としての客観の内では到達されず、本来的には客観ではない、全ての認識を踏み越える客観の内で到達される。即ち我々が暗号、象徴、比喩と呼ぶものの内で到達される」(Jaspers 1947:1022)。この引用からは、理性の開明化の運動は、愛の一体化が示されるような象徴で完成が示されると理解できよう。その一体化の象徴は、むろん通常の認識の対象であるような内在者ではなく、暗号である。『哲学』における実存の「想像」を検討した際、個々の暗号は事物の完成した姿を示すと述べたが、ここで述べられているのはそれと同じことと思われる。暗号は、理性や愛の活動の根拠ないし手引きと言えよう。そして暗号は実存にとって客体なのであるが、「本来的には客体でない」、「一切の認識を越えた客体的なもの」と述べられている。この意味は、『哲学』の暗号論において、暗号の中に「滞留する」などと言われていた、「暗号と実存の一体化」という事態と同じと思われる。実存の暗号解読とは、暗号に参与しその実現を図ろうとすることであり、暗号は主客を超越しており、単なる客体ではないものであった。

実存は、理性による開放性の中で暗号を手引きに一体化を追求する。そのため、一体化を追求する愛が最も根本的であり、理性も実存もその局面という解釈もある。[15] ヤスパースも先に触れたように「自己存在と愛は同一である」としている。実存は「外に出ているもの」であり、それが由来するところの根源へと還ることを追求する。実存がそこから由来する根源とは、全ての統一たる超越者に他ならないのであり、実存することには超越者への希求が伴っている。その意味で、一体化への欲求である愛は実存と同一視できる。しかしながら、愛と実存が同一であるあり様は、理想的・本質的な様相であり、時間内では理性、愛、暗号は、それぞれ別の現象である。実存の根本状況は、真理の非完結性でもあるが、同時に真理への道の多重性でもあると言えよう。

2　暗号の概念的規定

暗号の基本的な規定は『哲学』と『真理について』でほぼ共通していると思われるが、『真理について』ではより概念的に暗号が語られ、『哲学』における神秘的な印象が薄まっていると思われる。

（1）主体と客体の統合としての暗号

暗号が超越者の現象であることを、『真理について』では、主観性と客観性の分裂と統合ということで語ろうとしていると思われる。『哲学』において暗号は、単なる客観ではなく、暗号への実存の「滞留」や「沈潜」が語られていた。しかし「対象性を横切って」、「内在的超越者」、「実存と超越者との間の仲介者」などという規定は、理解しづらい面があることは否めない。『真理について』では、主客を越え包む「包越者」概念が提出されたことを受けて、暗号がより概念的・理論的に叙述されている。

主観と客観の関係に関する叙述をいくつか検討したい。「この存在への本来的関わりという課題が、象徴（比喩あるいは暗号存在）を充実する。この象徴が、今の我々の主題である。暗号は客観でもないし主観でもない。暗号は主観性によって浸透されている客観性であり、しかも全体的に存在がそこで顕現するような仕方でなのである」（Jaspers 1947:1030）。ここで言われる「存在」とは主観と客観の全体としての包越者であり、超越者と思われるが、それとの関連が暗号の内実と言われている。この引用にある「客観でも主観でもない」、「主観性よって貫徹されている客観性」といったことは、今まで見たことで言えば、「実存の関与」、「実存と暗号の一体化」ということであると言えよう。

「主観と客観の両極性においてのみ、我々の生は存在する。この両極性において客観は、客観を存続させると同時に止揚するあの浮動（Schwebe）へ至りうる」（Jaspers 1947:1031）。この引用では主観と客観の両極性を保持することが、我々の生のあり様、つまり実存のあり様であると述べられている。そして何度か言及した「浮動」が、その両極性の内にあることとして語られている。暗号が主観との関係から分離せずに、つまり単なる客観とならずに、実存の自由が関与し、主観との相互依属の関係にあることが、浮動と言えるのである。「しかし結局のところ、本来的な存在意識（Seinsbewusstsein）はいかなる立場でもない」（Jaspers 1947:1048）という叙述も、ある一定の立場に限局されない浮動の状態を言い表していると思われる。

客観性の限界を主張し、対象的存在の意義を否定するだけであるならば、単なる相対主義となるか、あるいは現実から遊離し単に自己のみを主張する主我主義となってしまう。そうした場合、実存にとって世界把握や行為の基準がなくなることになり、「超越すること」は単に世界や現実の否定ないしそれらからの逃避になる。それに対して、「この［浮動の］飛翔にとっては二つの前提条件がある。即ち、一切の客観性はその相対化において把握されるべきであり、そして遠方の一者における拠り所は消えてしまわないことが必要である」（Jaspers 1947:1048）と言われている。実存が現実へと関わるためには、何らかの拠り所が必要であるが、それは手近な世界内にあるものではないため、「遠方にある」と表現されている。そしてこの拠り所は、全ての統一である一者である。もちろん拠り所とはいっても、世界内の行為の目的や手引きのような単に従属するものではなく、実存が理性を行使し全てのものの統一を求める場合の、無限の目標であると言えよう。

（2）超越者の言葉としての暗号

『哲学』でも暗号は超越者の「言葉」とされていたが、「言葉」という用語は概念的・論理的には曖昧な印象がある。この「言葉」という規定が、『真理について』ではあくまで「比喩」であるとされている。「我々が暗号存在を一つの言葉と呼ぶことは、なるほど事柄に対応して述べられている比喩である。我々は実際、暗号に向ってその意味（Bedeutung）を尋ねるのである。我々は各々の暗号に対して諸々の解釈（Deutung）を試みる。このような開明によって我々は同時に、暗号を深めることを経験する。しかしながら、いかなる述べうる解釈も十分ではないことが分かる。暗号は無限の意味すること（Bedeuten）であり、その意味することに対しては、いかなる限定された解釈も適当ではないし、その限定された解釈はむしろ解釈そのもののうちで無限の解釈する運動を要求するのである。この解釈することは暗号の意義の一つの認識の形式ではなく、むしろそれ自身一つの比喩の行いであり、一つの遊戯である。解釈することは不可能である。存在それ自身が現在しており、それは超越者である（Das Sein selbst ist gegenwärtig, die Transzendenz.）。超越者は無名（namenlos）である。我々がそれについて語ろうとすれば、我々は無限に多くの名前を使って、そしてまたそれら全てを廃棄する。意味しているものがそれ自身存在なのである（Das, was bedeutet, ist selber Sein.）」（Jaspers 1947: 1033）。

今まで見たようにヤスパースは、暗号は解釈されないことを繰り返し強調している。暗号は、別の暗号を書くことによって解読されるものであった。別の暗号を書くことは、一種の解釈とも言えるが、限定された対象の解釈のように別の対象でその意味を理解することではない。意味や解釈という言葉を使うなら、暗号は無限の意味の源泉であり、暗号解読は無限に続く解釈の過程と言える。実存が直面する状況の意義は無限であり、また状況に直面しての実存の行為は完成ということがありえず、無限に続くものである。対象的に明確で確固とした基準による解釈ではなく、常に「比喩」という性格を持ち、実存の行為は固定的な法則によっては測れない「遊戯」

という性格を持つ。「言葉」は確かに何かを表現するものであるが、ある言葉の意味は別の言葉により理解され、その別の言葉もまたさらに別の言葉によって理解され、この過程は無限に続く。通常の言葉と暗号の違いは、通常の言葉はそれが表わす対象が限定されているのに対して、暗号の対象はその限定を被らない点であると言える。限定を被らない対象とは、超越者に他ならない。しかしまた暗号と別に超越者があるわけでもなく、暗号と超越者を分離させれば、記号とそれが表わす物の関係の如く、解釈可能な限定された関係となる。「存在それ自身が現在しており、それは超越者である」との表現は分かりづらいが、現前しつつ超越的であるという、弁証法的なあり方として理解しておきたい。超越者は暗号において現象するのだが、あくまで超越者そのものは実存にとって対象とならない。超越者は様々に性格づけられ名づけられるが、そのどれも不適切な点がある。それ故超越者は「無名」である。しかし逆に言えば、どの名称も超越者を確かに表している。超越者の名称あるいは暗号は、名称や対象によって、その名称や対象とは異なる何かを表すような関係ではなく、名称自身、対象自身がそのものとして顕現している、という性格がある。このように『真理について』では、「言葉」、「解読」という規定が、実は譬喩または説明手段である点が、概念的に明確に説明されている。

3　開放性と暗号

(1)　顕現と開放

『真理について』の大きな特徴として、暗号解読の非完結性、暗号の「開放性」がより強調されていることが挙げられると思われる。『哲学』でも暗号の「多義性」が語られるなど暗号解読は常に運動しており終結しないことが論じられており、また超越者の充実した顕現（Gegenwart）と超越者の隠匿による開放は相即しているので、比重の置き方の違いと言ってしまうこともできる。しかし『真理について』では、時間における真理の完成ではなく真理への道が説かれ、理性の開放性が繰り返し強調されていることを顧慮すると、少なくともヤスパースの論究の焦点は開放性に移っていると言えるのではないか。

暗号によって存在そのものが顕在するのであるが、先に見たように時間内では真理は完結しないのであり、存在の顕在も完結として、即ち静的な完全な形で、可視的なものではない。「我々の可能な完結は〈媒介〉（Vermittlung）の内にある。一なる神（der eine Gott）への飛翔は現象の世界を通って進んで行く。我々と一なる神の間にある一つの媒介へと世界が変容することは、世界が〈暗号存在〉に変容することである。現実性そのものが一なる神であることを、我々は間接的にのみ世界の実在性において世界の言葉を通して経験する。我々はそのことを暗号の覚知（Innewerden）における我々の飛翔によって経験するが、その暗号のそれぞれは、我々に対していかなる安らぎも与えず、我々にとって、より遠い飛行への突き放しとなる。一なる神についての直接的な経験が存在するならば、その経験は伝達不可能であろうし、またそれ自身、時間の経過の中で間接的にのみ世界における諸現象を通して証明され、回想され、確信されうるであろう」（Jaspers 1947:1051）。

先に見たように、時間の内では真理そのものの完結はありえず、愛、理性、暗号という道があるだけであった。その道がここでは「媒介」と呼ばれていると言えよう。実存は一なる神へ直接至るのではなく、現象である世界を媒介とする必要がある。もし一なる神の直接経験があったとしても、それは世界内の言葉では伝達不能であり、世界における媒介で理解されるしかない。そして世界の内では「現実性そのものが一なる神である」と言われている。この意味は、超越者は具体的な感性的な対象として直接顕現するのではなく、暗号解読の際にその現実性として顕現しているということだと思われる。暗号解読すること、理性により統一をはかること、その働きにおいて、その働きの根拠、目標という形で超越者は表れていると考えられる。

さらにこの引用では個々の暗号は安らぎを与えず、むしろさらに超越する契機であると言われている。理性、愛、暗号がそれぞれの内に安らぎを蔵していると言われていたのに、『真理について』の最後に至って、それを否定するような叙述になっている。個々の暗号が暫定的なものであり、むしろその暫定性によって真に超越的なものへの探求を促すと理解できると思われる。個々の暗号の不十分性については、すぐ後で考察する。

非完結性について先の引用に続く叙述を引用しておきたい。「一なる神へは唯一の道のみが存在するが、その道の途上では存在するもの全て、我々が出会うもの、我々自身がそれであるものや我々が為すものが、我々に透明になる。この透明化が暗号になることであり、そして暗号になることは、広がって行く諸々の意味の深みへどこまでも進んで行き、この意味の一つの意義も終結させ可知的に完成することはない。我々は、意図や企画によってそれについて聴き取ること（Vernehmen）を我々が強制しえない暗号文字に対して、常に我々を開いておくべきである。存在するもの一切が暗号にならねばならない。そのことは、日常生活の実在性の尺度では夢や遊戯にように思われうるものに基づきながら、我々において作用する真剣さ（Ernst）である」（Jaspers 1947:1051）。

ここで言われている「透明」になった存在としての暗号という考えは、『哲学』にも見られた。先に我々は、「透明」を、物事が本来の由来である超越者との繋がりにおいて受け取られ、絶対的現実となることと解した。ここでは「開放」（offen）、「開放性」との関係で「透明」が語られていると受け取れる。暗号は透明と言われても、物事の意味が対象的な意味で完全に明らかになることではない。むしろ、暗号は内在的な思惟による目論みや計算では測れない現実性である。内在的な思惟によっては、物事の一側面、概念的に把握できる一部のみが把握され、物事の現実そのものは把握されない。それ故、暗号を聴き取ることを意図的に強制することはできないとされている。我々ができることは、暗号へと開かれておくことであり、一切を暗号として受け取るような態勢にあることである。このようなことは、内在的な有用性や即物性からすれば無意味であろうが、実存的には真剣に希求されるべきである。ここで「開放」と言われることは、暗号へと開かれることであるが、常に開いた態度を維持すべきであり、一切が暗号となるべきとされている。したがって、「開放」は一つの暗号に止まらず、あらゆる暗号に開かれてあるという意味を持っていると思われる。

(2) 個々の暗号の不十分性

先ほど言及したように、『真理について』では、個々の暗号の不十分性が明確に語られている。暗号解読の非完結性を踏まえれば、個々の暗号はそのつどの充実を与えるものであっても、それは時の経過に従い別の暗号にとって代わることになる。最終的なものは超越者そのものであり、超越者そのものへ至ることが模索されるのは当然である。ヤスパースは内在者を介しての超越を繰り返し説き、『真理について』の最後近くでも、「〈我々は神の現実性に直に飛び込もうとすることで、道を逸する〉」(Jaspers 1947: 1050) と述べるのであるが、先にも引用したように、「その暗号のそれぞれは、我々に対していかなる安らぎも与えず、我々にとって、より遠い飛行への突き放しとなる」(Jaspers 1947: 1051) とも述べている。「より遠い飛行」という言葉に個々の暗号の乗り越えをヤスパースが考えていることが表れていると言えよう。

ヤスパースは、暗号と暗号ではない「一なる神」との区別でこの問題を考えようとしているように思われる。この場合の一なる神は、あれやこれやの暗号で顕現する神ではない。一者、全ての事物の起源、世界の創造主、人格性、三位一体として一なる神を捉えることは、「常に同一であり、全てはせいぜい比喩であり指標である」(Jaspers 1947:1052)。「神は暗号ではなく、現実性そのものである」(Jaspers 1947:1051) 故に、一なる神の「直観的な暗号」を断念することをヤスパースは主張する。「私が各々の直観的な暗号を断念するならば、私は思弁の形式的超越の中で、超越者へと向かって世界を突破する（druchbrechen）空間を私に開く。私が暗号によって神性を私のより近くへもたらそうと試みれば、そのような暗号は例外なく機能しないに違いない」（Jaspers 1947: 1051）。この引用では直観的な暗号を断念すべきと主張されている。後で述べるように「形式的超越」について詳論されているのは、『哲学』においてだが、そこでは形式的超越は内在者の浮動性を示すことにより暗号による充実の可能性を開くとされており、「内在者の世界」の突破が形式的超越の意義とされている。しかし『真理について』のこの部分の、「世界の突破」はそれとは異なり、「暗号の世界」をも突破することが語られている印象がある。個々の暗号を越えるということについては、『哲学』における「挫折」の暗号を想起させるし、『啓示に面しての哲学的信仰』における「全ての暗号の彼岸」（Jenseits aller Chiffern）という節で語られる、「暗号の世界」からの超出に類似している。

このあと『真理について』では、啓示を排他的に主張する「啓示宗教」が批判され、『啓示に面しての哲学的信仰』の内容に接近を見せている。『真理について』では、啓示の内容が絶対性と排他性を脱すれば暗号となりうることが簡単に述べられており、この点が『啓示に面しての哲学的信仰』における啓示と暗号の相違と統合の可能性の追求に発展したと思われる。

（3）暗号と一者への飛翔

ヤスパースが考える一者への道は次のように述べられている。「一なる神は、何らかの排他的なやり方で確定された仕方で獲得されることはない。全体の中で、歴史的な深さから、一切の思考可能なものや一切の経験可能なものを包越することの中でのみ、一者への飛翔は行われ、その一者は、世界よりも少なくも空虚でも抽象的でもなく、世界を包越しており、この世界の中では一切が一者に関係することによって自らの最高の可能性へと高められるのである」（Jaspers 1947:1053）。

一切の思考可能なものや経験可能なものを包摂し統一にもたらすことが、一者への道であるとされている。存在を包越者と規定し、統一への意志、交わりの意志としての理性を、超越することの手段として提示したことに、この一者への道は対応していると思われる。ここで言われる一者への「飛翔」が何であるかが問題となるが、「飛翔」という語は『哲学』でも『真理について』でも多用されており、本論考でも既に何度か出てきたが、概して内在を超越し超越者へと開かれることと言える。少し前には「浮動する覚知」（Jaspers 1947:1046, 1048）へ至ること、「私がどこにも固定されていない限り、どこにも座礁していない限りで、私は存在を覚知する」（Jaspers 1947: 1046）ことも「飛翔」とされおり、また先にも引用したが「本来的な存在意識はいかなる立場でもない」（Jaspers 1947: 1048）とも言われており、「浮動」に到達することが飛翔と考えられる。浮動は暗号について言われていたので、暗号への飛翔とも受け取れる。ただし一者への飛翔は個々の暗号の不十分さが説かれた後で語られているので、若干疑念を覚える。暗号が純正であるためには浮動でなければならず、浮動を暗号の根底として提示したものと考えられる。「歴史的な深さから、一切の思考可能なものや一切の経験可能なものを包越する」ということは、そのつどの現れとしての暗号に止まらない広がりを感じさせる。

「根源は神の内に存する。存在が各々の人間に現われること、そして存在が彼に現われる仕方を通して、彼が成るものは、神から彼に贈られねばならない。自らを伝達する哲学は、現実性を与えるのではなく、現実性を覚知させる」（Jaspers 1947:1054）という言葉を見ると、存在の具体的顕現が考えられている印象がある。また、『真理について』は次のような言葉で終わっている。「哲学は覚醒させ、注意深くし、諸々の道を示し、一つの道のりを遠くへと導き、最終的なものを経験するように熟達させる」（Jaspers 1947:1054）。「存在が現れること」、「最終的なもの（dss Äußerste）の経験」という表現は、暗号ではなく、神の具体的経験という印象がある。そのような経験は啓示と呼ばれるのが適当であろうが、しかし、直前で啓示信仰の批判が展開されている。したがって、浮動がそのように言われていると考えるのが適当と思われる。しかし曖昧であることは否めない。

いずれにせよ個々の暗号の否定、啓示信仰の批判、超越者への飛翔が語られる部分は、『真理について』の大部さに鑑みて量的にも僅かであり、叙述が性急である印象を受け、十分判明とは言えない。我々は、暗号現象には充実と開放の相即があるとだけ受け取っておきたい。暗号を越えたものの論究や啓示信仰の論究は、本格的には『啓示に面しての哲学的信仰』で行われると言えよう（先取りして言えば、一者への飛翔は、『啓示に面しての哲学的信仰』における「全ての暗号の彼岸」への飛翔に該当するように思われる）。

4　真の統一への開放

『真理について』における「暗号」思想についてまとめておこう。『真理について』における暗号の基本的な規定は、『哲学』と同じと考えられる。『真理について』の大きな特徴は、「統一への意志」、「交わりの意志」である理性が主張されるようになり、超越者が「包越者の包越者」（Jaspers 1947:110）という表現で統一として語られるようになるのに応じて、あらゆるものの統一という真理への、時間内の道として暗号も語られるようになる。あらゆるものの統一としての一者は『哲学』にもあった規定であるが、包越者という概念によって、より理論化・明確化されたと言えよう。また、包越者が主客を越え包むものという規定で語られるのに応じて、暗号も主客の統合として語られる。

そして、時間内では真理は完結しないことがより深刻に受け取られるようになっており、暗号解読の非完結性・

開放性がより強調されていると思われる。『哲学』においても暗号の多義性や暗号解読には終わりがないことが語られていた。『真理について』では理性の統一作用との関連で、暗号や真理の非完結性が語られている。完結への道は、現存しない統一を予想しつつそこへと向う運動、統一作用そのものであり、また個々の暗号はそのつど完成しているとも言えるのであるが、無制限の交わりという観点から見た場合、個々の暗号はそのつどの現れであり、暫定的である。簡単に言えば、暗号解読の充実と開放の相即の内、開放に焦点があると言えよう。「暫定的」ということも、真の統一に向っている中で言えることであり、真の統一に向い乗り越えていくことが「開放」である。

第三節　『啓示に面しての哲学的信仰』における「暗号」の闘争と暗号からの超出

暗号の基本的な規定は、『啓示に面しての哲学的信仰』においても、『哲学』、『真理について』と同じと見てよいと思われる。暗号は超越者の言葉であること、暗号と記号との違い、暗号の解釈不能性、一切が暗号でありうること、暗号は悟性によっては理解されず実存の自由が聴き取ることなどが語られている。それ故、『啓示に面しての哲学的信仰』における暗号論を、それ以前の『哲学』や『真理について』の暗号論と比較・検討する試みは十分には行われていないと思われる。

しかし、『啓示に面しての哲学的信仰』では、「哲学すること」という思惟の契機が暗号解読においてより強調されるようになっている点と、諸暗号の衝突が明確に主題化されている点が、特徴として見て取れる。前者について言えば、諸暗号の区別や矛盾が主題化され、哲学することに基づく実存の「生活実践」(Lebenspraxis) が諸暗号間の重要度を決定するとされている。後者について言えば、暗号の例が豊富で、諸暗号が互いに否定しあう闘争状態にあることが述べられる。しかも実存的状況の暗号として、悪と不幸が取り上げられ、『哲学』における暗号の美しさを称賛する明るい態度と対照的に、悲壮な印象がある。暗号を受け取ることが超越者の感得であるという側面よりも、むしろ暗号解読の緊張や弁証法に焦点が当たっている。その緊張や弁証法は『哲学』においても語られ、通常の暗号と「挫折」の暗号の関係に現われていたし、『真理について』では、個々の暗号の不十分さと個々の暗号の断念として示唆されていた。『啓示に面しての哲学的信仰』では、その緊張や弁証法が主題化され、詳しく論ぜられるようになったと言えよう。ヤスパースは、暗号の闘争にこの書の重点があると述べている（Jaspers 1962:39）。

とりわけ注目すべきは、『啓示に面しての哲学的信仰』には、「全ての暗号の彼岸」（Jenseits aller Chiffern）という一節があることである。超越者の現れとしての暗号は、ヤスパース哲学の最も重要な主張とも言えるものであったのが、それを越える「彼岸」とはいかなることなのか、それを語る必然性はいかなるものなのか。『啓示に面しての哲学的信仰』以前の著作では、実存に対する超越者の現象としての暗号の叙述が、最後尾に位置づけられることが多かった。例えば、ヤスパースが独自の実存哲学を確立したとされる『哲学』では、最終巻である第三巻『形而上学』の最後で暗号論が展開されている。また「包越者」や「理性」を重要な概念として論究している『真理について』でも一番最後に暗号が論究されている。したがって、暗号は、超越者の現象についてのヤスパースの結論と言えるものであったのである。『啓示に面しての哲学的信仰』では暗号について論じられた後、哲学的信仰と啓示信仰の一致の可能性が詳しく論じられている。確かに、本章第一節で見たように、『哲学』では暗号を越えたものないし場所が語られていたし、本章第二節で見たように『真理について』でも暗号の断念が示唆されていた。しかし『哲学』、『真理について』では詳しい論究はなく、暗号を越えるとはどのようなことなのか明らかとは言えず、暗号と暗号を越えたものの関係は判明とは言えない。恐らくは『哲学』で言えば、「挫折」が個々の暗号を越えたものなのであろうが、「挫折」も暗号と規定されており、分かりづらいことは否めない。「全ての暗号の彼岸」という節では、これらの問題が論究されていると予想される。

1 「哲学すること」の意義の強調

(1) 暗号の法廷としての実存

「哲学的信仰」の立場を主張する『哲学的信仰』と『啓示に面しての哲学的信仰』は、一方で「哲学すること」を「信仰」と見なすことを正当化すること、他方で「宗教的信仰」とは異なる「哲学的信仰」のあり方を明示すること、この二つを課題として持つ。ヤスパースの思想は世俗化された宗教ではないかという誤解を受け易い。その疑念を払拭するには、一方で対象的・科学的な認識の限界を指摘し、それとは異なる「哲学すること」を明確化し、他方で啓示に基づく宗教とは異なる、哲学的信仰の根拠を提示する必要があるのである。そのような課題が遂行される中で、暗号論の重点が変化していると我々には思われる。

「以前は諸民族は、限られた暗号圏(Chiffernkreis)に閉じ込められ、他の暗号圏を知らなかったのに対して、今日では我々は、史上現れた全ての暗号を知ることができる。我々は今日では、何れの暗号世界にも、それらに従いつつも、所属していない。しかしこうして我々は、全ての暗号から見捨てられているのではないのか。我々は暗号を、我々の無拘束な審美的享受の対象として、あるいは史学的好奇心と知識欲の対象として、あるいは、刺激の手段として用いるためにそれらの[暗号が示す]伝承の素晴らしさを陳腐な範疇へ撒き散らかす心理学の対象として、[聴き取るのではなく]知っている」(Jaspers 1962:154)。我々が自らの属する民族の伝承しか知らなかった時代には、一つの暗号圏の中で生き、思惟し、行為していた。一つの暗号圏においては、諸暗号は統合された秩序の下で互いに調和していたと言えよう。しかし今日では我々は他の民族の伝承に接し、様々な暗号圏に触れている。諸文化が交流するのに応じて、我々は様々な暗号圏の諸暗号に導かれて生を送るようになり、我々はどれか特定の一つの暗号圏にのみ属しているのではないことになる。我々はそのつどの暗号を暫定的に手引きにはするが、諸暗号の統合された秩序からは切り離されている。諸暗号の間には矛盾・対立があるのであるから、そのつど連関がない異なる暗号に導かれることは、自己のあり様が矛盾・対立していることになり、暗号の自己化が真には実現していないことになるのではないか、という疑念がある。暗号間の統合を視野に入れないならば、「審美的享受」、「史学的好奇心と知識欲」、「刺激の手段」という表面的な規準で、そのつどの暗号を受け取っていることになると思われる。

「かつては諸暗号の内容そのものが、最後の法廷であったが、今では諸暗号はそれらを超えた一つの法廷を必要とし、それがこの瞬間とこの限界において、真理が暗号を通じて語っているか否かを決定する。法廷は、哲学すること（Philosophieren）であり、実存の生活実践である」（Jaspers 1962:154）。自らの属する民族に伝わる限られた暗号圏とは別の暗号圏からの影響を受けざるを得ない我々は、暗号を越えた判断基準を必要とする。それをヤスパースは「哲学すること」と「実存の生活実践」に求める。ここで「生活実践」と呼ばれているものは現実の世界における行為であるが、内在的に合目的的な行為ではなく、超越者という無限の目標に向い交わりを遂行する行為と考えられる。個人としての実存の法廷は、もちろん個人の任意の判断ではなく、理性や交わりという間主観的、超個人的、超越的な側面がある。ある伝承をただ無批判に受け取ることは、別の伝承に接することが多くなった現代においては、不誠実となると思われる。『哲学』で述べられていた、第一言語、第二言語、第三言語という区分を想起すると、第一言語という個人に対する直接的顕現や第二言語という伝達された暗号を自らの手引きとするだけでなく、種々の第一言語・第二言語を相対化し、思惟の働きにより第三言語として新たに暗号を書くことが個々人には求められていると言えよう。

「しかしあらゆる暗号の不十分さは、私が実存的瞬間において諸々の形象や手がかりに頼るようにしか暗号に頼ることはできず、そのものとして私を守る何らかの実在性（Realität）として暗号に頼ることはできない、という点に示されている。何故なら私は常に、私が自分に別の根源から贈られることを、即ち愛の能力、理性、根拠付けられない信頼（unbegründbares Vertrauen）において贈られることを、示されるからである」（Jaspers 1962:154-155）。この引用では明確に個々の暗号が不十分であることが述べられている。先に触れたように、個々の暗号の不十分さは『哲学』、『真理について』でも語られていたものの、十分論じられることはなく、哲学することや超越者の顕現とどのように関係するか明確とは言えなかった。この引用では、暗号は確固とした実在性そのものではなく、それに実存が依拠することはできない、とされ、実存の愛の能力、理性、信頼という実存の主体的な働き、先の引用では「哲学すること」に該当すると思われる働き、が必要であるとされている。「根拠付けられない信頼」については不詳であるが、「交わりへの信仰」と差し当たり受け取っておきたい。この主張は、暗号を実存の拠り所とするという主張と相容れない印象がある。『真理について』における暗号論の検討の際に触れた、顕現と開放の相克という観点から述べれば、開放がより重視されていると言えよう。

個々の暗号を受け取る際にも、実存の主体的な関与が必要であることを顧慮すると、そもそも個人が一つの暗号圏でのみ生きかつ死んでいた時代も、実際には暗号解読は内に緊張を有し、実存の哲学することや生活実践を必要としていたと考えられる。統合が完全に実現している暗号圏があれば、時代によって変化を被らないであろうが、共同体の置かれた状況は変化するし、そもそも変化しない言語はないのであるから、永続的な統合はありえない。また、他の共同体から全く孤立した共同体があるのかどうかも疑問である。つまり、独立した暗号圏という想定は現実的ではないように思われる。

実存の関与、解釈がより強調されるようになったことは、一見『哲学』における、暗号の解釈不能性と矛盾するようだが、そうではないと思われる。ここで要求されているのは、何か別のもので説明するという解釈ではなく、解釈者の実存が包含されるような解釈、解釈と解釈されるものが一体化しているような解釈である。したがって、基本的には『哲学』における暗号の解釈不能性は維持されている。しかし「解釈」（Deutung）という言葉の用い方は肯定的ないし不可欠と見なされる方向へ変化していると見ることができよう。

（2）思惟による充実した沈黙

『哲学』において「挫折」について言われていた「沈黙」（Schweigen）が、『啓示に面しての哲学的信仰』では個々の暗号の不十分さ、暗号からの超出、「全ての暗号の彼岸」に関連して述べられている。『哲学』における挫折による沈黙と同じ事柄が語られていると思われるが、「無知の知」という知を尽しての無知という思惟の働きから捉え直されていると見ることができよう。

沈黙は通常の言語においても重要な役割を持っている。「言語が途絶するところに、解明（Interpretation）は自らの限界を見いだす。言語は沈黙において自らを成就する」（Jaspers 1962:195）。通常の事物は、悟性の対象化の働きにより言表によって概念化され理解される。言表不可能なもの、概念化不可能なものは悟性にとって存在しないものである。超越者や超越者と関係する実存は概念化されないものであり、悟性には理解されない。悟性は沈黙に到達することにより、その意義を全うする。言表不可能な超越者を表すのは、沈黙であることになる。もちろんこの沈黙は、ただ何も言わないという沈黙ではない。「このような沈黙は、私が知りえ語りえた何かを口にださぬことではない。それはむしろ、自己自身と超越者に面しつつ、共に思惟している者たちにとっては、言表可能なものの限界で充実される沈黙である。このような沈黙は、言語欠如の無言の状態ではない。後者は何も語らず、沈黙することもない」（Jaspers 1962:195）。言表により表現し伝達しようと努める中で、言表に収まらない非対象的なものが覚知されるのであり、ここで言われている「充実される沈黙」は言表の放棄や隠蔽ではない。

そして暗号言語でも同様に沈黙は重要な意味を持つ。「我々は、言わば超越者を取り巻く様々な圏から、暗号を聞く。あるいは我々は、暗号で超越者に語りかける。しかし暗号は決して、我々がそれらにおいて求めたり、感得したり、経験するところのものではない。したがって我々は暗号を越えて、全ての暗号言語もまた途絶し、超越者が無知の知（Wissen des Nichtwissens）において、つまりあの充実した沈黙において触れられるところの、深みないし高みへと迫り行く」（Jaspers 1962:195）。個々の暗号は様々な暗号世界、即ち伝統的に受け継がれた意味体系において語られる。現代人は様々な暗号圏に接するようになったことが想起されるが、さらに一つの暗号圏でも緊張が存在すると我々は考えた。また我々は暗号で超越者に語りかけると述べられているが、これは第三言語、つまり直接経験の第一言語および神話において伝達された第二言語を実存が受け取り、自ら思想によって超越者を語る第三言語の暗号を指していると考えられる。その際も、この引用では明言されていないが、我々は様々な暗号世界における系統の異なる諸暗号を駆使して、即ち語ること全体は統合されていない状態で語ることになると思われる。それら諸暗号は超越者そのものではなく、言わば周辺から中心へ向かって観想したものである。そこで実存は、個々の暗号に安住するのではなく、さらに個々の暗号を越えて、超越者そのものへと向う。超越者そのものへと向うことは、先の引用にあった言表の限界における沈黙と同様に、暗号が消滅し充実した沈黙が生ずるところまで進むことである。充実した沈黙がここでは、「無知の知」と表現されている。単なる無知ではなく、知を尽くした上での無知という形で超越者は触れられるとされている。

知の単なる否定ではない、知をつくしての無知であるから、沈黙は直ちに思惟を越えたもの、世界を越えたものを追求するものではなく、思惟や世界内の活動を踏まえてのものである。「暗号における思惟の限界での沈黙は、私が思惟と言語を怠ることによってではなく、それらが沈黙へと急転する最終的なものまでそれらを駆り立てることによって、現実的となる。直ちに沈黙は、新たに時間の中で再び言語へと駆り立てられるだろう」(Jaspers 1962: 196)。単なる沈黙は、思惟の放棄であり、世界否定の態度につながると思われる。思惟を究極まで展開して、その結果思惟できないものに対しては、沈黙することが適当であることが是認される。「充実した沈黙」は、沈黙するしかないものとの邂逅という内実を伴っている(ただし第二節でも触れたが、「最終的なもの」とされるものが世界を越えたものの経験であるか否かは検討すべき問題である。これについては、後ほど4において、また第四章第三節で「啓示」と「暗号」の異同を考察する際に、検討する)。暗号を「今―ここにおける物事の絶対的現実」と解してきたが、同じことが「充実した沈黙」にも言えると思われる。沈黙することが唯一の可能な道であること、沈黙こそが表現であること、つまりは可能性なき現実であることが、充実した沈黙である。そして引用の最後には、充実した沈黙は直ちに時間内の言表に転ずるとある。充実した沈黙は、そのつど思惟を尽して至る場所であり、「一瞬」だけ実現される。その境地は、永続的な静的な状態ではなく、留まることができないものである。次の瞬間には、我々はやはり制限された言表の世界に存在する。むしろそこへと至る過程とそこから下降する過程が全体であり、上昇の後には下降が必ず付随している。充実した沈黙は思惟による追求を必要とし、思惟を否定してはありえないことになる。思惟は時間内での働きであるから、時間の超出という意味をもつ沈黙は、そこに留まるならかえって時間の超出という意味を失うことになると言える。つまり、沈黙に止まることは、無時間的な超人間的な境地に至るか、あるいは思惟を欠く現実からの遊離に陥ることになると言える。思惟による時間の超出は、それ自体の中に永続的ではないことが含意されていると言えよう。

2 暗号の闘争

『啓示に面しての哲学的信仰』では、暗号の闘争について明確に語られている。暗号の闘争についてヤスパースは次のように述べている。「内面的な闘争は第一に、暗号の純粋性のために神話と啓示信仰(Offenbarungsglaube)における実在化に対して行われ、第二には暗号の国自体の中、暗号に対する暗号において行われる」(Jaspers 1962:196)。

第一の暗号の純粋性のための闘争は、暗号がそれ自身は超越者でなくあくまで超越者の顕現の媒介であることを保持し、神話や啓示信仰が超越者を経験的な実在として主張することに抗することであると思われる。このことは『哲学』以来、対象的存在の限界とそこからの超越として繰り返し主張されてきた。第二の暗号間の闘争は、暗号同士が矛盾・対立していることを言い表わしている。諸暗号はいつでも調和的であり全体として統合されているわけではないし、先述のように異なる暗号圏に接することが多くなった現代人にとって暗号同士の矛盾・対立は切実な問題である。「暗号の国は、我々に存在の充実を一義的に知らしめる、調和した国ではない」(Jaspers 962:201)、また、「多くの暗号が安らぎを期待させようとも、暗号世界の全体に関する知は依然何らの安らぎも与えない。暗号は他の暗号に対立して語る。私が一つの暗号を聞けば、私は他の暗号を否認しているのである」(Jaspers 1962: 201) と述べられている。

『啓示に面しての哲学的信仰』では、諸暗号の整理が試みられている。この整理は、超越的なものに関する神話や哲学思想の整理として見ることができる。『哲学』にも見られる項目もあるが、新たに論じられているものもあり、『哲学』より叙述が系統立っている。ヤスパースは、「直接超越者に該当する暗号（神）」、「それらを通じて内在がそのものとして超越者へかかわりを獲得するところの暗号（宇宙・歴史・ロゴス）」、「暗号において開明される実存的状況（不幸と悪）」という三つの分野に分けて、様々な暗号を挙げている。

第一の神については、「一なる神」、「人格神」、「神人」という根本的な暗号と、それにおいて働いている思惟として、神と世界や神と悪魔といった「二元論」、「人格性」、「キリスト」、「三位一体」、「神の思想と存在の思想」の緊張が論じられている。

第二の内在性の暗号については、まず「自然」に関して、自然科学の限界が論じられ、また東西の様々な世界像が暗号として挙げられている。次に「歴史」に関して、歴史科学の限界が論じられ、また進歩・発展・永遠回帰、終末論、永遠の現在などが暗号として挙げられている。さらに「ロゴス」に関して、存在の秩序を探求する東西の存在論が挙げられ、それら存在論の限界が指摘され、それらに代わるものとしての包越者論について述べられている。

第三の実存的状況の暗号については、「不幸」と「悪」が人間の根本的状況であること、「悪の起源」に関し「ヨブ記」、「予定説」、「堕罪」などが論じられ、さらに悪の問題に関して合理的首尾一貫性が成り立たないことを主張し、合理的首尾一貫性を求め挫折するイワン・カラマーゾフと、カントの良心の誠実性への疑問が提示されている。

先に言及したように、暗号の闘争が『啓示に面しての哲学的信仰』の最も主要な主張とヤスパース自身述べているのだが、実際の叙述は理論的な原理からの体系的な集成ではない。「若干の破片を私は、その断片的性格にも関わらず、私の書のこの部分で呈示する」（Jaspers 1962:211）と述べられている。『哲学』で暗号の体系はありえないとされていたこと（本章の第一節参照）は、ここでも妥当すると言える。諸暗号の網羅的な分類というよりも、暗号の闘争状態を浮き彫りにするための例示と受け取るべきと思われる。

暗号の闘争を叙述する意義は、次のような言葉に見て取れると思われる。「どの暗号も単に一つの道標、ないし一条の光にすぎない。いかなる暗号も究極的なものではないし、一つのそして唯一のものではない」(Jaspers 1962:210)。「どの暗号も、自らを越えてあるものを感得するためには、自らが制限されているとの意識を必要とする。暗号の闘争は、何らかの暗号が自己を絶対化するのを防いでもいる、必要不可欠なものである」(Jaspers 1962:210)。「そのため我々は、全ての暗号を越えて、暗号が消滅するところまで達したいと思う」(Jaspers 1962:210)。ヤスパースの意図は暗号間の衝突状態の叙述自体というよりも、むしろこの闘争を踏まえることによって、暗号からの超出、暗号を越えて超越者そのものを探求する必然性を導き出すことにあると思われる。

3　暗号と包越者論の根本知

(1)「暗号としての根本知」と「浮動としての根本知」

認識や行為の基本的態度を決定する「根本知」(Grundwissen)について、『真理について』において「存在論としての根本知」と、「包越者による根本知」ないし「浮動としての根本知」が区別されていたが、根本知と暗号の関係が十分に明確とは言えなかった。『啓示に面しての哲学的信仰』では、「存在論としての根本知」が個々の暗号による根本知とされ、「包越者論の根本知」が個々の暗号を越えた根本知として主張されるようになっている。『哲学』において、存在の客観的体系化としての存在論と異なり、暗号解読は浮動における存在の経験である、とされていたことからすると、若干ずれがあると思われる。詳しくはこれから検討するが、概略的に言えば、内在者からの浮動だけでは不十分とされ、さらに暗号を越える眺望を得ること、暗号からの浮動が打ち出されていると考えることができる。もしくは、ヤスパース自身の暗号における浮動について考えは大きな変更はないのだが、暗号と暗号からの超出の相即を明確に打ち出すという主張の仕方の変化と見ることもできる。「包越者論」については第二章で「哲学的論理学」の具体化として論究した。哲学的論理学は思惟の思惟として存在についての根本的な見方、「根本知」を形成する。過去の哲学は何れも根本知を含み、哲学的論理学という側面がある。ヤスパースが自らの根本知として提出するのが「包越者論」であった。

「根本知は二重の意味をもっている。第一には多様な存在の見取り図、存在論（Ontologie）や世界像における根本知が意味され、それらは今日では偉大な暗号に属する。第二には遥かに控え目な、我々によって求められている根本知が意味され、それは全伝承の地盤の上に立つものである。それはいかなる対象も認識せず、終結することなく諸々の空間、根源、可能性を開明するが、それらの中で、別の根本知が暗号において生ずるのである。我々は、存在論としての根本知を、包越者論（Periechontologie）としての根本知から区別する」（Jaspers 1962: 306）。過去の諸思想に見られる存在の見取り図、存在論、世界像といった根本知はそれぞれ暗号であるとされている。それとは異なり包越者論の根本知は暗号ではなく、空間、根源、可能性を開明するものであり、その内で暗号としての根本知が生ずるとされている。包越者論としての根本知は徹底的に浮動を実現し、その他の根本知が成立する基盤を与えるものと考えられよう。したがって、「暗号としての根本知」と、「浮動としての根本知」があり、浮動としての根本知は、暗号としての根本知が成立する基盤であると見ることができる。『真理について』においても過去の存在論に対する包越者論の優位が主張されていた。『啓示に面しての哲学的信仰』では、まず過去の存在論は暗号であったと明言された上で、存在論が成立する基盤として浮動の根本知が主張される。「暗号としての根本知」も「浮動としての根本知」も、同じく根本知という表現で言い表されているので、分かりづらいが、「浮動としての根本知」は諸々の暗号全体の包含するような根底として提出されていると言えよう。

『哲学』では暗号解読は、存在論から区別されていた。対象的な存在の構成によって存在を把握しようとするような存在論は、何らかの限定された対象的な存在を絶対化するため不適切であり、対象的な表象の中に対象的な存在を越える暗号を読み取ることが必要とされていた。ところが、『啓示に面しての哲学的信仰』では、存在論は暗号であるとされ、そのような暗号は不十分であり、さらに乗り越えられるべきとされている。したがって、暗号という用語の用い方が、変化していると思われる。このことをどう考えるべきであろうか。

『哲学』では、「挫折」の暗号により個々の暗号の絶対視を防止することで、暗号という現象の動的な性格が保障されると我々は考えた。つまり、『哲学』においても個々の暗号を絶対視することは、かえって暗号の本質を損なうことになる、とされているのである。しかし、挫折も一つの暗号とされており、挫折と他の個々の暗号の関係も十分に明確とは言えなかった。この点が『啓示に面しての哲学的信仰』では、より明確化され、個々の暗号の不十分性がより強調されていると考えられる。個々の暗号が不必要であるとされたり、超越者の現れとしての暗号思想そのものが否定されたというよりも、暗号という現象が成り立つ根底がさらに根本的に究明されるようになったと思われる。その結果、「全ての暗号の彼岸」という、暗号とは別の、暗号を越える契機が明示されるようになったと考えられる。『啓示に面しての哲学的信仰』の主題の一つが信仰間の相克・交わりの追究であり、それぞれ歴史的で特殊な諸暗号圏に成立する諸信仰を通底する根底の探究へと向かったと考えることができよう。その分、個々の暗号はより固定的・非交わり的な方向に押しやられている印象がある。「全ての暗号の彼岸」について、これから考察するが、その前に「浮動としての根本知」と暗号の関係についてもう少し見ておきたい。

（2）開放としての包越者論の根本知

包越者論の根本知の最も主要な特徴として、「開放」が挙げられると思われる。「このような包越者論の根本知は、諸々の経験可能性、思惟可能性、実行の形式に関し、根本知によりその時までに達成された最も広い地平として、自ら自身を知っている。それは内容ある全体知（Totalwissen）たろうとの要求を掲げない。それは自らを固定せず、自らを開放しておく。それは存在の中心に立とうとするのではなく、そこにおいて我々が自らを見出す中心に立とうとする。それは、外部の何らかの絶対的な立場に立たず、包越者の内奥から自己を広げて行く」（Jaspers 1962:306）。包越者論による根本知は、様々な経験、思惟、実現の可能性に開かれており、存在に対する一つの見方に囚われることを防止する。それによって、一つの立場に固定化されず、あらゆる立場に開かれることが可能になる。「存在の中心」ではなく「自らを見出す中心」に立つ、ということは分かりづらいが、そこから存在の全体を見渡せるような俯瞰的な立場に立ち、存在の全体を把握しようとするのではなく、第一章で述べた様な「物事の元に真実に現在すること」、「可能性なき現実性に直面すること」ということであると理解したい。まさに現実の自己のあり様が明らかになるその場に現にあることを、包越者論による根本知は目指すのである。

「何らかの根本知は不可避である。それを避けても、それでもそれは、ただ不明瞭に、変化しつつ、偶然的に、意識の中に再建される」（Jaspers 1962:306）と言われる。ここで「何らかの根本知」と言われているのは、「暗号の根本知」だと思われる。我々が世界の中にある限り、世界への何らかの見方を形成せざるを得ない。個々の暗号はそのつど必要不可欠であり、それなしには世界への具体的な関わりが不可能である。包越者論の根本知は、高次の根本知と言えるのであるが、他の諸根本知とは別にあるもの、それらを統合するものではなく、他の諸根本知の根底に働くと考えるのが適当と思われる。

包越者の根本知が開かれているということは、それが常に運動にあることを意味する。「包越者の根本知はいかなる暗号でもない。何故なら、そこに我々が我々を見出すところのものについての根本知は、決して完結されず、むしろ運動の中にあり続ける意識なのであり、それは思惟において我々にそのつど可能な自由を与える。この点に、この根本知の弱みと強みがある」(Jaspers 1962:307)。非完結や運動ということは、一つの暗号に基づいて世界へと関わるのではなく、常に多様な暗号へと開かれることと言えよう。この引用では、非完結や運動が「弱み」であり、同時に「強み」であると言われている。弱みという意味は、一つの暗号によって確固とした安定が得られるのではないことを指し、強みとはあらゆる暗号に応じられる、開かれた状態に保たれることを意味すると考えられよう。

個々の暗号に捉われない開放ということは、暗号からの超出ということを意味すると言えよう。「[包越者の]根本知は暗号として解されると、その意義を失ってしまうであろう。(中略)[包越者の]根本知は本当に、暗号と暗号の超出(Überschreiten)の可能性を示すが、自身は何ら特定の生活実践を指示せず、秩序に対しても、混沌に対してと同様、等しく開かれている」(Jaspers 1962:308-309)。あらゆる暗号に開かれる包越者の根本知は、暗号の可能性と暗号からの超出を同時に意味するとされている。暗号が単に否定されるのではないが、しかし暗号の超出という個々の暗号を越えたものないし場所を見据えることが求められていると考えることができる。ここで言われている「秩序」とは暗号の提示する内在者の統一であり、「混沌」とはその秩序の否定であると思われる。

4　全ての暗号の彼岸――超越者そのものの思惟――

（1）「全ての暗号の彼岸」（Jenseits aller Chiffern）

何度か言及したように、『啓示に面しての哲学的信仰』においては、「全ての暗号の彼岸」という、暗号を越えたものが論究されている一節がある。「全ての暗号の彼岸」には、『哲学』、『真理について』においても触れられていたテーマが含まれている。[16] 例えば、プラトン、シェリング、ヘーゲルにおける一者と多者（das Eine und das Viele）の弁証法（Jaspers 1932 III:46）、プロティノスにおける思惟不可能なもの（Jaspers 1932 III:47）、トマスにおける思惟可能なものと思惟不可能なものとの普遍的秩序（Jaspers 1947:17）、エックハルトら神秘主義（Jaspers 1947:17）、クザーヌスにおける矛盾（Jaspers 1947:17）、「何ゆえそもそもあるものが存在し、何ゆえ無が存在するのではないのか」というライプニッツ・カント・シェリングの根拠に迫る問い（Jaspers 1947:117）、真実を被うマーヤーのヴェール（Jaspers 1947:245）などである。「全ての暗号の彼岸」ではこれらに以外にも、何らかの範疇で超越者を捉えようとする、それ自身は挫折する思想の例が思想史の中から豊富に挙げられ、ジャワ島の仏教遺跡ボロブドゥールや仏教的思惟についても論究されている。

『啓示に面しての哲学的信仰』では、個々の暗号の不十分さが明確に語られており、実存と超越者の関係が実存による暗号の受容とは別の契機において、というより暗号現象のさらなる根底において、論じられる必要が生じており、それが「全ての暗号の彼岸」の考察であると思われる。また『啓示に面しての哲学的信仰』の課題である、啓示信仰と哲学的信仰の交わりの追求の手掛かりとして、啓示と思惟、あるいはヤスパースは啓示も暗号として考えようとしており、暗号と思惟の関係という問題があり、その問題が「全ての暗号の彼岸」の論究の背景に存すると思われる。「全ての暗号の彼岸」の節は、何もない空虚な空間を超越者そのものとして指示しており、また世界を越えた地点で存在そのものが経験されると主張されているような印象を与え、ヤスパース思想の中でどのような位置付けたらよいか分かりづらい。と同時に明確に「彼岸」に止まることをヤスパースは戒め、暗号へと還帰すること、言い換えれば「交わり」へ出ることの必要性を説いている。ここでは、思惟の働きの重視という点から解釈したいと思う（交わりを遂行するという意味で、その思惟は交わりにおける思惟、さらに思惟が交わりそのものであり、交わりとしての思惟と言える。これについては本節の少し後で言及し、また交わりの詳しい考察は第四章で行いたい）。

暗号を論ずる部分の一つの節で述べられているので注意を要するが、「全ての暗号の彼岸」で言及される思想は思惟によって直接超越者を捉えようとするものであり、暗号を超出する思想とされている。そしてアジア思想のあるものは、最も明確に暗号を超出しようとしたとされている。「ボロブドゥール」は思惟かどうか検討の余地があると思われるが、直観的な神話を刻みつつ次第に抽象性を高めて行く構成を、暗号を越えて行く思惟の過程としてヤスパースは見ている。[17]「全ての暗号を超出して行く仏教的思惟は、（ジャワの）ボロブドゥールにおいて一つの巨大な建築物により、諸々の影像、空間配置、比喩と、この空間における巡礼者の動きを手引きとして、感銘深い具象化を残してきた」（Jaspers 1962:399-400）。この遺跡は宗教的な体験の反映であろうが、ヤスパースはここに暗号を超出する思惟の働きを認めているのである。「全ての暗号の彼岸」の節で論究されている、若干の例を瞥見したい。

「否定神学」（die negative Theologie）は、神は有限な規定では捉えられないことを主張する。何らかの思惟されたものへと神を客観化しようとしても、そこに含まれる不適切なものが、思惟から神そのものを消滅させる。そこで知りえぬことを知るという形の神の思想が生ずる。アウグスティヌスは、神に関して言われうることは、何ものも神に関し適切に言われていないと考える。我々は範疇を用いて語らねばならないが、即座に範疇的なものは解消されざるをえない。神は、善の性質なき善として、量なき大きさとして、被造物なき創造として、時間なき永遠として認識される。トマスにおいては、神は我々が思惟する一切を越えていると認識することが、神に関して持ちうる最高の認識である。

エックハルトは、神（Deus）と神性（Deitas）を区別し、神は神性から時間と共に生起したものであると考える。神性はあらゆる規定を越え思惟から消え去る。我々人間には、神性と一体であるところの最も内奥のものと、神自身が生ずることによって神が創造した被造物という、二つのことが具わっている。我々は神性においてはじめて安らぎを獲得する。我々が、働きかけられてあること、働きと生成とに無関心となる場合、我々がもはや途上にない場合、我々が無になる場合、我々が「脱―生成する」（entwerden）場合、我々は安らぎを獲得する。

哲学的思惟において根本的な存在について問うた問いとして、「何ゆえにそもそもあるものが存在し、何ゆえ無が存在するのではないのか」という問いがある。(18) この問いはライプニッツによって提出され、カントとシェリングも取り上げているが、三者で解答の形が異なっている。ライプニッツは、何ものも十分な理由なくして生じないという彼の原理に基づき、自らの存在の根拠を自己自身の内に担った必然的存在者という、古い神の証明を繰り返している。カントは、この問いを人間理性の深淵として深刻に受け止めたが、最高存在者が自らの由来について自問しているのではないかという神話的な想念を語るのみで、答えを与えてはいない。シェリングは、思惟以前にある存在が問題であると考え、無限な現実的存在については思惟は自由をもたないとする。無に端的に対立するのは全であり、物ではない。したがって、全即ち神がその答えである。ヤスパースによれば、問い方と答えはライプニッツ、カント、シェリングのそれぞれで全く異なるが、共通する点がある。その共通点とは、問いは概念の形で提出されるが、解答は認識の限界が踏み超えられて与えられる点である。解答の内容、何が認識を越えた根本的なものとして浮上するかは、ライプニッツにあっては神の確実性、カントにあっては自由ならびに自由において基礎づけられたものの確証への道標であり、シェリングにあっては神性への進入の開門である。

インドをはじめとしてアジアにおいては、世界に関する知からの脱却が特に明確に主張されるという。あらゆる認識は無明（Unwissen, avidya）であり、隠蔽を突破する別な思惟が求められ、仮象を引き起こした転換（Umwendung）を克服する転換の転換が目指される。そして根源からの堕落とそこへの還帰は非歴史的に考えられ、転換と、転換の転換は各時点において生起している、とヤスパースは見ている。この点で歴史的に堕落と救済を語るユダヤ・キリスト教的神話と異なっていると言えよう。

「全ての暗号の彼岸」を展望する思想は、超越者の現れである暗号ではなく、超越者そのものを思惟しようとする思想である。しかし超越者そのものは思惟しえないことは、『哲学』以来ヤスパースが一貫して主張していることであった。「全ての暗号の彼岸」の節でも、「超越している者、これはそれ自体はいかなる暗号でもないが、しかし多義的な諸暗号の言葉において我々がそれに関わっており、思惟可能ではないが、それでも思惟されざるをえず、無であると同時に存在である」（Jaspers 1962:385）と言われている。

では思惟しえないものの思惟はどのような意義を持つのであろうか。「そのもの［超越者］は、更に先を考えず、知られず、全く形を持たず全く言葉にならない状態でありながら、しかし我々にとって現実的であるならば、我々自身が変えられているのである。しかしこの変化は、最終的にまた初めから、一方か他方かの道をとる。即ち、世界の中にあって実践によって、多義的な諸暗号の空間の中での実存として、生きる意味をそこへの道として実現するか――あるいは世界から脱出して、直接全ての暗号の彼岸へ達するか、である。先の第一の道は、本来的なものを依然として同時に隠蔽している意識の開明をもって行われ、後の第二の道は、そこへと上昇する瞑想的沈潜により、意識自体の変化において行われるはずである」(Jaspers 1962:385)。ヤスパースの叙述は分かりづらいが、それ自身思惟できないものを思惟することは、我々自身の変革という意味を持つという。その変革は二つの道に通じているとされており、第一の道は、暗号解読の立場であり、第二の道は、神秘主義的な立場であると言えよう。ヤスパースは神秘主義が主客の分裂を乗り越えようとする点で一定の意義を認めつつ、世界放棄を帰結する点で自らの立場とは異なるという態度をとってきた。[19] ヤスパースは第一の暗号解読の立場に立つと言える。

暗号が超越者そのものでないならば、暗号の放棄が帰結し、第二の神秘主義的な立場の方が妥当ではないかという疑念が生じる。実際に「全ての暗号の彼岸」という節には、世界からの超出が次のように語られている。「我々は、これらのいつも挫折する思想に注目する。このことは、これら思想ともども、到達されない光の中心の回りで (um eine nicht erreichte Mitte des Lichts)、あるいは超越者の無限の遠さを目差して、はばたくようなものである」(Jaspers 1962: 386)。「思想は思い切って、空虚な空間へ飛び込むべきである。どこにも拠り所はない。いかなる地盤も彼を支えず、ついには呼吸する空気すら消えるように思われる。しかしこの羽ばたきは、方法と訓練により、把握されないものからの導きにより、飛行となりうる」(Jaspers 1962:386)。

「到達されない」、「無限の遠さ」、「把握されないもの」、「呼吸する空気すら消える」という叙述には、世界を離脱した境地が語られているように思われる。「支え」、「地盤」が消失するなら、確かに沈黙しか残りえないと思われる。「把握されないものからの導き」により「飛行」が生ずるという叙述は、現存在的制約を離脱した主客一体の神秘的融合を想起させる。したがって、ヤスパースは神秘主義的な世界否定にある種の必然性を認めていると考えられる。最終的にはヤスパースは世界へと、即ち暗号解読へと帰還することを主張するのであるが、まず神秘主義的な世界否定の必然性について考察しておく必要があると思われる。

（2）思惟の自己否定

『啓示に面しての哲学的信仰』の「全ての暗号の彼岸」で論じられる神秘主義的な世界否定は、思惟が世界存在の現象性を反省し、超越者そのものを志向することから帰結する。この思惟の作用は、啓示に依拠する啓示信仰とは別の可能性、哲学的信仰の可能性として見て取られている。「神の本質と現存在に関しいかなる理性的認識も存在しないという命題は、神への信仰が当然とされるならば、啓示に赴くよう指示する」（Jaspers 1962:386）とされるように、超越者が思惟不能であることが確信された場合、宗教的信仰は思惟を越えた啓示に拠り所を求めることになる。これに対してヤスパースは、啓示に対する思惟の独自性・自立性を維持しようとする。

しかし、思惟によって超越者は捉えられないのであるから、思惟は無力であることは明らかなのではないか。「問題は、人間と超越者との間の深淵は、思惟の形式において飛び越されうるか、である。答えは次の通りである。かの「アンセルムスら」思想家達によって神という暗号において考えられた絶対的超越者は、それが対象的なものとして認識されることを失効させるが、超越者の認識の不可能性への洞察は、超越者の諸暗号の意義を是認し、それによりこれら諸暗号の形態を哲学的真理の基準に服させる試みに権利を与える」（Jaspers 1962:387）。この引用では、超越者の認識不能性が暗号を可能にするとされている。この考えは、『哲学』の「形式的超越」と軌を一にする。形式的超越とは、対象的認識を越えたものの思惟であり、同語反復・矛盾・弁証法という形で、対象的認識の限界が示され、暗号の空間が開かれる、というものであった。次の引用はアジア的思惟が自己否定する思惟による沈黙や寂静の獲得を繰り返し追求したことに関して述べられたものだが、ここからも両者の同一性がうかがえる。「しかしかく「思惟が自己否定」することにより、思惟者の内に生じ、彼が手に入れられるようになり、回復された寂静（Stille）の沈黙において開顕されるもの、これは、自己を止揚する思惟（sich aufhebendes

Denken）だけをもって生ずることはない。この思惟は空間を開放するに過ぎない」（Jaspers 1962:417-418）。自己否定する思惟は、空間を開放すると言われている。自己否定する思惟は、それだけでは無内容な思惟の反省であり、暗号という内容がなければ、現実から遊離した空虚な思惟になると思われる。したがって、その意味では暗号の彼岸を思惟することは、形式的超越と同じと考えられる。

だがしかし、暗号の「彼岸」と言われる理由はどのようなものであろうか。『哲学』における「形式的超越」は暗号論の前に叙述されており、暗号という現象の前提という位置付けだが、『啓示に面しての哲学的信仰』における「全ての暗号の彼岸」は暗号論の後に叙述されており、暗号論を越えた立場ないし暗号論に足りない要素を論じているとも受け取れる。「思惟を越えたもの」に関わる思惟の位置づけや暗号論に対する思惟の意義が変化したのではないかと推定される。詳しくは「交わり」を扱う第四章で考察するが、「全ての暗号の彼岸」は哲学的信仰と啓示信仰の交わりの可能性を検討する際に問題化するという面があり、単純化すれば、『哲学』における「形式的超越」で語られる思惟は「自己否定して暗号を受容する」と言え、『啓示に面しての哲学的信仰』における「全ての暗号の彼岸」で語られる思惟は「自己否定して交わりへと歩み出る」と言えよう。

次の引用では、今まで区別されてきた対象的思惟と暗号解読が、共に乗り越えられるものとされ、一律に述べられていると思われる。「それ［暗号の彼岸］を見損なう思惟は対象的思惟（das gegenständliche Denken）であり、表象や形象を手引きとしての思惟であり、規定可能性における、つまり概念における思惟であり、暗号における思惟である」（Jaspers 1962:417）。最後にある「暗号における思惟」とは、思惟による暗号の思弁的産出である「第三言語」と受け取っておきたい。対象的思惟も暗号における思惟も「暗号の彼岸」に到達しないという点で不十分である。形式的超越が対象的認識の超越を主張するのに対し、さらに暗号をも超越するのが「全ての暗号の彼岸」の思惟と考えられる。そこで、「全ての暗号の彼岸」という節は、形式的超越が深化した考究と言うことができる。その深化は暗号の闘争が明確に語られるようになり、個々の暗号を越える必要性がはっきりとした帰結と考えることができよう。その意味では、『哲学』における「挫折」の暗号に該当する。しかし、「挫折」は思惟との関連では語られておらず、またやはり「暗号」という用語が用いられていた。『啓示に面しての哲学的信仰』では思惟の作用により、個々の暗号の不十分さが確認されるようになっており、より思惟の働きが重視されるようになっていると言えよう。

自己否定する思惟についてさらに検討したい。「そこ［暗号の彼岸］へと達する別の思惟はあるであろうか。それは自己自身を止揚する思惟であろう。その思惟に対し、思想と対象は崩壊する。それらはこの思惟にとって無となるが、そのことによって、本来的に、本質的に、自己自身によって存在するところのもの、他にとっても我々にとっても、何らかの思惟されたものとしては存在しないものが、思惟者において顕現するような仕方によってである。しかし〈本来的〉、〈本質的〉、〈自己自身によって〉、〈存在の彼岸〉といった言葉が既に、あまりにも多すぎるのである」（Jaspers 1962:417）。

暗号を越えたものを思惟することにより、思惟は絶対的な思惟不可能性に直面する。思惟は自己否定することにより、本来的なもの、思惟を越えたものを覚知せしめる。この場合思惟は、超越者そのものを思惟しているのであるが、実は自ら自身を思惟していると考えられる。自己否定する、即ち思惟しえないということが分かるということは、思惟自身の本性が自覚されることと言える。思惟が思惟自身の不十分さや矛盾を衝き、不成立に至らしめると考えることができよう。つまり思惟が思惟自身の反省により、自らの無根拠性を自覚するのである。このことは、本節の1で見たように、知を尽くした上での「充実した沈黙」、「無知の知」とも言える。思惟の思惟ということで想起されるのは「包越者論」であり、包越者論も対象的存在の不十分性を示すと同時に、「包越者そのもの」、「一なる包越者」の思惟不可能性を覚知せしめるものでもあった。「本来的に、本質的に、自己自身によって存在するところのもの」とは超越者に他ならないであろうが、それが感性的に現存すると主張されているとは思えない。そもそも例えば「何ゆえにそもそもあるものが存在し、何ゆえ無が存在するのではないのか」という問いを追究する中で、超越者の具体的現前が生じるとは考えられない。また、もし超越者の具体的現前が含意されているのであれば、本節の1で見たような「法廷は、哲学することであり、実存の生活実践である」ことにはならないと思われる。したがって、神秘的な体験を語っているかのような表現が見られるが、ヤスパースの主眼は思惟の自己否定の叙述にあると言えよう。「本来的」、「本質的」等の概念も十分ではなく、あくまでそれ自身否定されるために使用されるとあり、徹底的な思惟の無効性が語られている。[20]

「したがってアジアの哲学は全思惟を結局のところ自己自身を否定するためにのみ利用したのであり、そのことをこの自己否定の思惟過程において飽くことなく反覆したのである」(Jaspers 1962:417)と述べられるように、自己否定する思惟は、アジアにおいて最も先鋭に為されたという。「アジアの哲学」が何を指すか明確ではないし、「自己自身を否定するためにのみ」と言えるかどうか疑問はあるが、『啓示に面しての哲学的信仰』を頂点とする「哲学的信仰」の思想にインド哲学の概念が取り入れられていることが指摘されている。[21]「全ての暗号の彼岸」を眺望する自己否定する思惟という思想の形成に、ヤスパースのインド哲学研究が一つの契機になっている可能性がある。

暗号の彼岸を思惟することとは、世界内の現象を越えて行くことであり、「神秘主義」と共通する要素がある。ヤスパースは、神秘主義が世界を放棄する点を批判しつつ、暗号を越えたものを思惟することには大きな意義を認めていると思われる。「〈神秘主義〉(Mystik)という語で、さしあたり二つの相互に対立する経験が理解されている。〈第一には〉超感性的な由来から理解される幻想であり、〈第二には〉無我と無対象における一致である神秘的融合(unio mystica)である。神秘的融合は、私と対象も、諸対象も混り合って区別されない状態であり、その状態に対しては一切が一つである。しかし〈加えて第三に〉弁証法的運動をもって、思惟自身による一切の対象的なものの消滅の下での最も清明な意識の内で、存在を覚知せしめる存在思弁（Seinsspekulation）も、神秘主義と呼ばれる」（Jaspers 1962:422）。世界放棄としての神秘主義は、ここで述べられている第一の幻想や第二の神秘的融合を主張すると言えよう。そして、思惟により存在を覚知する第三の立場をヤスパースは否定してはいない。むしろ、思惟自身の弁証法的な運動により対象性を超越することを、ヤスパースは哲学することの契機と考えている。思惟自身の弁証法的運動とは、思惟の自己否定であると思われる。「最も清明な意識」は、思惟が最高度に働いて獲得されると言えよう。思惟は自己自身を否定するところに究極の意義があるとヤスパースは考えていると言えよう（だが後で論じるように、交わりに出るという形で復活するとも言える）。

「全ての暗号と範疇の彼岸に超越者は立っている――そしてこの超越者という語が、記号として早くもまた不適当である。それは全ての対象と全ての暗号を越え出て行くことであり、超出すること（Überschreiten）であり、乗り越えることを言い表わすが、しかしこの超出、乗り越えを意味するのではなく、それ［超出や乗り越え］が到達するところ、まさにもはや言表においては言い当てられないものを意味するのである。それ故ここでは言表は適切でもなく不適切でもなく、『神は存在である』、『神は無である』と［述べることと］同様に、思弁的思惟における一過程である」（Jaspers 1962:419）。暗号は超越者のそのつどの現れであり、超越者そのものではなかった。そうであるなら、暗号を越えて超越者そのものを直接把握しようとする志向が生ずるのは当然と言える。その際何らかの内在を誤って絶対化することに陥らないならば、自己否定する思惟は唯一正当な思惟と言えるだろう。その思惟にとっては「超越者」という用語も不適当である。「超越者」という用語は内在者を越えているということを示すが、超越者は内在者に対立するような一個の存在者ではない。全ての概念は限定された意味を持つが、超越者という用語は、限定を脱したものが目指されている。限定からの脱却そのもの、ここで「踏み越え」、「乗り越え」と呼ばれる超越する動きそのもの、は手段に過ぎず、その動きの先が思惟の目指す地点であるが、それはもはや言表されえない。この思惟において、言表は「適切でもなく不適切でも」ない。「一過程」ということの意味は、言表は超越することの手段であり、それ自体として意義があるわけではないということと考えられる。言表が意義を失うということは、思惟の限定性が真に打破されたことになる故に、超越することにおいて、言表は意義を失うことに意義があると言える。

ヤスパースは、西洋古代とインドでは神の思想と存在の思弁は結合し、神は存在であるとの見方の下、存在と無の弁証法として神を思惟しようとする思想があると言う。その思惟は、西洋では特にプラトンの『パルメニデス』によって凌駕しがたい完璧さにもたらされ、ウパニシャッド、ヒンドゥー教、仏教にも見られるという。「このような思惟は、その中心を存在―無―の思弁（Sein-Nichts-Spekulation）に有する。存在そのものは無から徹底的に分離され、そして弁証法的にそれ自身無として思惟される。弁証法的思惟は、存在と無とを包括する超存在者（das das Sein und Nichts übergreifende Überseiende）へと向かう」（Jaspers 1962:257）と述べられている。そして存在と無の弁証法の意義をヤスパースは次のように理解する。「超越者は我々に対して暗号においてと同時に全ての暗号の彼岸において顕現するといったように、超越者の内には緊張がある。この緊張を除くことは、単なる存在という無限の無の空しさへの沈降か、さもなくば、無邪気な神信仰の一義性への沈降を結果し、この信仰にとっては、形像と比喩が超越者自身になってしまう」（Jaspers 1962:258）。超越者の徹底的な超越性と内在への現前性の弁証法を、ヤスパースは存在―無の弁証法に見て取っているのである。

（3）暗号からの超出と暗号への還帰

ヤスパースは、思惟の自己否定による世界からの超出に止まるのではなく、世界と暗号解読への還帰を主張する。世界と暗号解読への還帰とは、言い換えれば暗号の復活であり、暗号解読には思惟の作用が付随するのであるから、思惟の復活と言えよう。「この超出の思惟は暗号を解消することはできるが、暗号を生み出すことはできない。あるいは、それはただ暗号を解消するために暗号を生み出す。その際、解消の遊戯が真理そのものであるような観を呈する」(Jaspers 1962:420)。全ての暗号の彼岸を目指す思惟は、暗号を否定する。そして暗号の彼岸自体は思惟されないのであるから、明確な働きとしては、その否定の作用しか存在しない。そこでその否定自体が真理であるということになりかねない。「合理的な純粋性においては、存在思弁はそれだけでは空虚である。それが衝撃を与えようとも、そのものとしては顕現する充実を欠いている」(Jaspers 1962:422)。

ヤスパースは世界の中での実現を重視する。「私は世界において、ここで永遠性が私に対し開顕せしめるものを実現するのでなければ、私は無である。何故なら、私が世界をないがしろにすると、私は永遠性をも失うからである。我々の世界存在に対する尺度は、なるほど永遠なるものである。しかし測られるものを、私は放棄してはならないのである。そこで逆説的な表現であるが――私が永遠にあるところのもの、永遠であるところのものが、世界的なものの中で時間的に決定されねばならない」(Jaspers 1962:421)。あるいは次のようにも述べられている。「全ての暗号の彼岸にあってなお、我々西洋人は古代からの伝承と聖書により自己を鍛練しつつ、我々に与えられているままの我々の現存在において、次のような要請を感じ取る。即ち、超越者への眺望に充実されて我々を実存として実現する、という要請である」(Jaspers 1962:421)。

これらの引用では、西洋思想が世界内での実現を重視し、アジア思想が世界の否定を説くかのように対比されている。ヤスパースは、世界存在は永遠ではなく、永遠に鑑みて非永遠的と判断されるが、その判断の対象(世界存在)を放棄してはならないとしている。個人が永遠にあるところのもの、永遠であるものが、時間的に世界の中で決定されるとされている。その意味は、『哲学』における暗号論で検討したように、可能性なき現実として物事が受け取られることと考えてよいと思われる。そのことは、二番目の引用では、超越者への眺望に充実されつつ自らの実存を実現すること、と言われている。超越者への眺望といっても、感性的に具体的な形で見るわけではなく、全ての統一としての超越者を無限の目標として想定するということだと思われる。そして実存が世界における自らのいる場が、超越者顕現の場と化すことで、実存は超越者から間接的に充実される。そして実存することとは、超越者へと関係することであり、世界における超越者の統一に参与することであり、交わりを遂行することと言えよう。

ヤスパースの叙述は、暗号からの超出を説き、次いで暗号への還帰を説くことが繰り返さており、複雑で分かりづらい[22]。例えば、「全ての暗号を越えて超越することにおいて、単に世界のみならず、現存在における我々の実存の現実性をも超えて、我々は大いなる空虚（die große Leere）、無であるところの全（das All, das Nichts ist）、啓示なきままの充実（die Fülle, die ohne Offenbarung bleibt）へと達する」（Jaspers 1962:425）と述べられ、暗号からの超出が説かれるのに続いて、「このことが一瞬成功するように思われると、私と対象、空間と時間は消滅する。何ものも光に当たることなく、我々の思惟と表象にとって充実されえない、純粋の光の空間が達成される。我々の時間性と有限性は、息が切れてしまう。超人間的な無意識性ないし超意識性から、我々は諸暗号へと還帰する」（Jaspers 1962:425）と述べられ、暗号への還帰が説かれるといった具合である。「大いなる空虚」、「啓示なきままの充実」は神秘的な体験を連想させる。しかしそれは極限的な状態であり、我々は暗号へ、つまり世界へ還帰するとされている。思惟の自己否定はそれが完遂した瞬間に確かに充実するのであるが、その充実は感性的な内容がある充実ではないし、暗号によるそのつどの統一という充実でもない。思惟の作用が自己を全うしたという充実であり、言わば「空虚な充実」とでも呼べるものである。それはそのつどしか達成しえず、次の瞬間には我々はやはり世界に存する。

またヤスパースは、「暗号解読への意志は世界の中での実存への意志である」(Jaspers 1962:425) と述べ、実存というあり方にとって可能な道が世界への還帰であると考えている。「実存は世界からの逃避を拒否する。しかし世界の中での実存の現存在は、そのつど自らの歴史的実存における諸暗号の解読となる。それ故実存は、彼が求めるものが、世界と時間の中で暗号に耳を傾けつつ現実的になる彼の実存自身による以外には、彼の時間的現存在においては、達成されえないと知って、世界へと還帰する」(Jaspers 1962:426-427)。この引用によれば、そのつどの歴史性において暗号を解読する以外には、世界における実存と超越者の関わりはあり得ないということが、暗号の超出によって自覚される。第一章でも見たように、そもそも「実存」は「外に出たもの」であった。実存は本質から外れた有限的存在であり、実存が本質と合致するためには、局所性・暫定性は不可避の宿命である。その有限性の自覚が真に得られるのが、到達できない超越者の感得によってであると言えよう。

世界への還帰に関しては、『啓示に面しての哲学的信仰』より前から主張されていた「浮動」と関連する叙述もある。「超越することは我々にとって、我々人間が感性的な理性的存在者である限り、我々が諸々の暗号と範疇とを放棄することを意味せず、我々がそれらをもってそれらの外に到達し、しかしまた直ちにそれらへ滑って後戻りして、我々が自らをそれらに囚われないようにする、ということを意味する」(Jaspers 1962:419-420)。この引用では、一見暗号と範疇からの超出を維持することが主張されているように見える。しかし、人間が感性的な側面をもつ以上、必ず暗号と範疇へと戻らざるを得ず、暗号と範疇を放棄することは不可能である。そこで超越とは暗号と範疇の単なる否定ではありえないのであり、暗号と範疇を用いつつ、捉われないこと、即ちこの引用では語として使われていないが「浮動」であることになる。感性的側面を有する人間にとって可能な超越は、暗号を超出することではなく、そのつどの暗号に集中し、かつあらゆる暗号に開かれることであり、それは浮動である。暗号を超出し暗号へ帰還することにより、「浮動」の立場（固定的なパースペクティブではないので、むしろ「立場なき立場」であるが）が、貫徹されるのである。

さらに我々は、自己否定する思惟が実は「統一への意志」、「交わりの意志」としての理性ではないかと考える。つまり、超越者を求めるということは全ての統一を求めることと同じであり、従ってヤスパースのいう理性の働きと言えるのである。その統一に直接的に至りえないという自覚が、思惟の自己否定と言えるのである。だがその否定は同時に、自らの働くべき場の認知とも言える。直接的な統一の断念により、世界における暗号解読による統一への道が理性の歩むべき道として自己化されるのである。そもそも統一を求めないならば、自己否定もないと言える。「暗号の彼岸」と交わりの関係については第四章第三節で論じる。

（4）「全ての暗号の彼岸」と「挫折」の暗号

既に何度か触れたが、個々の暗号の不十分さを主張し暗号の根底を追求する点で、「全ての暗号の彼岸」の思惟または自己否定する思惟は、『哲学』における「挫折」（Scheitern）と共通する。我々は『哲学』における「挫折」を世界の空無性の自覚と考えたが、世界の空無性の自覚と思惟の挫折の二つの関係を検討してみよう。結論を言えば、世界の空無性の自覚は思惟の挫折により生ずると思われる。「合理的な運動が単にそのものとしては、悟性の合理的な戯れのような感じを与え、結果も生まず単なる非存在（Nichtsein）へと導く一方で、それは実存的には、思惟の挫折により別の根本態度へ連れ来しうる。即ち、その根本態度により、世界における全ての批判的に遂行された認識と全ての振る舞いと行為の意味が、その意義の限界に結び付けられる」（Jaspers 1962:422-423）。思惟の挫折は、認識論的には超越者は思惟が到達しえない「非存在」であるという帰結に至り、実存的には認識、振る舞い、行為の意味の限界、即ち不完全性が認知されるという効果があると考えることができる。短く言えば、思惟の挫折は、超越者の認識不能性と実存の無力さの是認と一律である。超越者が認識され、実存が世界に対して有効なことを為しうるならば、世界を空無として受け取ることはないと思われる。従って、世界が空無であるとの自覚は、思惟の挫折を含んでいると考えられるのである。逆に言えば、世界内の存在の破滅や悲惨を経験しても、超越者が判然と認識されたり、実存の力の有効性への疑いがないなら、実存は挫折に至らないと言える。思惟の挫折による世界からの超出は、世界の空無性の内面化、即ち思惟の働きからの捉え直しと言える。

『哲学』における「挫折」は「経験」であり、『啓示に面しての哲学的信仰』における自己否定する思惟は「思惟」であるという、両者の違いが、この点を踏まえるなら、理解可能になる。実存の状況を思惟が捉え、その中で思惟自身についても反省することで、思惟自身の限界が明らかになることが、挫折の経験には不可欠と言えよう。死、苦悩、負い目、闘争といった生の意義が究極まで疑問視される状況において挫折は明確に経験されるが、そもそも限界状況は本来的には実存が内在において生存せざるを得ないという根本状況そのものである。日常の世界のあり様を深刻に反省した場合、実存は即座に挫折へと至るのであり、特殊な経験を待たずとも、思惟が制限なく働くところでは挫折の経験が必然的に生じると言えよう。逆に、いかなる状況に直面しようとも真に自らを反省し、実存の状況を自己化することがないと、実存の有限性が自覚されず、挫折の経験は生じないと考えられる。

あるいは思惟の挫折は、思惟の思惟自身の経験であり、古来「無知の知」と呼ばれてきた事態と考えることもできる。ヤスパースも「無知の知」についてたびたび言及しており、例えば「哲学の最高の知は無知（Nichtwissen）と語られるが、この無知は原初的な、知のために止揚されるべき非知（Unwissen）ではなく、全ての知に基づいて、知の限界において完成される無知である」（Jaspers 1962:475）と言われている。なお思惟と経験の問題は、思惟と啓示の問題として第四章第三節でも再び考察する。

また「無根拠性という究極の根拠へと超越することが、独立的かつ最終目標とされると、それは自己自身を喪失する」（Jaspers 1962:424）とされるように、無根拠ということそのものが最終的な目標でないことは、挫折のみを拠り所とすることができないということと共通している。思惟の自己否定は、無限の統一を追求することで生じるのであり、またそのつどの暗号解読へと還帰するのである。

このように見た場合、「全ての暗号の彼岸」という節は、『哲学』における「形式的超越」を暗号にまで拡張したものであり、「挫折」の暗号を思惟の働きという観点から捉え直したものと見ることができよう。ヤスパースは『理性と実存』や『真理について』において「包越者論」という形で思惟の意義付けを行い、「包越者そのもの」としての超越者と思惟の関係を論究したのであるが、『啓示に面しての哲学的信仰』では「全ての暗号の彼岸」としての超越者と思惟の関係を論究したと言える。

5　暗号思想の展開

『哲学』、『真理について』、『啓示に面しての哲学的信仰』を通して暗号思想がどのように展開したか振り返りたい。『真理について』で存在・真理の分裂の統一として暗号が提示されるようになり、『啓示に面しての哲学的信仰』において暗号の闘争が明確に叙述されるようになり、さらに「全ての暗号の彼岸」が詳論されていることが大きな変化であった。この変化を通じて、思惟の働きがより重視されるようになっている。

暗号という現象は、内在において超越者が現れるという独特な現象であり、内在を越えた超越と内在における具体的な現れという緊張がある。その緊張は暗号が真正であるための条件であり、『哲学』では、暗号は内在であることを打ち消しつつ現れるという弁証法的性格として語られ、その打ち消しは「挫折」の暗号として叙述されていたと我々は考えた。『真理について』では、暗号が語られる部分で直接的にこの緊張は論じられていないが、されている。時間の内では真理の完結はありえず、時間内の「道」としての暗号が語られており、やはり緊張が前提『真理について』では、この緊張が暗号に関する思想そのものではなく、真理に関する叙述の中で述べられているので、暗号自体の緊張について読み取りづらくなっている観は否めない。むしろ緊張を前提とした上で、実存は世界内では統一を目指すという積極的なあり方が、『真理について』では詳論されている。ただし、最終部分において暗号からの超出が簡単に言及されている。

『哲学』では、この緊張は「挫折」と暗号の関係として論じられているが、「挫折」はやはり暗号として提示されており、他の暗号との関係が明確には分かりづらい。また挫折は「究極の暗号」として確かに他の暗号の根拠とも言えるが、それ故、他の暗号より意義があり、最高の立場として優先されるかのような印象を与えかねない。この点に関して、挫折は他の暗号と共に働き、挫折だけを独立させることはできないと我々は考えた。しかし、ヤスパースの叙述は不明確な点があり、あたかも挫折が最終的な到達点であり、他の暗号から独立した立場であるかのような印象を与える。これに対して『啓示に面しての哲学的信仰』では、自己否定する思惟の働きによる暗号の根底の探求が提示されており、その根底が明確に他の暗号とは異なる「全ての暗号の彼岸」とされており、また同時に暗号の彼岸に留まることはできないことも明言されている。『啓示に面しての哲学的信仰』でも神秘的体験を説くかのような表現は見受けられるのだが、明確に世界と暗号への還帰が主張されている。従って、『哲学』における「挫折」の思想では不明確であった点が、より詳細にはっきりと叙述されていると言うことができよう。このような展開の背景には、理性という契機が導入され、思惟する信仰である哲学的信仰と啓示信仰の関わりが主題化し、信仰一般の根拠や哲学的信仰と啓示信仰の違いを明確にする作業が行われたことがあると思われる。

さて、実存は暗号をも超える思惟の挫折から世界における暗号解読に還帰するのであるが、『理性と実存』、『真理について』以降は実存は交わりにより統一としての超越者を追求するとされている。そこで交わりの遂行は暗号解読でもあると言えるであろうが、この点についてさらに詳しく検討する必要があると思われる。つまり交わりについて検討し、交わりと暗号の関係について、またそこにおける思惟の働きについてさらに明確化する必要がある。そして哲学的信仰と啓示信仰の相違については第二章において概観したが、両者の交わりについてもさらに究明する必要がある。第四章で、「統一への意志」、「交わりの意志」としての理性的思惟の機能を考察しつつ、ヤスパースの交わり論の展開を考察したい。

第四章　交わり思想の展開

ヤスパースは「私は自分自身でただ交わりにおいてのみ私を獲得する」（Jaspers 1932 II:57）と述べ、実存が他の実存との「交わり」（Kommunikation）においてのみあることを『哲学』（一九三二）以来強調している。また『哲学』の緒言では、「私たち自身は孤独に基いて哲学する（philosophieren）のではなく〈交わり〉に基いて哲学する」（Jaspers 1932 I:VIII）、「私の哲学することは、それが交わりを促進すればするほど、自らを真と見なす」（Jaspers 1932 I:VIII）などと言われ、交わりと「哲学すること」は結び付いていると、ヤスパースは考えている。ここには、後年の、例えば「一切の目的の意味を最終的に根拠づける哲学の目的、つまり存在の覚知、愛の開明、安らぎの完成という目的は、交わりにおいて初めて達成される」（Jaspers 1950a:23）と言われるような、交わりにおける「哲学すること」という考えの萌芽が見て取れる。

人間の対他関係には多様な種類があり、それに応じて人間のあり様も様々であり、それらの様態を整理することが人間存在の解明には必要と言える。ヤスパースは様々な交わりの中でも、「実存的交わり」（existentielle Kommunikation）を人間の最も重要な交わりとしている。この十数年、対話やコミュニケーションといった「交わり」を扱った論考が、哲学、社会学、倫理学等の様々な領域で数多く見られるようになった。このことは人間存在に対する交わりの重要性が広く認識されるようになった表れであり、多くの成果が上げられている。(1) しかしながら、多くの論考においては世俗的領域の交わりが扱われており、交わりが情報伝達や意志疎通という側面からのみ見られている感が否めない。本来的な自己存在としての実存や信仰・宗教といった領域を視野に入れ、自己存在の根底にまで立ち返って交わりを論じた試みは少ないと思われる。ヤスパースの交わり論は、実存の超越者への関わりという人間存在の基底における交わりの機能を考察するものである。同じく実存的・宗教的な対他関係を論じたブーバーと同様に、交わりやコミュニケーションの人間に対する意味を考える上で、その意義は大きいと言える。(2)

「交わり」の基本的な概念は『哲学』において叙述されており、その後も大きな変更はないと思われるが、ヤスパース思想における「交わり」の位置は変化している。『哲学』では、実存は他の実存との交わりにおいてのみあるとされ、実存の規定の一つとして提示されている。そして先に引用したように『哲学』の緒言では実存の哲学することも交わりと関係しつつなされる述べられているものの、本文においては交わりがどのように哲学することと関係するのか判明ではなく、『哲学』の最終的な主張である暗号論との関係も明確には語られていない。『理性と実存』(一九三五)や『真理について』(一九四七)では、「交わりの意志」、「統一への意志」としての理性が導入されたことにより、哲学の方法、超越者の探求の方法として、理性的交わりが位置づけられるようになる。『哲学的信仰』(一九四八)、『啓示に面しての哲学的信仰』(一九六二)では、理性的交わりによる哲学することが「哲学的信仰」という規定を与えられ、啓示に基づく「啓示信仰」と比較され、さらに哲学的信仰と啓示信仰の交わりが模索されている。

ヤスパースは理性に「交わりの意志」、「統一への意志」という独自の規定を与えている。理性は通常は悟性と同一視されたり、精神の理念への参与とされたりしているが、理性とは何かについては過去数千年の思考によっても説き尽されてはいない、とヤスパースは主張している(Jaspers 1950b:33)。ヤスパースは理性(Vernunft)に「聴きとること」(Vernehmen)という意義を見出している(Jaspers 1947:120, Jaspers 1950b:33, usw.)。交わりが理性によって十全に推進されることが、あらゆるものの統一たる一者（das Eine）としての超越者の探求とされる。ヤスパースにおける「理性」については、既に折りに触れ言及してきたが、この章で詳しく考察したい。

・『哲学』より前の「交わり」につながる要素

「交わり」につながる要素は『哲学』より前にも見いだされる。「孤独」（"Einsamkeit"）という講演では、交わりが孤独を伴うという主張が述べられている（Jaspers 1915/16）[3]。また『世界観の心理学』（一九一九）ではキェルケゴールが、自己となることを「開明化」（Offenbarwerden）として究明していることを述べ、開明化をヤスパース独自の考えから「交わり」によると見ている（Jaspers 1919:421）。同じく『世界観の心理学』では「間接伝達」（indirekte Mitteilung）、「了解」（Verstehen）が交わりにつながる要素として挙げられる。「間接伝達」はキェルケゴールに由来し、直接対象とならない実存の伝達であり、また「了解」の過程は、後年の交わりの規定の一つである「愛ある闘争」（liebender Kampf）という規定が与えられている。したがって、『世界観の心理学』では交わりの思想は完成した形ではないが、萌芽として現われていると見ることができる。もともとヤスパースには交わりへの関心や問題意識があり、キェルケゴールの影響を受けつつ、独自の思想を構築する中で、重要な概念になったと、おおよそ考えられる。

ヤスパースは、哲学に移る以前に精神病理学において「了解心理学」（verstehende Psychologie）の手法を用いていた。心理学的了解の限界については次のように述べられている。「全ての心理学的了解は、個々の連関を把握し、把握された連関の総体性を人格という一つの構成において、対象的に眼前に据える。このような像がどれほど豊富であろうと、了解がどれほど多面的であろうと、あくまで一つの深淵が残る。即ち、了解の際個々の連関が何らかの『一般的な』ものであるような了解と、こうした一切を飛び越えている個の全体性の了解との間の深淵である。この全体性は、認識の対象のように、対象的ではない。それは対象的な心理学的了解にとっては、単に『理念』に過ぎず、それに向かって無限に前進しながら了解は運動するのである」(Jaspers 1919:124-125)。

ここには、個人の特徴の総体性(Gesamtheit)を理解する心理学的な了解に止まらない、個人の全体性(Totalität)の了解をヤスパースが重視していることが読み取れる。個人の様々な要素の総計が総体性であり、個人全体を一挙に示す印象とも言えるものがこの場合の全体性であると理解できよう。個の特徴を対象的な形で列挙して、その全てによって個人を理解しようとするのが対象的な科学の一つとしての心理学である。しかしヤスパースの考えでは、個人の真のあり様は対象的な概念で把握される特徴には表れない。様々な対象的な特徴は、他の個人とも共通するものであり、それをいくら積み重ねても、ある個人そのものを把握することはできない。ある個人の一回性、代替不能性を知ること、我々が用いてきた表現で言えば「今―ここにある物事の元に真実に現在すること」は、むしろ「主観的体験における絶対的了解」によって把握される。そしてそのような個人への主観的な了解を理念として、それに導かれつつ、対象的な了解は進行する。つまり個人の全体的な了解を不明確ながら前提としないと対象的な探究は成立しないのである。この引用では、「固有なものは伝達されない」、「主観的体験」など個の理解不能性が強調されており、対象化されない自己存在としての実存という後の考え方が表れている。

心理学的な了解とは異なる、後年の交わりにつながる全体的な「了解」については、次のような叙述がある。「愛と同様に、この了解は何ら静止している態度ではなく、《運動》である。(中略)時間の中での人間たちの間では了解は、魂相互の愛ある《闘争》としてはっきりと示される。(中略)闘いの媒体は、言葉で表現できる一般者、妥当する客観的なものという媒体ではなく――これらがしばしば象徴として、代理的表現として使われようとも――、『精神』(Geist)と呼ばれる一般者なのである。それは、相互に仮借なく魂の根幹が捉えられ、一切が問いに付され、まさしくこうすることによって絶対的な肯定に達する、一つの闘いである」(Jaspers 1919:125)。

この引用では「愛ある闘争」という「交わり」の規定の一つが、「了解」に関して用いられている。この引用における「精神」は「一般者」とも言われ、個別的な「実存」とは別の側面もあるが、了解が客観的なものと区別され、愛ある闘争を遂行するという側面は、『哲学』以降で論究される「実存的交わり」と同じである。『哲学』では「精神」と「実存」は概念的に区別されるようになるが、ここでは「精神」は対象的な存在ではない、人間の内奥の「魂」と同じ意味で使われていると見ることができる。また「精神」の「象徴」、「代理的表現」としての「媒体」という叙述もあり、『哲学』の「暗号」を予想させる。「絶対的な肯定」とは、外ならぬ実存として、自己と他者が自らのあり様を自覚するに至ることであると思われる。このような着想が概念的に整理され、『哲学』の交わり思想が形成されたと考えられる。

第一節　『哲学』における実存の規定としての「交わり」

1　『哲学』における「理性」

『哲学』においては、「理性」は独自の意義を与えられておらず、精神の理念による思考といった意味である。それは対象的に物事を認識する「悟性」よりも高次の思惟能力ではあるが、「統一への意志」、「交わりの意志」といった意味は十分には与えられてはいない。この点をまず確認しておこう。

「存在がもはや客観存在と同一ではないとすれば、存在の確認は、悟性の対象的思惟によっては、たとえこの思惟なしにではないとしても、行れえない。観念論が理性の思惟の中で遂行する〈別個の思惟がある〉。この思惟は悟性を道具として、全ての悟性を越えて存するもの、即ち主観と客観とから成る全体における精神の存在としての理念を、把握する。この思惟は弁証法的である。それは、いかなる固定した客観的なものも存立せしめず、存在するものを、これを溶解してゆく、由来の分析の中で把握する。その分析は、循環的に運動し、因果論的な概念とは全く関わりがない」（Jaspers 1932 I:222-223）。この引用では、悟性の対象的認識とは異なる思惟として理性の思惟が提示されている。存在は主観に対する客観的存在ではなく、主観と客観からなる全体であり、その全体を理念として観念論は把握する。因果的な説明は、対象的に事物を把握し、あるものの原因を別のものに帰着せしめる。観念論は、むしろ客観的なものの発生をたどり、主観と客観の弁証法的な相互関係において客観的なものを全体の中で位置づける。このようなヤスパースの主張を見ると、観念論は悟性の対象的思惟を越えた、存在そのものを把握する思惟であるかのように思われる。

しかし、次の引用では、実証主義と共に観念論の問題点が指摘されている。実証主義は、対象的認識のみを正当な認識とする悟性の立場であり、観念論から見れば低次の立場とされるが、実証主義も観念論も共に「実存」を看過するとされている。「実証主義と観念論はそれぞれ固有の現実性として〈無時間的なもの〉(ein Zeitloses)を、即ち前者は自然法則性、後者は理念を、それらの対象と見なす。両者にとって、歴史性(Geschichtlichkeit)はそれ自体として何ら固有の実体を持たない。(中略)[両者にとって]一般者と全体に基づいて用いられる諸観点に従う連関に入らないものは、重要ではない偶然性である。このような思想の持ち主は、可能的実存(mögliche Existenz)としての自己自身を忘れている」(Jaspers 1932 I:229-230)。

実証主義は自然法則性、観念論は理念という無時間的に存立するものに現実を見ている。そのような見方では、歴史的なもの、そのつどの一回性をもち代替不可能なもの、即ち実存は、無時間的なものからの派生態や頽落態として把握される。実証主義や観念論から見れば、歴史性は必然性を持たない無視すべき偶然性である。二つ目の引用にある「理性」は「一般者と全体」という観点を採り、実存を看過してしまうものとして見られている。一つ目の引用では悟性を越えた全体を志向する働きとして、観念論の思惟をどちらかと言えば評価していたが、二つ目の引用では実存する可能性を持った自己自身を忘却するものとして実証主義ともども批判している。我々はヘーゲルの観念論を想起できる。ヘーゲルの観念論は、対象的認識に捉われない精神の運動を示した点で大きな意義を持っているが、現実存在を看過している点がシェリングやキェルケゴールの非難を招いた。第一章で考察したように、体系的哲学は「抽象性の立場」を取り、「永遠の相の下に」物事を見て、実存を把握しないとキェルケゴールが批判しているが、ヤスパースの観念論への批判は同軌軸と言えよう。このように、『哲学』における「理性」は、超越者を探求する手段である「交わりの意志」、「統一への意志」という意義は未だ与えられていないと言える(4)。

2 交わりの諸様態

『哲学』において交わりが詳論されるのは、第二巻『実存開明』においてである。『実存開明』では、実存、自我、交わり、歴史性、意志、自由、限界状況、絶対的意識、無制約的行為、主観性と客観性の両極性、客観性の諸形態、諸々の実存の中にある実存（信仰と信仰の対立）といった事柄が論究され、実存のあり様が開明されている。その内の第三章「交わり」において、実存は交わりにおいてのみあることが強調され、様々な種類の交わりとの比較で「実存的交わり」の意義が叙述される。

ヤスパースは、実存的交わり以外の交わりを、現存在的交わり（Daseinskommunikation）と呼び、原初的共同性、即物的な目的性と合理性、理念によって規定される精神性の三つを挙げている。これらは経験的に心理学的、社会学的に考察可能な対他関係であり、内在的交わりと言えよう。

第一の原初的共同性とは、共同体の生活への素朴な参加としての交わりである。この様相では、共同体的なものと自己が一致しており、交わりにおいて個人の意識は周囲の人々の意識と合致する。この様相では、他とは違うものとしての自己の存在は意識されていない。「素朴な現存在においては、私は万人が行うことを行ない、万人が信ずることを信じ、万人が考えるように考える」（Jaspers 1932 II:51）とされるように、無疑問に共同体の生活が受け取られ、共同体が自己の特殊性と矛盾するものとは考えられていない。第二の即物的な目的性と合理性とは、対象的な諸規定で自分自身を意識し、他人と自分の世界とに自らを対立させる交わりである。自己は他人と世界からの独立性を有する。ここでの自己と他者の交わりは、客観的な事物の共通理解によるか、あるいは他の自己を物として扱うか、である。第三の理念によって規定される精神性とは、精神的な全体性における交わりである。個人は自己の特殊性を超えた理念によって導かれ、精神的な世界に参与する。

これらの内在的交わりのうち理念を媒介にした精神の交わりが、最も内実豊かなものである。しかし「このような［精神の］交わりにおいてもなお、私の自己との同一化（Identifizierung）は、まだ欠如している。確かに世界現存在の客観性の内にある私の生は、理念への関与によってのみ、内容をもって充実される。しかし単独者（Einzelner）は、このような客観性を突破できる自立性を保持している。そしてそれ故、彼は経験的な個体としては全く客観性の内で現れるにしても、なお客観性に対立する」（Jaspers 1932 II:53）とされる。種々の精神性を無疑問に受け入れる自己は、自立的な自己ではなく、ある精神の全体性に依存している。真の自己は、それを否定できるという可能性を含みつつ、何らかの精神性を自己のものとする。実存的交わりとは、そのような自立的な自己同士の交わりである。実存的交わりは内在的交わりと内容的に別の第四のものというわけではなく、内在的交わりにおいて、それらの現実化という形で現象するとされる。

3　実存的交わりの特徴

（1）自由な自己存在同士の相互承認

実存的交わりは、自由な存在同士の相互承認という性格を持つ。「他者が彼自身であろうとしないならば、私は私自身となることができない。他者が自由でなければ、私は自由であることができない。私は他者をも確信するのでなければ、自分を確信できない。交わりにおいて私は、あたかも他人が私であり、私が他人であるかのように、単に自分に対してだけ責任を感ずるばかりでなく、他者に対しても責任を感ずる。他者が私に同じように出会うときに、初めて交わりが始まると私は感じる。何故なら、私は交わりの意味を私自身の行為によってのみ達成するのではないからである。それは他者の行為を迎え入れねばならない。他者が私に迎え入れられないで私にとって客体とされるとき、瞬時に私は永久の不満の苦しい関係に陥らねばならない。他者が彼の行為において自立して彼自身とならないなら、私も私自身とならならない。私へと服従し他者が従属する場合は、私は私を獲得しないし、他者が私を支配する場合も同じである。相互の承認においてはじめて、我々は双方共に我々自身として生じる。各々が達成しようと欲するものを、我々は共同でのみ達成することができる」（Jaspers 1932 II:57）。

他者が自己にとっての単なる対象、自己の働きかけの受け手であるだけなら、自己自身もこの際、専ら一方的な作用を及ぼすものとなる。相互のやりとりがそこには存在しない。そのような関係においては、他者は死せる物であり、同時に自己は単なる作用であり、他者と区別された自己存在とは言えない。実存的交わりにおいては、自他が共に独立の自由な存在である。実存的交わりは、交わりにある者がそれぞれ異なるものでありつつ、相互交渉をもつという関係である。その関係は、認識主観同士が相互承認する相互主観性と似ているが、それ以上の意味がある。認識主観同士は、相互に同一であり、それぞれ一回的な実存ではない。また、認識主観同士はそのつどの既知の基準に従って論議を行うだけであり、自由な行為を遂行するものではない。

実存が一回性を持つのに応じて、交わりもまた一回性を持つ。「実存的交わりは、教示することも模倣することもできず、端的にそのつどの唯一回性（jeweilige Einmaligkeit）においてある。この交わりは、ただそれらであり、多数の代理者でなく、したがって代替されえない二つの自己の間に存する」（Jaspers 1932 II:58）。実存的交わりは、そのつど独特の規定を伴い相異なる自己同士の一回的な関わりである。自らが代置されない実存であることの自覚は、他の自己存在がやはり実存であることの承認と表裏一体である。「今―ここにおいてあるこの自己」としての実存は、「今―ここ」というそのつどにおいて自覚される。そして、自らの代置不能性は実存としての自己と実存としての他者を比較して自覚されると言えよう。そこで自己が実存であることの自覚は、他者が実存であることの承認でもあることになり、自他がそれぞれ実存であることは同時的に自覚される。その自覚はそのつどの交わりで達成されるものであり､前もって計画したり後から繰り返そうとしても不可能である。それ故「絶対的に唯一回的」と言われている。一期一会と言うこともできよう。

交わりがそのつど一回的であるということは、そのつどが一つの全体であることを意味する。「あらゆる実存的なものは、私が目的をもって欲することができたり、あるいはできなかったりする客観的なものの埒外に立っている。交わりの歴史的に一回限りのものは、一つの全体であり、私自身が既に存在しておりその後さらに何かを獲得することによって生ずる全体ではなく、その内で私自身が初めて本来的となる全体である。しかし非客観的な全体として交わりは無底（grundlos）である。交わりは実存の根源である。交わりにおいて私の自由が及ぶ限りにおいて、交わりにおいて私の功績や負い目（Schuld）が存する」（Jaspers 1932 II:60）。

実存的交わりはそのつど一つの全体であり、交わりを離れて基準があり、その基準から交わりが遂行されるのではない。交わりとは別の何らかのものが前提となっている場合、例えば精神的な全体性への参与の場合、自己と他者はその全体性の項であることになり、自立的ではなくなる。そのつどの全体であることが、この引用では「非客観的な全体」、「無底」などと言われている。自己が確定的に存在し、それを包含する全体であれば、対象的に示せるものであり、そのような全体が自己にとって客観的な基準となる。しかし実存的交わりは、「実存の根源」と言われているように、そこで実存が生成するという意味での全体であり、客観的に外に立って見渡せるようなものではない。そして最後に言われているように、交わりにおいてのみ実存の自由があるのであるから、自由の功績や負い目も交わりにおいてのみある。実存の行為の正否や善悪は、交わりを離れた何らかの客観的な基準で判断されるのではなく、そのつどの交わりで明らかになる実存のあり様に鑑みて、判断されるのである。

（2）開顕されることと創造

実存的交わりにおいて、自己と他者の内実が相互に照らして明確化し、それぞれ自立的な存在になるのであるが、この明確化は単に既にあるものが知られるという以上の意味がある。自己の内容は内在的な規定と別のものではないが、その内容は拒否することもできるのであり、自己化される必要がある。「この［自己の］開顕（Offen-barwerden）は、しかし同時に私が自己として初めて、現実化すること（Wirklichwerden）である。開顕が生具の性格の開明であるかのように考えるならば、そのような思想をもって私は、開顕過程において自己を明白にすることにより自己をさらに創造する、実存の可能性を放棄することになる。対象的思惟にとっては、むろん〈以前から〉あるものだけが開顕されうる。しかし開顕の生成によって同時に存在をもたらすような開顕は、無からの出現の如きものであり、したがって単なる現存在の意味のそれではない」（Jaspers 1932 II:64）。

自己の内実とは様々な可能性ではなく、可能性の内での実存の自由が選ぶ唯一の現実である。したがって、自己の開顕は、自らが選ぶという選択の契機がある故に、自己創造という意味がある。前からあるものを明確化することは、対象的思惟により行われる。これに対して、交わりにおいて実存が明らかになるということは、実存が自らの自由を遂行することにより、創造や自己生成という意味もあるのである。

（3）愛ある闘争（liebender Kampf）

交わりにおいて自他が明らかになることは、他者との共同性において、互いに明らかにし合う不可欠の相手としての他者への愛を伴っている。単に否定したり利用したりする対象ではなく、互いに必要にし合うという関係が実存的交わりである。しかしこの愛は、単なる保全や一体化を求めるものではなく、互いに吟味検証しあう関係であり、実存的交わりは「愛ある闘争」と呼ばれている。「愛としてこの交わりは、どのような対象に関わるかに無頓着な盲目的な愛ではなく、明晰に見通す闘う愛である。それは、可能的実存から他の可能的実存を問題にし、苦難に引込み、要求し、把捉する」（Jaspers 1932 II:65）。実存的交わりの「愛ある闘争」については、『世界観の心理学』における「了解」に関して見たことがおおよそ当てはまると思われる。互いのあり方が厳しく吟味され、自他の相違が明確化され、互いの唯一性が明確化するような関係が、愛ある闘争であると言えよう。

（4）交わり自体における目標

実存的交わりはそのつど一期一会的に一つの全体であり、それぞれの交わりにおいてそのつど目標があると言える。そして、実存的交わりは、生命的現存在や意識一般や精神といった内在的交わりのように明確な目標が示されるわけではない。「交わりにおいて最終目標は知られえない。〈成果〉についての問は二重の意味を持つであろう。成果は、世界内における共同体を通じて目的に関連付けられた実現を意味するか、あるいは成果は、決断され、そのことにより永遠の現実性にもたらされたものを意味するかである。可視的な現存在における物質的成果は承認されるし、実存的成果の可能的な身体である。しかし、このような物質的成果はことごとく、果てしないものや無常なもの（Vergängliches）の背理の中に埋もれ消滅する。これに反して実存的成果はいかなる客観的な基準も持たない。ひとり可能的実存の良心のみが、交わり的な結合においてそれを認めるだけである。この現実性はどのような知識に対しても存立しないのだが、現存在において実存は［他の］自己と共にある自己として自らを実現する」(Jaspers 1932 II: 70)。

この引用では、交わりの成果が二種類挙げられている。一つ目の世界内の共同体の目的は、内在的な交わりで追求される。生命的な現存在の共同体は互いの生命の維持・発展、意識一般の共同体は明確な基準に照らしての妥当性、精神の共同体は理念で示される全体性の実現、といった明確な目的があり、その目的を実現することが成果である。二つ目の、「永遠の現実性」へともたらすことが、実存的交わりで追求される。実存の決断・選択により、何事かが決定された場合、その決定は「今—ここ」における決定として唯一性をもっているが故に、永遠の現在における反映と言えると思われる。暗号に関して、「瞬間」、現在への集中、永遠が現在において限定されること、永遠の現在化、など言われることを想起することができよう。「暗号」と「交わり」に関しては、後述の4で検討するように『哲学』では十分明確に論究されてはいないが、交わりの遂行が暗号解読でもあると考えられる。実存の決定は他ではありえない（即ち可能性なき）絶対的現実という意味があるのである。そして内在的な成果である「物質的成果」は無常であり、互いに矛盾する。物質的成果はそれだけで自己存在にとって意味があるわけではなく、実存の肉体つまり実存の決定の質料として自己存在にとって意味がある。実存の決定は客観的な基準があるものではなく、実存の良心が基準とされている。この良心は、「［他の］自己と共にある自己として自らを実現する」という基準であり、これまで見たことを踏まえれば、自他の交わりの追求という基準と言ってよいと思われる。交わり自体が交わりの目的と言えるのである。

(5) 実存的交わりの狭さ

ヤスパースは「[実存的]交わりはそのつど二人の者の間に成り立つ。この二人は結びついているが、二人であり続けねばならない」(Jaspers 1932 II:61)という。ヤスパースの考えでは、実存的交わりは一対一の自己存在同士の間に成立し、客観的な現象としては狭い交わりである。例えば意識一般の交わりは、悟性を有する人間全体の交わりと言え、また精神の交わりは同じ理念に導かれる者全体の交わりと言え、実存的交わりに比して範囲が広い。だが、実存的交わりの狭さが真の広さにつながるとヤスパースは言う。「交わり的な存在意識の根源には、その現象の客観的狭さが、避けられない負い目として、結びついている。だがその狭さにおいて初めて真の広さが生ずる」(Jaspers 1932 II:60)。意識一般の交わりは広いが、普遍妥当的なものしか問題とならず、そこでは無時間的な妥当性に関して物事が判断され、また判断の正否が論じられる。このような交わりは無際限であり、量的に限りがないが、質的な深さを欠く。妥当性は種々のものがあり、互いに矛盾し、無常である。精神の交わりは人間の内面を含めた全体性を踏まえたものであり、意識一般の交わりに比べ「深い」と言えようが、自己存在の代替不能性、歴史性という深みには達しない。狭さへの限定ということは、これまで検討したことを踏まえれば、現在への集中とも言えよう。「今―ここ」にある実存においてのみ、絶対的現実が開示されるのであるから、狭さへの限定は超越者へと開かれる条件と言える。その超越者への開放が「真の広さ」と言われていると思われる。

これに対して、多数の実存の共同体のようなものがありうるのではないかとの疑問が生ずる。このような疑問に関してヤスパースは、実存は数えることができない(Jaspers 1932 II:419)、と奇妙なことを言う。「私がその成員であるような一つの〈全体〉としての実存の国という思想は、明確に規定された思想としては無根拠である」(Jaspers 1932 II:420)。ヤスパースの考えでは、実存には「自由」以外の徴表はないのであるが、その自由とは無内容なものではなく、そのつどの交わりで明らかとなりそのつどの交わりで充実されるものである。実存とはそのつどの交わりにおいて生成するのであり、交わりの場を離れて、数えることのできないものである。敢えて言えば、そのつど「二」としか、しかもそのそれぞれが独特な「二」としか言えないものである。

(6) 実存的交わりと超越者

これまでも触れたように、ヤスパースにおいて超越者は実存の根拠とされ、自由の贈与者であり、目標とされる。しかし、交わりと超越者の関連については、『哲学』において直接的に叙述されているとは言えない。交わりと超越者の関連を推し量るのに手掛かりになる叙述を見てみよう。

「私と汝(Du)は、現存在において分離しているが、超越者においては一つである。現存在においては、私と汝は出会うこともなく会い損なうということもないが、超越者においては、敢行において開顕され確認される、闘争的な交わりの生成の内にある。この統一の存するところ、既に概念的に不可解であるものから絶対的に思惟不可能なもの(absolut Undenkbares)への、飛躍がある」(Jaspers 1932 II:71-72)。自他は内在者においては分離しているが、超越者においては一つであるとされている。他者との内在的目標をめぐる対立、遭遇の機会のないこと、死による別離は、交わりを途絶させる。そのような絶対的な断絶にあって、全ての統一である超越者だけが自他を包含しうる。内在者においては分離した中で統一へ向うという、愛ある闘争が超越者の統一の現象であると言えよう。愛ある闘争は自他の相違が明らかになる場でもあるのだが、相互否定しつつ相互承認するという形で自他は一致しているとも言える。この点は第三章第二節で見た、『真理について』における真理の完成は時間内には存在せず、真理に向う道のみが可能であるという主張と軌を一にする。「概念的に不可解であるものから絶対的に思惟不能なものへの飛躍」とは分りづらい表現だが、超越者はただ単に概念的に把握できないということのみならず、悟性的には端的に矛盾であり絶対的に思惟不可能であることを言っていると思われる。

ヤスパースにおいては、超越者が具体的に直接顕現するのではないことが繰り返し主張されている。自他の統一である超越者へと交わりは向うのであるが、超越者へと直接到達するわけではない。「真理と神性が開顕されている所では、交わりは根源とならない。そこでは歴史性は一般者の単に一つの特殊な場合または一つの具体化に過ぎない。しかし実存的には交わりは、ただそれら自体であって何らかの全体者（ein Ganzes）において思惟されると我々にとっては失われるところの、諸々の真理の呼び覚まし、接触、結合と成る。神性が隠れたままであるので、確固たる支えは互いに手を差し出す諸実存の間にのみ存する」（Jaspers 1932 III:217-218）。

この引用にある「真理と神性が明らか」である場合とは、実証主義や観念論のように全体者を明確な形で主張する場合であると思われる。実証主義や観念論は客観的な規準をもってあらゆるものを秩序づけ、神性も客観的に明確なものに変える。例えば、実証主義では内在的な経験の全体、観念論では精神の全体性といった、普遍的なものとして神性は内在化する。その場合、歴史性は全体における部分として捉えられ、同じ全体に属する他のものと相対的関係にある。したがって、実存の唯一性という絶対的な歴史性は看過される。そのような場合、交わりは、同じ内在的全体に属するものの相互関係であり、その内在的な全体から規定され、自己存在の根源という意味は持たない。これに対して、実存的交わりにおいては交わりとは別に超越者が明確な基準として与えられておらず、交わりそのものが基準である。諸々の真理を結びつけるということそのものが、自他の統一である超越者の探求であり、それ自身で一つの全体という意味を持つことができる。実存にとって超越者そのものは把握されない故に、交わりが実存成立の根拠となる。

交わりにおいては直接超越者が探求されるわけではなく、自他の唯一性の自覚化や、自他の協働が実存的交わりの具体的な目的である。超越者は交わりの根拠であり、交わりの究極の目標および導きとして、交わりの中で間接的に開顕されると言える。第二章でも我々は、超越者の統一は内在的な閉じた統一ではなく、言わば開かれた統一であり、交わりの無限の目標であると考えた。

4 『哲学』における「暗号」と「交わり」

人間存在にとっての交わりの重要性を強調し、自己存在の成立の場である「実存的交わり」を様々な面から開明したヤスパースの「交わり」思想の意義は大きい。概括的に言うなら、自他の相互批判と相互承認の相即により、自他が同時に成立するという主張、また交わりにおける間接的な超越者の顕現という主張が、対他関係に関するヤスパースの思想の特徴と言えよう。

ヤスパース思想における交わりの位置については、次のようなことが検討すべき事柄と思われる。『哲学』においては、超越者の現れとしての暗号は主として第三巻『形而上学』において語られ、実存の規定としての交わりは主として第二巻『実存開明』において語られ、暗号と交わりが十分関連付けられているとは言えない。実存にとっては全ての物事は暗号となり、実存は交わりにおいてのみある故に、実存的交わりにおいては、実存に対するすべての対象は暗号と化すと考えられる。それ故、実存的交わりは暗号解読でもあると推測できる。しかし暗号解読の観想的な対象の把握と、「愛ある闘争」とされる自他の吟味は、直ちにはつながらない印象がある。部分的に暗号と交わりの関係について言及されることはある。暗号としての自然は単に対象的に把握される以上の意義を語り、広がりと深さを感じさせる。しかし、専ら自然へと没入することは、自己自身からの疎外であり、無思想状態に陥る。実存にとって交わりが決定的な意味を持つようになると、自然は交わりの場所となるという。「自然は、自己存在と他の自己存在の交わりがそこで遂行される空間となり、私の活動の領域、私の運命の場所となる」(Jaspers 1932 III:181)。交わりを度外視し自然へと没入することは美的実存の態度であり、その場合、現実における社会的存在としてのあり方が忘却されていると言えよう。実存にとって自然が真に重要となるのは、自然が交わりの場所という意義を持つことによってであると思われる。とはいえ、暗号と交わりの関係についての叙述は多くはなく、明確に論究されているとは言えない。

また、『哲学』における「交わり」思想の問題点として、実存的交わりが真の広さにつながるという主張が、十分説得的かどうかという問題がある。実存的交わりが間接的に超越者に関わるという主張を是認するとしても、実存的交わりは狭い対他関係であり、非合理主義的、相対主義的という誤解を与える可能性がある。この誤解を回避するには、実存的交わりへが全ての物事の統一という広さへとつながることが明示される必要がある。

このような点が、『理性と実存』、『真理について』において、交わりの手段としての「理性」が導入されることにより、解決が図られていると思われる。第三章第二節で言及したように『真理について』では、交わりの目標としての統一を示すのが「暗号」であり、超越者が明確に全てのものの統一と規定され、交わりの手段である理性は、同時に統一を探求する手段でもある。実存的交わりもまた理性によって遂行され、自己にとってそのつど究極的なものに開かれることのみならず、全ての統一である超越者へと開かれることでもあるのである。第三章第二節では、理性の働きについては暫定的にしか言及しなかったので、次に本章第二節で『真理について』で叙述される、理性の統一作用を考察したい。

第二節　『真理について』における「理性」と「交わり」——交わりの非完結性と超越者——

何度か触れたように、「包越者論」が提出された『理性と実存』（一九三五）以降のヤスパース哲学では、「理性」が大きな役割を与えられている。大部の『真理について』（一九四七）は、「全体的な交わりの意志」（der totale Kommunikationswille）、「統一への意志」（der Wille zur Einheit）としての理性の働きが最も重要な主題の一つと言える。我々に対する存在の現象は種々の様態があり、四分五裂しており、それに応じて何が真であるか、つまり真理の意味も多様である。ヤスパースは、真正な真理、真理そのものは多様な真理の統一でなければならないと考える。その統一という形で、超越者は実存に対して現象するとされる。理性は様々な真理の分裂を越え、統一としての真理そのものを探求する働きであり、実存が対象的存在を超越し、超越者を探求する手段という意義を与えられている。『真理について』において「交わり」は、交わりの手段としての「理性」が論じられている部分全体で問題となっていると考えることができるものの、主題として論じられているのは、第二部「認識の包越者」（das Umgreifende des Erkennens）という部分である。『真理について』全体の構成は、三部構成であり、第一部「包越者の存在」で「包越者論」が叙述された後、第二部「認識の包越者」で認識の構造や意義が論じられ、第三部「真理」で真理の様々な様相が詳論される。第二部は認識に焦点があり、認識は活動性であり、交わりの性格をもつと論じられる。その中で交わりの諸様態についても語られているが、後で述べるように用語の若干の変更があるものの、本質的には『哲学』における区分と同じである。前にも述べたように、『哲学』の緒言では「私の哲学することは、それが交わりを促進すればするほど、自らを真と見なす」（Jaspers 1932 I:VIII）と述べられ、ヤスパースの根本的な姿勢としての交わりの重視が語られているものの、交わりは実存の規定の一つという位置づけであった。しかし、『真理について』では、認識の働きや真理の成立に関し大きな意味を持つようになったと見ることができる。概念的に言えば交わりは、実存の特徴付けの一要素から、認識論や存在論の基本的契機へと意義が拡大したと言えよう。この節では、まず『真理について』の主として第一部におけるヤスパースの独特な理性概念について検討し〔ただし「開放性」(Offenheit) としての理性の性格は第三部においてより明確なので、それに関しては第三部も参照したい〕、次に主として第二部における認識が交わりの性格を持つという主張を参照する。最後に主として結論部分である第三部における理性的な交わりの意義について考察する。理性の目標を示すもの、理性の統一作用を充実するものが暗号である点は第三章第二節で見たが、この節では開放という点に焦点を当てることになる。

1　『真理について』における「理性」

(1)「理性」の意義の歴史的な概観

ヤスパースによれば、悟性 (Verstand) と精神 (Geist) と理性 (Vernunft) はドイツの哲学的思惟においては区別されてきたが[5]、慣用的には明確には区分されていなかった (Jaspers 1947:120)。それ故、理性とは何であるかについては決定的な定義がないという。ヤスパースが提示する区分は、悟性は区別し対象的に把握することであり、精神は全体性への結合であり、理性は「聴き取ること」(Vernehmen) である、というものである。この聴き取ることは、より詳しくは、あらゆるものに関わりその言葉を聞く「交わりの意志」であり、あらゆるものを統一へともたらす「統一への意志」とされる。

日常的には悟性と理性は同じ知的な働きとして、物事を明確に認識したり論理的に思考したりする働きと理解されている。また理性は、哲学者によって異なる意義が与えられている。ヤスパースから離れ、哲学史における代表的な理性に対する概念規定を概観しておくと、プラトンにおいては、悟性に該当するのはディアノイア（διάνοια）であり、諸前提を出発点とする概念的思惟である。そして、理性に該当するのは、ヌース（νοῦς）、ノエシス（νόησις）であり、諸理念への洞察と理念の諸関係の洞察、即ち真に存在するものの認識である。トマス・アクィナスにおいては、悟性に該当するのはラチオ（ratio）であり、抽象と概念形成の能力である。そして、理性に該当するのはインテレクトゥス（intellectus）であり、認識作用や行為の諸原理を洞察する能力である。カントにおいては、悟性は論理学と経験的認識に関わり、理性は形而上学の概念である理念、特に無条件的なものの理念に関係する。[6] 概して言えば、理性は、単なる事物の認識の能力に止まらず、最高の存在や存在そのものに関わる働きと言えよう。

理性は実際には非理性的なものとの相関にあるのだが、近代に至るまで非理性的なものは結局のところ理性へと変化するか、限界のあるものとして低位に置かれるか、何れにせよ十分に意義が認められていたとは言えない。しかし現代では、キェルケゴールとニーチェが非合理的なものを重視したように、非理性的なものを軽視しない思惟が求められている。この意味で、合理性を越えた実存との関係において理性の働きを論究するヤスパースの理性概念は大きな意義を持っていると思われる。

（2）全てのものの統一を目指す交わりの意志

「統一への意志」、「交わりの意志」という理性の特徴をより詳しく見てみよう。「全ての状況の中で、理性は、いかなるものであろうと存在するものを、相互に無関心なものの拡散状態から相互依属の運動へと取り返すことを欲する。理性は、全てのものを、関係のない状態から、また相互に無縁なものの偶然から、相互に再び関わらせることを欲する。何ものも喪失されてはならないのである」(Jaspers 1947:114)。既に確定的な事物の間の関連を明確化するのは、悟性の働きである。悟性は事物同士の共通な要素を基点に、事物を静的に位置づける。これに対して理性は悟性の働きを包含しつつ、さらに全てのものの統一を志向する。悟性はある観点から事物を固定的に捉え、閉鎖的な知をもたらすが、そのような固定化を理性は突破する。ある固定的な観点からは、一定の秩序が形成されるが、その秩序に入らないものは無関係となってしまう。そこで理性は秩序の突破という意味も持つ。理性は、無関係に見えるものの間にも関連性と相互依属性を見出し、それらを結びつける働きと言える。悟性的には関係がないもの同士を、理性は互いに関わり合わせ、関係を創出する。したがって理性は、静的に物事を保全するのではなく、物事を運動させる働きを有している。

理性の「聴き取る」ことは、静的な状態において共通なものを取り出す働きに止まらず、直接表面に表れていないものをも視野に収める。そのことをヤスパースは無制限に聴き取ることと言い表す。「他者へと絶えず押し進む働きとしての理性は、普遍的な共同の生(Mitleben)の可能性、関与すること(Dabeisein)の可能性であり、また、語るものと理性自身が初めて語らしめるものに常に耳を傾ける可能性である。理性は聴き取ることであるが、しかし、存在する一切と存在しうる一切についての制限のない聴き取ることである。理性は、自ずから既にそのつど特殊な聴き取ることがある場合全て聴き取るし、それはまた交わりを拒むが故に聴き取りえないように見え、理性によって初めて聴き取りの可能性を獲得するものをも、まさに聴き取る」(Jaspers 1947:115)。

理性は、他者を無関係なものとして等閑視するのではなく、他者へと関わる可能性であり、共同性において生きる可能性である。そのために理性は、制限なく聴き取ることであり、他者や物事が発する語りかけの全てを看過しない。一定のパースペクティブに拘束されている場合、その見方に合致しないものは看過されるが、理性は一定のパースペクティブに囚われない。そのため理性はあらゆる可能性を見て取ることができる。理性は、そのつどの独特な語りかけを聴き取るし、交わりを拒否し孤立化してゆくものに対しても関わり語らせることで聴き取るのである。

このような無制限な聴き取ることは夢想的とも思えよう。しかし、そもそも何らかの他者や物事が自らの対象となっているからには、自他は共通の場に出ており、何らかの関係があるはずである。さらに現に関係がないもの同士も、新たに関わり合うことによって関係が生ずる。そのような関係の発見や関係の創造の働きであるが故に、理性は「全体的な交わりの意志」とされていると思われる。静的な把握に止まらず運動にもたらす点が、「意志」とされている理由と思われる〈ヤスパースが意志と認識を根源においては同一と考えていることについては、後ほど本節の2の（2）で触れる〉。

（3） 諸根源の開示

あらゆるものの統一を追求する理性は、局所的な統一を克服し、交わりを求め続け、最終的には一者を求める。全てのものは理性によって一者へと関係付けられることになる。理性は既に確定・安定しており、それ以上他のものと関わりをもたないようなものを、揺り動かし一者へと関係に置く。それは確定・安定の影に隠れている根源の開示という意味を持つ。「理性は、一者へと迫り行くその衝動の中で、存在するものを聴き取りうるのみでなく、また自らを関与せしめうるのみでなく、何であろうと自らが向うものを〈運動へと〉もたらす。理性は問い、そして言葉を貸し与えるから、理性は一つの知、一つの事実、一つの本質〈Sosein〉、一切の存在ではない一つの存在に甘んずることを許さないような、不安定を引き起こす。したがって理性は〈全ての根源の可能化〉であり、それら諸根源が展開され、開示され、語るようになり自らを関係させ、純粋になるようにすることである。理性は、包越者の諸様態の中で、またその間で生じる〈闘い〉、そして理性の方から言えば一者の新たな経験の源泉となる〈闘い〉、このような〈闘いの真正さ〉を可能にする」(Jaspers 1947:115-116)。

この引用には様々なことが語られているが、運動、根源の可能化、闘いといったことが「一者」との関係で述べられている。まず先程もあった「運動」についてだが、理性は聴き取り関与し、物事を運動させるのだが、一者へと関係付けるという形の運動だと言えよう。理性は存立し安定している事物の根拠を問うことで、固定化した状態を揺り動かす。理性の「問い」とは一つの観点から安定しているものに対して、別の観点から疑問を示し、その安定を打ち破ることと言えよう。その問いかけという安定の打破は、新たな秩序を求めさせ、安定したものは交わりに出て他へと関わらざるをえなくなる。理性は安定の打破により新たな見方を可能にし、それが理性により与えられる「言葉」と考えられる。理性は、安定・固定の中で隠されていたり抑圧されていたりする「根源」を解放し、物事を純粋にならしめる。そして「闘い」についてだが、理性の一者を目指す働きにより、存在に対する個々の様々な捉え方は、疑問に付され、互いに衝突する。このことが、包越者のそれぞれの様態の中で、さらに包越者の様態同士の闘いと呼ばれている。例えば、生命的現存在の包越者においては、それぞれの生命的存在が自己の維持拡張という観点から対立しているし、意識一般の包越者においても、対象的認識を遂行するに当たって何を基本的な前提とするかで対立がある。また、包越者間では、生命的存続を優先するか、論理的妥当性を優先するか、精神の共同体を優先するかで対立がある。理性は、これらの対立を単に調停し宥和させるのではなく、また単に対立するもののどちらかを否定し滅することで対立を終結させるのではなく、むしろ一者を目指すという「闘いの真正さ」を可能にする。隠蔽や歪曲や局所化によって闘いを有利にしようとすることは、闘いを現存在的闘争に化する。そのような態度は、対立が我々にとって存在が四分五裂しているという根本状況から由来することを看過している。存在の四分五裂を通してはじめて一者は現象する。ここで述べられている「闘い」は、無論「愛ある闘争」であると考えられる。

理性はあらゆるものの根源を開示し、展開させる作用であるが、それ自身は実質あるものではない。「理性は〈自己自身によっては何ものも〉産み出さないが、しかしこの理性が初めて、全ての包越者の最も内奥の核心に臨在しながら、包越者のそれぞれの様態を初めて全的に〈呼び覚ます〉ことができ、またそれらの現実化と真実化をもたらすことができる」(Jaspers 1947:116)。理性の「根源を解放する」作用が、ここでは生命的現存在、意識一般、精神といった人間の異なる様相を、促進し発展させ現実化し本来あるあり方へともたらすこととして語られている。様々な様態を孤立させず、相互に関連させるという理性が、それぞれにおいて働くことで、それぞれが一者とのつながりを持ち続けることができると言えよう。一者という全体から切り離されてしまえば、それぞれは四分五裂に留まり、対立の中で衰微していくと思われる。理性が内で働くことが、あらゆるものが本来のあり方を発揮するために必要である。そして理性自身は実質ある働きではなく、どこまでも媒介であることになる。

(4) 理性の否定性…無限の運動

一者という全てのものの統一のために、理性は局所的な統一を破壊する。理性のこの否定的な作用について見てみよう。理性の媒介性は、実質的な悟性の働きをいわば身体として必要とすることを意味し、否定的な作用についても同様である。「したがって理性は、一切のものを度外視しうるという悟性の否定的な力に、魂を与える。問いを発する悟性にとっては、不足もまた含んでいないようなものは何もなく、その内に誤りをも蔵していない真なるものは何もないし、移ろい易くないような現存在はない。何であれこの世界へと現れ出るものは崩壊する。理性はこの否定的なものを把捉するが、しかしそれは、それの破壊的な力をして暴れてうさばらしさせるためではなく、この否定的なものの内に肯定的なものを見出すためである」(Jaspers 1947:116)[7]。

理性は悟性の対象的な認識を乗り越えるとされていたが、この引用では悟性を単に否定するのではなく、むしろ理性は悟性の働きを十分に発揮させると主張されていると思われる。悟性はそのつどの前提に制限されており、前提に合わないものを度外視する。その限りでは、悟性はあらゆるものへの交わりを阻む。しかし、ある一つの前提から制限されたものを否定することは、実は別の前提から制限されたものによって可能になる。したがって、悟性の制限を実質的に打ち破るのは、やはり悟性とも言えるのである。あるものが別のものと矛盾し対立し合うという、世界内の物事のあり様は悟性によって生じている。その矛盾・対立をも包含する真の統一へと理性は向うが、それは安定を矛盾・対立で打ち破ることにより乗り越え新たな統一を求め続ける、無限の過程である。その過程全体の中では、悟性による矛盾・対立は破壊に止まらず、統一という肯定的なものへと向う契機であることになる。そのように悟性が働くことが、「悟性の否定的な力に、魂を与える」ことであると思われる。

理性の無内容性と悟性との関係については、『真理について』の最後でより明確に語られているので参照したい。理性の無内容性については次のように言われている。「理性は、それ自体では(an sich)存在しない。理性は、内実としてどのような自分の根源も持たない。理性は、理性の源泉、理性を通して作用する一者という到達し難いものを示すか、あるいは理性を通して呼び覚まされ、運動へともたらされる他者を示す」(Jaspers 1947:968)。この引用では明確に、理性はそれ自体では存在しない、とされている。そしてまず理性の源泉としての到達不可能な「一者」を示すとされている。理性が働き続けることによって、そのあらゆるものの統一を追求する働きは、時間内では到達不能な一者に動因を得ており、一者は無限の目標であることが感得される。次に理性は、理性によって覚醒され運動させられる「他者」を示すとされている。この他者とは先に見た他の諸根源のことであると考えられる。理性は、諸根源の開示という作用を持つものであった。

理性と悟性の関係については次のように言われている。「思惟そのものは、意識一般に属しており、理性にではない。理性はただ思惟をその最大限の可能性を展開するように駆り立てるだけである」（Jaspers 1947:969）。理性は「意志」として実質的な思惟ではなく、実質的な思惟としての悟性を最大限に働かせるという形で作用する。二つのものを結びつけ統一へともたらす働きは、二つのものに共通なものを発見したり作り出したりして、そこから両者を一つの秩序へと包含することと言えるだろうが、そのような世界内の具体的な概念や目標を把握するのは悟性の作用である。理性は悟性の局所的な統一作用を無限に進行させるという形で働くと言えよう。つまり、悟性が何らかの統一に安住し、思考停止に陥ることを防止し、さらなる統一を求めさせ、悟性の純粋さを維持し続けるという形で、理性は働くと言えよう。逆に言えば、交わりの内にあり局所的であるという制限が踏まえられている限り、悟性の統一は超越者の統一の現象であることになる。(8) なおこの引用では、悟性が思惟、理性が「駆り立てるもの」とされているが、今行っている論究のように特に区別すべき時以外は、本論考では「思惟」で「理性的思惟」を表す。

この理性の否定性が端的に表れたものが、『啓示に面しての哲学的信仰』における「全ての暗号の彼岸」でも論究される、「何ゆえにそもそも何ものかが存在するのか、何ゆえに無は存在しないのか」という問いだとされる。「理性は、そもそも無が存在する（überhaupt nichts sei）ということが可能であった、という思想を試みることができる。理性は、この思想を空虚な悟性の遊戯として思惟するのではなく、哲学的思想のみが意識させる無地盤性を経験するために、また存在に関する新たな知によって我々をして地盤を再獲得させるために、この思想を思惟するのである。ライプニッツとカント、特にシェリングがそのような意味で次の問いを立てることができ、またその問いから自己を運動させることができた。即ち、何ゆえにそもそも何ものかが存在するのか、何ゆえに無は存在しないのか（warum ist überhaupt etwas, warum ist nicht nichts）との問いである。この問いは、合理的には内容が希薄でありつつ、しかし状況を次のような顕現性にもたらす。即ちその内で我々が初めて本来的に、全ての思惟に先立って既に存在し我々の方へと現れるところの、我々には理解不能なもの、看取不能なものの存在を経験するような、顕現性にもたらすのである」(Jaspers 1947:116-117)。

この問いは、「無地盤さ」を自覚させた上で、新たな地盤を獲得させるという意義があるとされている。この問いは「思惟に先立つもの」、「理解不能なもの」、「看取不能なもの」の存在を現前化させるという。この意味は分かりづらいが、この問いは世界内の全ての存在が無根拠であることを暴き、我々の思惟や理解や能力を限界へともたらす作用があると言えよう。世界の無常性、自己の有限性が覚知されてはじめて、我々は、「今―ここ」への集中こそが、自己存在にとっての無限への通路であることを承認する。その際「今―ここ」の状況、および、そこに自己があることとは、不可思議な可能性なき絶対的現実として受容されざるを得ないと思われる。常に世界の無常性や自己存在の有限性を念頭に置くことが、理性が早まった安定を防止し無限に運動を続けるため必要であると言えよう。

この主張は、『啓示に面しての哲学的信仰』において「全ての暗号の彼岸」、即ち徹底的な世界からの超出として論究される内容とほぼ同じと考えられる。しかし、『啓示に面しての哲学的信仰』では「全ての暗号の彼岸」を思惟した例としては、別の思想も挙げられている。また『真理について』の今見ている理性の性格描写では、この問いは理性の無限の運動の要因という位置づけであり、暗号からの超出という性格は明確とは言えない。概して言えば、「全ての暗号の彼岸」の方が、より広い観点から、実存の哲学的信仰の根幹に関わる重大な問題として、この問いを扱う様になっていると思われる。

（5）全てのものの統一としての一者と理性の非完結性

理性が求めるのは一者としての統一なのであるが、むろん全てのものが静的に要素として位置づけられる客観的な体系ではない。次のように言われている。「理性の根本特徴は統一への意志であると言える。しかし理性の飛翔力は、何らかの悟性の統一や何らかの精神的統一それ自体において既に満足が可能なのではなく、全ての早まった部分的統一を越え出ている、そこでは何ものも喪失されず一切が摂取されているような統一において初めて、満足が可能であるという点にある。全ての把握可能な悟性の統一と完結した精神の統一を越え出て、理性の原動力は、それにとっては一切の悟性の統一と精神の統一が単なる媒介や比喩に過ぎないような、より深い統一へ進む」（Jaspers 1947:118）。理性は、意識一般の概念による統一や、精神の理念による統一を越えて、より広い統一へと向かうとされている。何らかの概念による統一、何らかの理念による統一は、必ず対立するものがあり、真の統一とは言えない。

では一者としての統一とはいかなるものであろうか。「理性は統一を求めるが、その統一は単なる統一のための何らかの統一ではなくて、一切がそこにおいてあるような一者である。この一者は、言わば到達しえない遠方から、理性を通じて、一切の分裂を超克する牽引力として顕現している」（Jaspers 1947:118）。理性の求める「一者」は、無限の目標であって時間内では実際には到達することは不可能であるため、「到達しえない遠方」と言われている。そのような超越的な一者は、客観的・対象的に知られることはなく、一者は理性の無制限に統一を求める働きの目標かつ根拠として、理性を駆り立てている。つまり理性の無限の働きそのものの中に、超越的な一者は現前しているのである。逆に言えば、理性が働き続けることが、一者の確証ということになる。

（6）理性と実存

理性と実存の関係は次のように述べられている。「理性は実存に担われていて実存なしには頽落するであろうが、この実存と結びついた理性は、実存の方から言えば、実存が現実化され自らに開顕されるという、〈実存〉の真理を〈可能にする〉」（Jaspers 1947:116）。存在しうるものが自ら展開するようするのが理性の作用と述べられていた。内在者を突破し概念的規定の外に出ている実存は、最も広い場面に出て、種々の存在に関わることができるのであるから、理性が本来的な働きをするためには、実存に担われる必要がある。逆に実存は理性なしには、全ての統一である超越者への通路が絶たれる。実存が実存たりうるのは、超越者とのつながりにおいて、現実が実存することの場となることが必要である。

この点は『理性と実存』でより簡潔に、「実存は理性によってのみ自らに〈明白〉になり、理性は実存によってのみ〈内容〉を得る」（Jaspers 1935:49）と述べられている。理性がなければ実存は盲目的な恣意に止まり、実存がなければ理性は単なる合理性に止まることになると思われる。(9)

2　交わりとしての認識

『真理について』における「交わり」思想の核心は、1で見た「交わりの意志」としての理性という主張、また3で見る開放性としての理性という主張に現れていると思われる。しかし交わりの諸様態については、主として、第二部「認識の包越者」において叙述されており、それをこの2で検討したい。交わりの諸様態は基本的には『哲学』における区分を継承しているが、若干名称が変更されている。『哲学』においては、原初的共同性、即物的な目的性と合理性、理念によって規定される精神性という三つの内在的交わりと、実存的交わりの計四つが大きな区分として示されていた。これに対して『真理について』では、主体としての「包越者」の様態、即ち現存在、意識一般、精神、実存という四つの区分に応じて、現存在的交わり、意識一般の交わり、精神の交わりという三つの内在的交わりと、実存的交わりの計四つの交わりの様態が論究されている。『哲学』においては「現存在」は広く経験可能なもの、即ち内在を指していたが、『理性と実存』や『真理について』以降は「現存在」は生命的存在に限定され、それに応じて、『真理について』における現存在的交わりは生物学的交わりであり、『哲学』における原初的共同性に該当すると言えよう。名称は変更されているものの、四つの交わりのそれぞれの性格や相互関係は、大きな変更はないと思われる。

『真理について』第二部「認識の包越者」は、対象的認識の意義を論究したものであり、対象的認識では捉えられない実存を問題としたヤスパース思想において、大きな意義はないとも思える。ヤスパースの思惟を非対象的なものを問う「非対象的思惟」ということができるならば、対象的認識を扱うこの部分はヤスパース思想において重要な位置を占めないという考えは当然生じうる。しかし、この部分は対象的認識の根源を問題としているのであり、対象的認識は交わりにおいて成立することを主張し、その検討はヤスパースの主張する「理性」の理解に欠くことができないと思われる。何度か触れたように、対象的認識の超越はあくまでも対象的認識を手段として行われ、理性は悟性を手段とするのであり、その点がこの部分によく叙述されている。また、『啓示に面しての哲学的信仰』における「全ての暗号の彼岸」の論究と内容的に同一のものが語られており、それは後で論ずるように思想における位置付けは同じとは言えないものの、検討しておくべきと思われる。

（1）対象的認識の意味

ヤスパースは我々の認識の対象を「対象存在」（Gegenstandsein）と呼ぶ。対象存在は、主客の分裂の中で限定された存在であり、存在そのものではない。しかしヤスパースは対象存在を単に否定するのではなく、対象存在を認識作用の結果として捉え、対象存在を生む認識作用自体を究明し、そこから対象存在を意義付ける。

ヤスパースは思惟を次のように特徴づける。「思惟は全てに通底する人間の本質である」（Jaspers 1947:225）。「思惟は全ての人間の行為や経験に現在しており、それによって人間が人間であり、それなしには人間は人間でないようなものである」（Jaspers 1947:225）。また「思惟は我々にとって存在するものを意識にもたらす。我々の思惟を通して出会われないようなものは、我々にとっては存在しない。思惟なしに我々に対して存在を有するようなものは、我々にとっては存在しない」（Jaspers 1947:225）と述べられている。我々にとって存在するものは全て思惟によって出会われねばならないことは、思惟の「普遍性」（Universalität）と呼ばれている。確かに、たとえ精密に実証的・科学的にではなく不明確で曖昧な形でも、我々が全く意識化できないものは、我々にとって存在しているとは言えない。そして意識化の働きは対象化の働きと言える。我々は物事を我々の意識に対向するものとして措定し、対象的に認識することによって把握している。したがって、対象存在は人間の認識にとって必然的な契機である。

だが対象存在はそれだけで独立して存在するものではない。対象存在は存在と出会った思惟の働きによって生ずる。思惟は存在に対して距離を取り、それを限界付け、細分化し、再び関係させる。その働きは具体的には、存在の中に概念を見出したり、存在から概念を創り出したりする判断である。我々にとっての対象はどのような場合でも、この判断作用を受けているはずである。我々は普段特にこの判断を意図的に行っているわけではないが、「我々の対象意識はどの場合も我々の判断の結果であり、凝縮された判断であり、そこから必要に応じ判断が再び明確に取り出され得るのである」(Jaspers 1947:275)。したがって対象存在は、思惟の働きによって概念化された存在と言うことができる。

概念は固定された意味であり、この概念は素材と形式という二つのものから成る。概念は、判断によって作られる過程においては、具体的・個別的な直観が必要である。直観が形式という普遍によって、包摂されることにより、素材と形式という二つのものから成る概念が生ずる。「形式による限界付けをもって、我々にとって規定された存在は初めて生じる。何故なら限界付けられないものは無の如くであり、全ての可能なもの、端的に無規定なもの、という把握しえない材料に過ぎないからである」(Jaspers 1947:241)。この「限定」という思惟の働きによって、他の意味を排除した一義的な自己同一的な意味として概念は作り出される。

概念自身は無時間的に存立し続ける意味であり、具体的な変化や運動も、それ自身は変化したり動いたりしない「変化」、「運動」という概念によって思惟される。しかしこの同一な意味を、現前するものがそこに入る容器、または現前するものに含まれている同一の構成要素と見なすことは不十分である。むしろ我々の判断が現前しているものを元に概念を生産するのである。ヤスパースはこの点について、無限に多様に直観される三角形全てに適用される三角形の概念、というカントの考えを引き合いに出している。概念は主観から独立して存するのではなく、我々の判断において生産される。

そして思惟におけるこの生産は、個々の判断において独立して起こるのではない。むしろ「思惟活動から思惟活動への運動において起こる」(Jaspers 1947:278)。また、「私がある概念を把握しようとするなら、私はその際その概念を直ちに他の諸概念と関係させる。つまり、その概念がそれらに依存しており、それらから区別され、その概念自身を理解させる一つの秩序にそれらと共に属しているところの、他の諸概念と関係させるのである」(Jaspers 1947: 280)とも言われている。例えばある推論においては、前提から結論が導き出され、一つの結果としての概念が得られるのであるが、その結果は前提に依存している。ところが前提もまた別の推論によって得られた概念である。そのつどの思惟による概念の生産は独立したものではなく、多くの判断の積み重ねの結果である。したがって、結果としての概念が同じでも、それを得た思惟は異なるものであり得るし、また前提としての概念が同じでもそれを前提とする思惟は異なる思惟であり得る。それ故、ある概念の我々にとっての意義は、それを結果した、あるいは前提とする思惟のあり様に応じて異なってくる。それら思惟から概念のみを切り離して扱うことは、現実の認識の場から遊離した抽象的な操作である。認識そのものは認識されたものではない。したがって我々は一回の認識のみならず、継続する認識の運動を顧慮すべきである。

(2) 運動、交わりとしての認識

ヤスパースは認識そのものが運動であることを強調し、認識は「時間性」(Zeitlichkeit) を持つと言う。そのつどの認識は、対象の意味をそれ自身は固定的で一義的な概念という形で把握する。そのつどの結果のみに注目するならば、認識は静的で無時間的なものである。しかし、先に述べたように認識は概念を生産する動的な働きであるし、また意味は一つの運動において生ずるのではなく、先行する運動および後続する運動と関係を持ちつつ得られる。一つの意味は孤立したものではなく、他の意味との関係において存する。その運動の継続性を考えるなら、無時間的な意味はあくまで暫定的な結果に過ぎない。認識の目標を無時間的な意味と考えることは「認識の転倒」である。ヤスパースは科学について次のように述べる。「科学は、結果において硬直化するなら、認識としては消滅している」(Jaspers 1947:303)。無時間的な意味は実際に産出される場合にのみ根源的であり、それが成立する背景を踏まえて、初めて意味あるものとなる。

相互に関係する諸認識の全体、一連の認識の連関を考慮に入れた場合、ヤスパースは「認識には根源や目標か

らの導きがある」（Jaspers 1947:278）と述べ、認識の原動力となり認識の運動を導くものに着目する。その導きは主観の意志であるとヤスパースは言う。意志に導かれることにより、幾つかの認識が相互に関係し、一連の意味を持った過程が成立する。認識は時間の契機を持つが、ここにさらに意志の契機が加味され、認識は意志によって導かれる主体性を伴う活動性、即ち主体の行為であるとされる。

この意志の契機についてより詳しく見てみよう。一般に、真偽がある命題、つまりある事態を表すことを目論み、その事態への適合不適合がある命題、が判断である。それ故、判断作用には妥当性の意識が伴う。全くの願望は判断ではない。「判断とは、［対象の］分離と結合によって、妥当性の意識を伴い、あることを示す言表である」（Jaspers 1947:283）。妥当性とは単純化すれば肯定または否定であり、その基準となるのが意志に他ならない。それ故、「判断活動には――提示される可能的な結合に面しての同意あるいは拒否を通じて――活動性ないし『意志』の契機がある」（Jaspers 1947:284）と言われる。

判断における意志の契機は我々が抽象的な思惟の遊戯をしているのではなく、現実の存在にかかわる認識を為していることの証しである。「思惟の現実性は思惟における意志である」（Jaspers 1947: 308）と言われている。認識の活動は単なる考察なのではなく、認識によって私自身も世界も変化する。これをヤスパースは認識の実践性と呼ぶ。この認識の実践性は、実践が認識より重要であるということを意味するのではなく、認識そのものが実践の性格を帯びることを言う。「根源においては認識と実践、洞察(Einsicht)と意志の間に区別は全くない」(Jaspers 1947:313)。

意志に基づく妥当性の判定は、主観の事態に対する態度の表明である。それ故、認識はそれ自身既に何らかの真理の主張と言うことができる。「妥当性の特性は、真理として承認される要求である」（Jaspers 1947:315）と言われている。認識が主張であるということは、何らかの事柄を単に生産したり再生したりするだけでなく、自己ならざるものへの訴えかけという性格を持っていることを表す。「意志」と言われた場合に既に、その意志に対する抵抗の存在が含意されている。そしてその抵抗は自己ならざる他者であるから、認識は意志が他者に衝突することによって起こると言える。「認識においては意志が前進の制約であり続けるため、闘争は不可避である」(Jaspers 1947:321)。したがって、認識は他者との相互交渉、即ち「交わり」において生ずると言える。そのつどの結果としての対象存在が同じでも、それが持つ意義は、それがその内で成立する場である交わりのあり様が異なるのに応じて異なったものになる。対象存在の意義は、それが生ずる場としての交わりを視野に収めて理解されるべきである。

逆に言えば、交わりそのものが実存にとっての現実であり、対象存在はその媒介に過ぎないと言える。対象存在は交わりの過程においてそのつど生ずる暫定的な結果であり、その意味は交わりの運動の中で把握されねばならない。交わりは、他者を対象存在として捉えることを目的に行われるわけではない。また、我々が内実のある交わりにおいて、現実に意義ある認識活動をしていたとしても、結果としての対象存在はその認識活動自体を表すものではない。

それ故、交わりという現実とそれから切り離された対象存在には不調和が存する。その不調和のため、ヤスパースによれば、対象的認識を行う際にも、それを越えることを要求する現象が生ずるという。「この［主―客および個別―普遍の］分裂の内部において我々にこの分裂を越え出ることを指示する諸現象が現れることは可能であろう」(Jaspers 1947:248)。個々の対象は孤立して存在しているわけではなく、他の対象との連関の内にあり、その意味は他の対象によって説明される。この説明を推し進めると、ある対象の意味は無際限に他の対象によって説明されることができ、次第に明晰になっていく。ところがこれが完全に遂行されると、最初の対象は他の対象によって語られるようになり、消滅してしまう。「何らかの対象が矛盾性によってそれ自身において解消するということ、何らかの対象が完全な明晰性に到達することで消滅するということは、事実として顕現している存在の非実体性の標識になる。その場合諸対象は諸対象そのものではなく、代理しているのであり、単なる諸対象としては無効であるところの諸々の象徴である」(Jaspers 1947:248)。一つの対象はそれ自身で独立したものではなく、認識の運動全体の一契機に過ぎないことが、対象的認識自身を推し進めることによって明らかになる。このような認識のあり様を反省するとき、第二章で見た「包越者論」という、対象的認識がその内で成立する空間への洞察が生ずると言える。

（3）それ自身矛盾している思惟

・悟性的思惟にとっての矛盾

このようにヤスパースは対象存在や意識一般が孤立化されることを批判している。しかし逆に限定されたそのつどの前提の下にある意識一般の思惟にとっては、理性的思惟は、意識一般の対象的思惟を乗り越える超越する思惟であり、非対象的なものに関わる非対象的思惟という性格を持つため、理に合わない側面がある。つまり理性的思惟は意識一般から見れば不合理で矛盾している。ヤスパースは、意識一般の思惟の法則である、同一律（AはAである）、矛盾律（Aは非Aではない）に検討を加え、それらが実質ある理性的思惟にとっては踏み越えられるものであることを示す。

まず同一律「AはAである」については、自己同一の状態にあるものが思惟の対象であり、非同一的なものは思惟されないことを意味していると考えられる。ヤスパースは、繋辞「である」（Copula, ist）の悟性的な意味は、同語反覆判断、同等性判断（Gleichheitsurteil）（例えば2×3＝6）、現存的判断（Existentialurteil）（例えばAは存在する）、の三つであるとする（「現存的判断」は「事物の本質から出た現実の存在」についての判断という意味で「実存的判断」と訳すことも考えられるが、本論考では「実存」を自己存在としてきたので、ここでは「現存的判断」とする)。同語反覆のみならず後の二つも、繋辞「である」は意味あるものではないとされる。同語反覆は同じことの繰り返しである。同等性の判断は、「イデア的諸対象、諸々の本質的なもの、諸々の数学的に構成可能なものに制限されている」(Jaspers 1947:288)。また、現存的判断については次のように言われている。「現存的判断は何らかの規定された認識を、即ち現存在(Dasein)あるいはある事柄のイデア的現存(Existenz)を言い表す。この現存在〔あるものが有ること(dass es etwas gibt)、あるものが現実的であること(dass etwas wirklich ist)〕はもはや決して本来的に繋辞ではなく、何らかの述語と類似しているのである〔たとえ全ての述語が現存在から本質的に区別され、カントに従って現存が決して本来的に述語ではありえないとしても〕」(Jaspers 1947:288)。現実に「ある」ということ、即ち実存すること、は言表できない。フィクションでは実際にはないものを存在すると言える。「Aが存在する」という判断が夢や妄想ではなく、実際にAが存在するためには、言表以外の契機が必要、ということだと思われる。判断が悟性を越え意味あるものであるなら、同等性ではない同一性を表すものでなければならず、「である」という繋辞は、非同一なもの同士を同一として思惟すること、相違する者の統一を意味せねばならない。

次に矛盾律「Aは非Aではない」に関しては、「意識遂行の不可能性」、「判断意味の不可能性」、「存在の不可能性」という三種類の意味があるという。

まず、「意識遂行の不可能性」とは、一つの意識において、同じことを肯定すると同時に否定することは不可能である、ということである。しかし時間において永遠に関わる実存的決意においては、実存は時間的であると同時に永遠的である。次に、「判断意味の不可能性」とは、同じ内容は真であると同時に偽であることはできない、ということである。あるものがAであれば、それが非Aであるという判断は誤りである。しかしそれは、無時間的なもの、静的に思惟されたものにとっての規範に過ぎない。実際には、認識作用は時間的であり、我々の意志に導かれ、意志はAを非Aに変えようと（Aを非Aとして見ようと）するのである。全てを一挙に把握する神的意志にとっては、矛盾律は適用されようが、有限な認識にとってはそうではない。最後に、「存在の不可能性」とは、存在は非存在ではない、ことであり、同一のものが存在すると同時に存在しないということは不可能である、ということである。しかし我々は、存在全体に関わる判断が陥る二律背反を、カントによって示されている。例えば、世界の限界はあるともないとも言える。「存在とその認識可能性とが（中略）無矛盾的に完結されうる、という信頼」（Jaspers 1947:297）は、我々の思惟にとって矛盾を放置せず真理へと至ることを促す重要なものである。しかし、存在そのものの無矛盾性は、決して証明することはできない。

・矛盾した思惟の意義

無矛盾性への意志は尊重されるべきだが、「しかしこの意志によってもやはり、いかなる安らぎも獲得されない。何故なら世界には諸々の、この思惟との根本的不一致が、存立しているからである」（Jaspers 1947: 299）。さらに「おそらく全ての人間的事物は、矛盾に満ちた振る舞いによって生じる」（Jaspers 1947:299）とも言える。本質から外れた実存や存在そのものとしての超越者に関わる理性は、悟性的には矛盾した思惟を遂行することになる。

矛盾が不可避であるなら、矛盾に安住し、無矛盾性をあえて追求する必要はない、という意見がありえよう。しかしヤスパースは、無矛盾性の追求は人間にとって知の根本的な前提であると考える。そして無矛盾性の徹底的な追求によって真に矛盾に逢着すること、即ち挫折することが、我々の認識の根本現象であるとされる。「矛盾を承認すること、言わば知によって知の条件を否定することは、不可能である。最終的に甘受された事態としての矛盾の内で、なお交わりと自己存在を保持することは、不可能である。我々が耐えられないもの、我々が見渡しえない運動において常に新たな実現によって克服したいと願うものを——無矛盾性に至るまで——そして純正の、真実の、欺くことのない、時間における挫折（Scheitern）に至るまで、捜し出し、公明化しなければならないということは、我々の認識と認識における我々の存在の根本現象である」（Jaspers 1947:300-301）。

矛盾性を安易に認めた状態では、正と偽が基準なく入れ替わり、一貫した情報交換が不可能になり、交わりは不可能である。また自己に関する一貫した見方を取ることが不可能になるため、自己存在も不統一となり、多種多様な「私」が分散することになる。最終的に挫折が生じるとしても、無矛盾性を徹底的に追求する中ではじめて、真の挫折は経験される。矛盾をただ受け入れることは、挫折というより、放棄や散逸にあたると思われる。挫折を直接意志することはできないことは、『哲学』でも述べられていた。

そこで、あくまでも無矛盾を追求し、にも関わらず不可避の矛盾に撞着し挫折することが、理性的思惟の真の意義であることになる。ヤスパースは思惟の挫折において存在が間接的に示されると言う。「最後に次のことが問題である。即ち、私が矛盾を根本的に遂行することによって、つまり思惟されることの中で何が無に解消されるかを、ただしこの解消の遂行によって間接的に存在が示されるような仕方で、思惟することによって、矛盾が克服されうるかどうかという問題である。これは、超越者を矛盾するものにおいて把捉する、極めて古い思弁的思惟の道である」（Jaspers 1947:301）。

矛盾を明確化し、矛盾によって何が不成立へと至らしめられるかを確認することで、それを越えたものが指示されることはありうる。矛盾的な言表で、対象存在を乗り越えることは、古来哲学が為してきたことであった。例えば、「無知の知」、「反対の一致」、「弁証法」などと言われる思惟がそれである。そもそも、超越者を思惟する「超越する思惟」、「非対象的思惟」は哲学一般の為してきたことだとヤスパースは考えている。対象存在からの超越を自覚的に行うのが、「哲学的論理学」であった。それ故、「極めて古い」と言われていると思われる。

「対立の一致（coincidentia oppositorum）を言い表す全ての命題は、矛盾している。しかし有限な存在者でもないし、他の被規定者に対する何らかの被規定者でもない存在は、我々の認識にとって到達可能な有限な存在と混同されないように思惟されることを、要求する。思惟しうるものの解消は、有限性の克服によって無限なものが触れられる形態である。矛盾は、意識一般としての我々の思惟の包越者を矛盾そのものによって突破するために、利用される。人は思惟や思惟可能性の束縛から存在そのものへと歩み出たいと思う。挫折する思想によって超越することは、思惟における神秘主義の道（der Weg der Mystik im Denken）である」（Jaspers 1947:301）。この引用に従えば、有限な存在ではなく、限定を受けない存在の標識が、矛盾性だということになる。有限な思惟によって捉えられるのは有限なものだけであるから、有限な思惟に対しては、無限なものは思惟不能なものとして現れる。その際、思惟可能な有限なものは存在そのものではないものとして無意味化される。矛盾は、思惟可能なものを突破し、思惟不可能なものへと至る、一つの手段である。矛盾により思惟可能なものが無化されるということは、思惟自身も無意味化されることでもある。

しかし次のように言われている。「思想の挫折において、無は必ずしも終末である必要はない。むしろ矛盾の排除に結び付いている悟性の前にのみ無として現れるところの、ある充実が現れ出る」（Jaspers 1947:301）。思惟が挫折して、対象と思惟自身の無意味性が明らかになる。しかし無が現れても、世界と実存が終わるわけではない。その無は、無矛盾性に拘泥する悟性に対してのものであり、実存にとっては存在そのものを示す充実でありうる。

このような理性的思惟の描写は、『哲学』における「形式的超越」や『啓示に面しての哲学的信仰』の「全ての暗号の彼岸」における自己止揚する思惟と内容的に重なる点が多いのであるが、思想における位置づけが同じかどうかについては疑問がある。例えば、すぐ前の引用にある「充実」が何であるかは明確ではないが、直後には、ヘーゲルが説いたような、矛盾の解消において新しい全体性が現出する思想運動が言及されている。したがってこの「充実」はヤスパース独自の意味は込められておらず、非対象的なものの現出一般と理解することができると思われる。関連して一つ前の引用にあった「神秘主義の道」も詳細には説明されていないが、直後にヘーゲルの「悟性にとっての神秘」という言葉が引用されていることから判断すると、「全ての暗号の彼岸」で問題となり一定の意義が認められている、世界と自己の消失としての神秘主義という意味ではないように思われる。さらに第三章第二節で見たように、「全ての暗号の彼岸」は「彼岸」から世界への還帰が説かれているのであるが、その点については『真理について』第二部の理性的思惟の論究には見られないと思われる。また「形式的超越」と「全ての暗号の彼岸」も内容的に重なるが、思想における位置づけは同じとは言えないことは、第三章第三節で言及した。したがって、「挫折する思惟」の意義は動揺していると見るべきではないだろうか。別の言い方をすれば、実存することにおける思惟の位置付けが完全には固まっていないと言えるのではないか。『啓示に面しての哲学的信仰』における哲学的信仰と啓示信仰の交わりの論究では、思惟と啓示の関係が問題化するので、我々は次節でその論究も踏まえて、暗号と交わりと思惟について考察することにしたい。

3　超越者への開放性

(1) 理性の交わりと実存的交わり

「統一への意志」、「交わりの意志」としての理性の導入により、「交わり」はどのように変化したのであろうか。第一に、実存的交わりという「狭い」交わりと理性的交わりという「広い」交わりの関係が問題となる。第二に、理性による交わりは非完結であるから、その非完結性と超越者の関係が問題となる。つまり非完結であるなら実存にとって超越者への道は遮断されているのではないか、という問題がある。これらに関し、時間内での真理の完結としての暗号、理性、愛が主題となる、「哲学することにおける真理の根拠と完結」という『真理について』の最後の節（Jaspers 1947:960 以降）を参照したい。

第一の問題に関し、まず理性の交わりが「広い」交わりであることを確認したい。「もし我々が理性の運動をはっきりと現前化し（vergegenwärtigen）ようとすれば、この運動において特徴的なものは、この全体的な交わりである。この交わりは、真理の、時間における我々の真理の、現実性である」（Jaspers 1947:971）。理性は全てを統一にもたらすことを目指し、全てのものに関わる「全体的な交わり」を志向する。このような全体的な交わりが、時間の内にある人間にとって真理が現前している標しである。無制限な交わりを遂行することは、一者としての超越者を探求することと言える。理性がそのような本来の働きを発揮できるのは、実存に担われた場合であることを先に言及した。ところが、実存的交わりは常に一対一の個人同士の「狭い」交わりであった。あらゆるものへ関わることと、個人と個人の交わりに限定されること、という相反する特徴は両立できるのだろうか。

実存的交わりと他の交わりの関係について確認すると、実存的交わりは固有の領域を持たず、他の交わりの中で現象するものとされていた。「この［実存的］交わりは、社会学的な形成物の闘争と結合の客観性の内で見て取れるが、しかしやはりそこでも単独者から単独者への交わりの内にその根拠がある。（中略）真理の根元としてのこのような［単独者と単独者の］交わりに真理が依拠している程度に応じて、公開的に見て取れる諸機関の広がり行く交わりは、自らの内でまた重なり合って営まれている。この根元がなければ、交わりは理念と実存のない営みとなる」（Jaspers 1947:975-976）。

ヤスパースによれば、社会学で考察しうる様々な対他関係の中で現象し、それら客観的な対他関係を自己化し、生気あるものにするのが、実存的交わりである。客観的な部分のみを取り出せば、交わりは共同体における協働や権力闘争である。そのような交わりは、明確ではあるが内在的で制限された目的を追求するものとなり、自己存在に真に充実を与えない空疎なものと言えよう。客観的な交わりの底あるいは背景に、実存的交わりがある場合に、交わりは真理の探求の場となりうる。逆に言えば、人間的な対他関係の核心は実存的交わりであり、それがその時の条件に応じて様々な現象形態を取るとも言える。つまり、現存在的交わりや意識一般の交わりや精神の交わりは、実存と実存の相互関係の一面を取り出したものとも言えるのである。

さらに次のように言われている。「全ての交わりの根元は単独者から単独者への交わりである。ここにおいてのみ最高の要求が、即ち最も徹底的な突破が、あらゆる硬化を貫いて可能である。他人の真理がどのような研究によっても探り出せず、ただ交わりを通してのみ愛しながらの近さへ至りうるということ、また一切の疑問視だけが実存を自分自身へもたらすということを、知ることによって、実存の無制約性は動揺することなしに他人の真理を知ることができる」(Jaspers 1947:976)。

あらゆる交わりの根底に実存的交わりがあるとの主張は先ほどの引用にもあった。「硬化」とは内在的な何らかの秩序の絶対化と言い換えられよう。それを突破するとは別の視点を導入することであり、突破には様々なものがあろうが、最も徹底的な突破は他の実存の真理を見ることと言える。他者の真理を見ることが可能なのは、対象的な把握によってではなく、自他が吟味し合う愛ある闘争によってである。自己存在は静的に存在するのではなく、この愛ある闘争という相互批判・相互承認によってのみ自己へと生成する。他者の真理を見ることは、実存が自由を失う(無制約的でなくなる)ことを意味しない。

しかしながら、客観的な広さが不必要ということではないと思われる。客観的なものが空疎な客観性に終始し超越者とのつながりから遊離している場合には、狭さに集中することは正当と言えよう。しかし、客観的なものは超越者の現象の場なのであるから、可能な限り広く関わりを持つことが実存には宿命付けられている。実存的交わりは核心であるが、その核心はあくまでも広がりにおける核心である。客観的な広さは、根拠ではないが、実存的交わりの場ないし現象としてあり、実存的交わりの結果として広がりが出ることは望ましいことである。

同様なことが理性にも言えると思われる。理性自身は実質的な働きではなく、諸根源を開示し展開するものであり、制限を打ち破る否定性、全てのものや一者に開かれる開放性として規定されていた。理性は、個々の統一においてある統一作用そのものと言えるのである。ただ空間的・量的に広い交わりは、決して理性的ではないと言える。全てのものを一つの観点から機械的に関係づけることは可能であろうが、そのような関わりは表面的・抽象的であり、悟性による一つの観点に基づく関わりである。そのような関わりは深さを欠き、一者への連繫ないし開放という実存的な観点からは制限された局所的なものと言える。したがって理性の交わりが広いといっても、第一義的には一者を目指すということであり、客観的な意味の空間的・量的な広さというよりは、質的に深さを目指すという意味に解すべきである。したがって、実存的交わりの狭さ（客観的な意味で狭い）と、理性的交わりの広さ（超越者への関連）は、その限りで両立すると言えるのである。

言うまでもなく理性に関しても、客観的な広さは不必要ということではない。客観的な広さを軽視することは、理性を局所的な部分的思惟と同一視することを帰結すると思われる。客観的な広さが単なる無際限性になってしまっている場合は、理性は破壊的に作用する。しかし、一者との関連が踏まえられていれば、理性は可能な限り広く客観的なものへと関わり、統一へともたらそうとすると言えよう。言い換えれば、実存的交わりの場合と同様に、結果としての広さが生じることは理性にとって望ましいと言える。[10]

（2）交わりの非完結性と超越者への開放性

第二の交わりの非完結性の問題に関し、「哲学することにおける真理の根拠と完結」という『真理について』の最終節の、時間内での真理の探求の完結が論じられる箇所では、「開放性」（Offenheit）としての理性について語られている。第三章第二節で考察したように、暗号解読に関しても『真理について』では「開放性」がより強調される。理性の統一に関しても、完成された統一というよりもむしろ統一へ開かれることそのものに、ヤスパースは比重を置いているように思える。「理性はたやすく現実化されず、困難である。包越者の全体の有機的組織と包越者のそれぞれ個々の有機的組織の段階の構造において、理性は何ものも省略することを許さず、また、理性は何ものも最終的に遮断することを許さない。理性の簡潔さは、ただ存在の顕現性の最も多様な豊かさにある。理性の統一は、最高の緊張の統一である。理性は悟性の単純な統一の内で一者を見出すことはできない。即ち一者は理性にとって、有限なもののいかなる統一でもない。理性は、緊張を通して常に崩壊の内で理解される、その統一と共に、常に遠く、本来的にして唯一である一者に対して保持されている開放性である」(Jaspers 1947:969)。

理性は、何一つ看過することなくまた何一つ孤立させず、統一へともたらそうとするのであるが、その働きは、存在が多種多様な形で現前する、その全体においてである。その内では様々な局所的な統一があり、また局所的な統一同士の対立もあるような統一である故に、理性の統一は「最高の緊張の統一」と言われていると思われる。その統一は、静的なイメージとしては、あらゆるものが自らの場所を持ち、それぞれのあり方を全うしているような全体であろうが、その全体において構成要素が単に調和的なばかりでなく、むしろ「愛ある闘争」のように対立し否定し合うような側面もある。むしろそのような対立を局所的な統一で無理に解消するのではなく、対立を純正たらしめることにより、真の統一を理性は追求すると言え、その追求において言わば超越的な統一が現成しているといってよいと思われる。さらに緊張により局所的な統一が崩壊する中でこそ、それでも統一を目指すという理性の働きにおいて、理性の純粋なあり様がより明確化し、同時に内在者を越えた超越的な統一が明らかとなると言えよう。局所的な統一の崩壊においても理性の働きがあることにより、一者が感得される。一者は、明確に経験される内在的統一として示されることはないが、理性の働きを反省するとき、理性の根拠であり目標でもあるものとして、現に作用を及ぼしていたことが承認される。分裂している内在者との関係でいえば、理性は統一の作用であり、統一としての一者との関係でいえば、理性は内在者が一者へと開かれていることであると言えよう。

最も広い統一のために局所的な統一を打破することは「突破」(Durchbrechen) であり、「突破」という表現もヤスパースは多用している。一つ引用しておくと、「全ての対象の限界のない相対化は、限界のない交わりの媒介として、思惟の、何ものにも制限されていない突破であり、その突破の内で諸実存はそれらの真理へと到達する」(Jaspers 1947:977) と言われている。理性の統一作用は、固定化の打破という観点からは突破であり、超越者へあるいは超越者を探求する交わりへ開かれるという観点からは開放と言える。または内在者から一者への突破、あるいは一者を求める交わりへの突破という言い方も可能である。

全ての統一を目指す、理性の交わりは、終結がなく無限に続くものである。そうであるなら結局のところ交わりは、超越者には到達できないということになる。そう考えた場合、そもそも全てのものの交わりを追求することには意味がないのではないかという疑念が生じうる。「真理のそれぞれの形態の内で、交わりの実現を通して我々にとって一つの限界がなくならない場合には、世界と、全ての世界的に認識可能な真理の、解消されない非完結は内在者における究極のものである。真理のそれぞれの形態は世界の内で挫折せねばならず、何れも端的な真理として認められえない」(Jaspers 1947:980)。真理には種々の形態があり、その多様性が、他者との交わりで明らかになる。実存的交わりは、自他のそれぞれの独自性を開明するものであった。そのような多様性や独自性を明確化することは、時間の内での一なる真理が不可能であることを示すこととも言える。個々の真理はいずれも挫折する運命にある。一なる真理、全ての統一である一者は、交わりでは到達できないのであるから、探求する意味があるのであろうか。交わりを放棄し、真理の統一を求めないニヒリズム、あるいは世界から超出する神秘主義を採るのが、実存に残された道ではないのか。

ヤスパースは交わりの非完結性こそが超越者を真に示していると考えている。「したがって真理がこの［完結への］途上にあるならば、真理は超越者の内にのみ存在しうるのであり、超越者は単なる第二の世界としての彼岸でもなく、より良い世界としてもう一度存在する世界でもない。それぞれの交わりの非完結性から、また世界の内での真理のそれぞれの形態の挫折から、超越者を本来的に把捉する思想は、一つの神の証明のようなものである」（Jaspers 1947:980）。この引用では、交わりの非完結性と真理の挫折が神の証明のようなものであるとされている。実存が無制約的な交わりを求めるということ自体に、超越者が全てのものの統一であるという想念が含まれている。そして、非完結性や挫折により、世界内に超越者そのものは現象しないことが明確に受容される。つまり世界内の統一がことごとく局所的であり、不十分であり、交わりが完結しないことが、かえって超越者が内在者を越えていること、また「真理は超越者の内にのみ存在しうる」ということを示すと言えるのである。「交わりの非完結はそれ故に、超越者以外の何ものも充実しえない深みの顕現可能性となる」（Jaspers 1947:980）という言葉も同じことを意味していると言える。逆に言えば、時間の内にある実存にとっては、そのように到達不能なものとして超越者は開示されるのである。交わりを追求しなければ、交わりの非完結性も自覚されないのであるから、超越者の超越性は我々が交わりを遂行することによって感得されると言えよう。

超越者が時間内で現存しないことを踏まえれば、超越者は交わりの直接把握できる内在的な目的ではなく、間接的な言わば超越的な目的であることになる。第三章第二節で愛、理性、暗号は超越者への道とされることを考察したが、交わりもまた道であると言える。「神が永遠であるならば、人間にとって真理は生成する真理として、しかも交わりに生成する真理として（als Kommunikation werdende Wahrheit）存在する。この交わりから分離するなら、真理は存続する真理として、それ自身である代わりに何らかのものの知へと、また時間現存在の内で切望する要求の代わりに終結した満足へと直ちに退化するだろう」(Jaspers 1947:980)。ここに語られているのは、完結した真理から運動としての真理への転換と言えよう。ヤスパースの考えに基づけば、完結しないことは内在的な観点では無意味であるが、実存的な観点(時間内で永遠に関わるという観点)では無意味ではなく、完結へと向かっていることが、それ自体時間内では完結の現象である。存続している静的な真理の代りに、そのつどの状況で常に新たに交わりが遂行されることが、実存が世界を越えた超越者に関わる道と言えるのである。超越者は交わりにおいて現象し、交わりを遂行することそのものが超越者の探求である。

『理性と実存』では簡潔に次のように言われている。「包越的な理念の内の庇護性としての〈精神的共同体〉と異なり、実存的交わりは、我々にとって全ての存在が分裂していることを看過することなく、超越者に対して開かれている」(Jaspers 1935:70)。実存による交わりの追求は、内在的な意味での交わりの断絶をも踏まえた上で、超越者へと開かれることと言えよう。

4　『真理について』における「暗号」と「交わり」

以上我々は、「統一への意志」、「交わりの意志」と規定される理性の働きを考察した。全ての統一を目指す理性は、固定的な統一を突破し、より広い統一を目指す。理性の統一は内在的な意味で広いのではなく、固定化されない一者を探求することであり、狭いが深い実存同士の交わりに基盤があるものであった。理性自身はそれ自身で内容があるものではなく、悟性の局所的な統一を突破する否定性、悟性を無限に働かせる意志として作用する。逆に言えば、交わりの内にあり局所的であるという制限が踏まえられている限り、悟性の統一は超越者の統一の現象であることになる。理性の交わりは、言わば開かれた統一へと開かれた交わり、言わば超越的な統一へと開かれた超越的な交わりと言える。ここに我々は、超越者の探求としての交わりの間接性、即ちそれ自身としては現存せず内在的な交わりにおいて現象する性格を確認することができる。

第三章第二節で見たように『真理について』では、「暗号」が統一の像として理性の目標を示すとされ、暗号と交わりの関係が提示されている。そして暗号解読の充実と開放の相即の内、『真理について』では開放性が強調される傾向があったが、本節で検討したように交わりもまた充実と開放の相即があり、『真理について』では非完結性や開放性がより強調されていると考えることができる。

我々は理性の非完結性と開放性という主張を取り出したのであるが、『真理について』の最も終りにある暗号に関する論究では、「交わり」が前面から退場している。その暗号に関する論究については第三章第二節で検討したが、個々の暗号の不十分さを説きつつ、一者への「飛翔」(Aufschwung)が説かれている。少し振り返ると、個々の暗号は「より遠い飛行への突き放し」(Jaspers 1947:1051)となるのであり、「一切の思考可能なものや一切の経験可能なものを包越することとの中でのみ、一者への飛翔は行われ」(Jaspers 1947:1053)るのであった。交わりの非完結性を踏まえれば、交わり以外には超越者とのつながりはないはずであるが、「飛翔」という表現は謎めいており、「最終的なもの」(das Äußerste)(Jaspers 1947:1054)を経験することが究極目標とされている観がある。暗号という媒介を通した顕現という観点から、ヤスパースはこれらの叙述の直前で啓示信仰を批判するのであるが、「飛翔」、「最終的なもの」は「啓示」ではないか、神の具体的な経験ではないか、という疑問が生じる。また「一なる神は、何らかの排他的なやり方で確定された仕方で獲得されることはない」(Jaspers 1947:1053)とされ、「飛翔」、「最終的なもの」の経験の多様性・非限定性が強調されていると受け取れるが、同時に「飛翔」や「最終的なもの」は他人には接近できない排他的なものではないかとの印象を与える。

むしろ我々は「交わり」思想が、「交わりへの信仰」と言われるような、具体的顕現に代る形にまで、あるいは具体的顕現の根底をなす形にまで、熟していないと考えることができるのではないか。『真理について』における啓示信仰批判は、量的にも少なく、専ら啓示の排他性を批判するもので、『啓示に面しての哲学的信仰』で展開される哲学的信仰と啓示信仰の交わりという考えは十分には見られない。『啓示に面しての哲学的信仰』においてて交わり思想はさらに発展すると考えるのが適切だと思われる。

第三節 『啓示に面しての哲学的信仰』における「哲学的信仰」と「啓示信仰」の「交わり」——思惟と啓示——

『啓示に面しての哲学的信仰』（一九六二）においては、「哲学すること」が「哲学的信仰」として主張され、哲学的信仰と啓示信仰の違いや両者の相互理解の可能性が追求されている。[11] この節では、哲学的信仰と啓示信仰の関係を中心に、『啓示に面しての哲学的信仰』における「交わり」思想を考察したい。「交わり」の基本的な規定は、『哲学』および『真理について』と同じと理解してよいと思われる。また、信仰の概念や、哲学的信仰と啓示信仰のそれぞれの概念については、第二章で考察したように、哲学的信仰は理性による交わりを求める信仰とされており、啓示信仰は歴史的で具体的な神の顕現である啓示に依拠する信仰であるとされている。

ヤスパースは、啓示信仰と哲学的信仰の交わりを執拗に追求しているが、哲学的信仰と啓示信仰は異なる信仰としてそれぞれ併存し、ことさら交わりを求める必要はないという考えもあろう。ヤスパースは『啓示に面しての哲学的信仰』の課題に関して次のように述べる。「私は——いつか私が啓示を信じうることはありえぬと思われるが、——最終的に啓示を閉め出す思惟を欲しない。哲学的信仰は独自の根源である。しかし哲学的根源は啓示を理解できないが、啓示を他者にとっての可能性と見なす。哲学的信仰は、敵対ではなく実直性を欲し、断絶ではなく交わりを欲し、暴力ではなく寛容を欲する」(Jaspers 1962:38)。この引用の最初でヤスパース自身は哲学的信仰に立ち、啓示を信ずることはないだろう、と述べられている。それならば、啓示信仰を否定すべきではないのか。実際に『啓示に面しての哲学的信仰』では多くの箇所で啓示信仰への厳しい批判が見られる。しかし、ヤスパースは、啓示信仰を哲学的信仰に関わりのないものとして等閑に付することはせず、啓示信仰を他者にとっては可能性のあるものと認め、「実直性」(Redlichkeit)、「真摯さ」(Ernst)、「誠実性」(Wahrhaftigkeit)により交わりを求める姿勢をたびたび表明している。哲学的信仰の交わりを求める性格から、また現代において求められる信仰間の交わりを可能にする寛容から、そのようなヤスパースの姿勢は理解される場合が多く、その理解は当然である。しかし、厳しく批判しつつも最終的には啓示信仰を是認しているように思えるヤスパースの姿勢は、ヤスパース自身は哲学的信仰に拠って立つと明言しているのであるから、不徹底ではないか。

啓示信仰を批判しつつ是認するヤスパースの考えには、思惟に関するヤスパースの考えが働いていると思われる。啓示と暗号の違いについてのヤスパースの徹底的な論究の中に、啓示と暗号における思惟の機能を読み取ることが必要だと我々には思われる。後で述べるように、啓示信仰に対して哲学的信仰は「啓示の暗号化」、つまり具体的な神の顕現である啓示を絶対化せずに、そのつどの暗号として受け取ることを提案する。その提案の理由に世界からの徹底的な超出を遂行する思惟、「全ての暗号の彼岸」を眺望する思惟が関係していると思われる。そして、その提案は恐らくは啓示信仰者にとって容認されず、啓示信仰と哲学的信仰は一致することないが、不一致を踏まえた相互承認の可能性が模索されている。

1　高次の信仰としての哲学的信仰

(1) 哲学的信仰による交わりの追求と現代の状況

哲学的信仰と啓示信仰の交わりの追求の理由として、哲学的信仰の特徴である交わりへの開放性がまず考えられる。この点について、見ておこう。

「人類全体における信仰する者の伝えるところに耳を傾けることが、根本知そのものの構想に不可欠である場合、それは、我々が出会うそれぞれの真摯さから衝撃を受けているためだけではない。我々は、根源的な、連帯の形式的可能性のいかなる次元も失いたくはない。我々は、我々の未だ不十分な開放性を拡大したいのである」(Jaspers 1962:148)。「根本知」(Grundwissen)については、第二章で簡単に言及したが、存在に関する基本的見方と言え、個々の暗号により存在のあり方を示す、存在論としての根本知と、個々の暗号からの「浮動」を実現する、包越者論としての根本知が区別されていた。包越者論としての根本知は、個々の暗号に囚われず、実存を開いた状態に保つとされていた。ここで言われている「根本知」は、包越者論としての根本知であると言えよう。ヤスパースの考えでは、包越者論による浮動の根本知は全ての人々に共通な根本知であるはずである。何か排除するものがあっては、全ての統一である超越者そのものへと開かれることにはならない。したがって、他者の信仰に接して、その真摯さに衝撃を受けることも重要であるにしても、他者との交わりを追求する主たる理由は、自己の信仰に固執せず他者の信仰へも開かれること、言い換えれば浮動を実現することであると思われる。開放性には限りがなく、常に求め続けることが、交わりを追求する信仰には課せられているのである。

自らの信仰ではない他の信仰との接触は、以前の時代にも局所的・限定的には問題化していたと思われるが、グローバル化した世界においては重大な問題として浮かび上がっている。世界はより緊密なつながりを持つようになり、どの信仰も孤立して存立することはできなくなっている。この状況は、どの信仰においても信仰者にとって自らの信仰の自明性が揺らいでおり、自覚的に自らの根拠を探求する必要があり、また、信仰間の一致の可能性が要請されるという事態を引き起こしていると言える。

「地球上の全人間が、本質的には相互結合一般の形式として構想されている普遍的理性へと、最終的に共通に基礎付けられうるであろうか否か、が問題である。最大の広がりを持った何らかの共通の枠が可能であろうか。即ちその内部では、歴史的に異質的な信仰とその自己理解の交わりが行われることが可能であり、その交わりによって自らを犠牲にすることなく、むしろ今や始まっている地球時代という制約下にあって人間の真摯さを基礎づける新たな形態へと、自己自身を自らの深みから変えることになる枠組みが可能であろうか」(Jaspers 1962:148)。ここで言われている「普遍的理性」とは、むろん対象的認識を行う意識一般ではなく、ヤスパースの主張する「交わりの意志」、「統一への意志」としての理性であり、その理性が全世界的な有効性を持つことが期待されている。「地球上の全人間」の共通の基礎とは、現実離れした理想主義に聞こえ、ヤスパース自身そのような構想を「ユートピア的」としている(Jaspers 1962:148)。しかし、現実には容易に実現されなくとも少なくともその可能性を追求することは、「交わり」を主張する哲学的信仰にとって責務と言えよう。現代において人間の「真摯さ」は、交わりの追求として現れるとヤスパースは考えているのである。もともと交わりは実存にとって根本的な自覚の手段という規定が与えられていた。自明な交わりが減少し、信仰と信仰の関係が問題化している現代の状況において、自己の自覚は信仰の交わりにおいて実現されると言えよう。

ヤスパースの考えでは、今日において信仰の可能性は、伝達可能性や交わりの問題を抜きには探究されない。「人類の大きな信仰型態の自己理解は、従来までは形而上学的、存在論的、啓示的な諸前提を拠り所としたが、それらは、お互いを止むを得ず受け入れ決して理解し合わなかったか、あるいは無理解の内で激しく争い合ったかの何れかであった。その内ではどの歴史的な信仰の根源も見失われたり見捨てられたりしてはならないところの、伝達可能性の何らかの枠がそれらを結び付けるとすれば、それらは相互の関わりにおいてのみ、それら自身と他者の完全な理解に導かれうるであろう」(Jaspers 1962:148)。様々な信仰は、形而上学、存在論、啓示に依拠する諸観念において自己を理解し提示した。形而上学は神に関する教説、存在論は存在に関する教説、啓示は感性的・具体的な神話とおおよそ理解できると思われる。様々な信仰は影響を与え合うことはあったであろうが、ヤスパースが言うように、全体的な交流において相互理解することはなかったと言えよう。ある信仰の根源を認めることは、それが伝達可能であり、意義が承認されうるという理念がなければならない。いかなる形でも伝達不可能であるなら、意義を認めることはできないと思われる。もし何らかの信仰が優先されるなら、その優越の判定の基準が必要だが、世界内にはそのような基準はあり得ない。唯一の基準は、伝達可能性そのもの、交わりそのものだと言えよう。そうだとすれば、相互に伝達し合うことは、どの信仰にとっても不可欠な契機であり、相互伝達において、自他は自らのあり様や他者を覚知することになる。信仰間の交わりにおいては、伝達可能性そのものが判断基準となると言える。「哲学的であれ、啓示に基づくのであれ、信仰する者は、争いたいと思うのでなく、自らを伝達したいと思うのである」(Jaspers 1962:479)とされ、真に信仰する者は、交わりを求めると、ヤスパースは考えている。現代において実存が自らと自らの状況を真摯に反省するなら、内在者の四分五裂を越え統一としての超越者に向い、他の信仰に開かれることを志向するだろうとヤスパースは考えていると思われる。

(2) 哲学的信仰の高次の信仰、メタ信仰という性格

交わりを追求する姿勢、あるいは交わりが目的そのものであるという哲学的信仰の特徴は、(ヤスパース自身はそのような言い方はしていないが)「高次の信仰」、「メタ信仰」とも呼べる哲学的信仰の性格を表していると思われる。『啓示に面しての哲学的信仰』においては、哲学的信仰は内在者からの浮動のみならず、個々の暗号からの浮動をも目指す信仰であることを、第三章第三節で見た。哲学的信仰は、むろん個々の暗号は現実化の場所として必要であるが、個々の暗号への信仰ではなく、交わりへの信仰であることになる。伝達可能性や開放性を追求する哲学的信仰は、個々の信仰を前提とし、それらの交わりや総合を追求する高次の信仰と言える側面があるのである。そう考えると、包越者論は、個々の暗号の根本知を越えた「高次の根本知」、「メタ根本知」として捉えるこ

とができよう。第三章第三節で包越者論の根本知と暗号による根本知を比較した際に見たように、包越者論は特定の生活実践を指示しないとされていた。

「実際に一つの信仰が根底において働いている。しかしこの信仰は、他を閉め出すような、どのような信仰内容も意味しない。それはただ、無制限に相互に理解し合う可能性への信仰以外にない。それは、真理とは我々を結びつけるものである、と主張する信仰なのである」(Jaspers 1962:150)。冒頭の「一つの信仰」とは哲学的信仰と解してよいと思われるが、それは「真理は我々を結びつける」ということを信ずる信仰だとされている。この信仰はさらに言い換えるなら、「真理とは交わりである」ということを信ずる信仰と言えよう。哲学的信仰は、実定的な信仰を結び付ける根底として考えられている。したがって、ヤスパースは啓示信仰と哲学的信仰の一方を他方より優位に置くことはせず、「高次の」、「メタ」とは言っていないが、哲学的信仰は諸信仰を結びつけるような、「高次の信仰」、「メタ信仰」と言える側面があるのである。ただし「高次の」という用語は、そこから個々の信仰がそれぞれ歴史的な状況の下で現実化するような根底という意味であり、個々の信仰を総合し、新たにそれ自身が実定的な意味を持つような信仰という意味ではない。包越者論による浮動の根本知は、一つの立場と言うよりも、あらゆる立場を可能にする言わば立場なき立場であったが、それに「交わりへの信仰」は相即していると言えよう。後でも論究するが、哲学的信仰は実定的な宗教の根源に立ち還るという意味がある。

2　暗号と啓示――啓示の暗号化という提案――

（1）人間存在の根源としての哲学的信仰

ヤスパース自身は哲学的信仰に立つのであり、両者の交わりはヤスパースの叙述の中では、哲学的信仰からの模索にならざるを得ない。その模索は、哲学的信仰からの啓示信仰への提案、啓示を暗号として理解するという提案[12]になり、いきおい哲学的信仰が優位にあるような印象を与える。ヤスパースは、啓示信仰には哲学的信仰が理解しえない要素があり、哲学的信仰は啓示信仰を否定したり、改革を要求したりする権利を持っていない、と述べている。にも関わらず、『啓示に面しての哲学的信仰』という著書は、哲学的信仰の立場から啓示信仰を包含しようとしているように思えるのである（ただし実際にはそうではないことは後の3で考察する）。

哲学的信仰は啓示信仰の派生態、亜種ではないか、という考えがありうる。つまり、哲学的信仰は、啓示信仰を抽象化し具体的な神を概念的な超越者として把握する非現実的な思想ではないか、という疑念が生ずる。そうだとすれば、むしろ哲学的信仰は啓示信仰に従属する。ヤスパースはこのような考えの例を挙げる。「哲学することにおいて彼の意に適うものに、自己を基礎づける者は、無である何ものかを頼りにしているようである。（中略）ある現代カトリックの敬虔なヒューマニストが、哲学への好意をもって、しかしあきらめの態度で、次のように書きうるのである、即ち、『哲学は、宗教という一本の古いオークの樹の土台に生えている木蔦（Efeu）に似ている。それは自らは木に生長して、［オークに］からみつき、窒息させるが、しかしオークと共に枯死する』〔ルートヴィヒ・クルチウス『トルソー』（Ludwig Curtius, Torso）S.295〕」（Jaspers 1962:475-476）。教義と組織を持ち、共同体の中で明確な制度として存続してきた、実定的な宗教に比すれば、哲学は実体のないもののように見える。哲学は、宗教的信仰へ向わしめる恩寵が欠けており、神との真の関わりに至らないと非難される。哲学は、もともと宗教から派生したにも関わらず、宗教を阻害し無効にし、その結果自らも破綻する。確かに思惟の働きは、神との関わりから分離することで、自立するかに見えるが、その分離により実質を失って行くと言えよう。

しかしながらヤスパースは次のように述べる。「我々は反論する。哲学は宗教と啓示に対峙しているが、独自の根源に基付いている。仮に啓示信仰が消滅しても、哲学は消滅しない。哲学はより古い。哲学はいつでも存在している。無制約的なもの（Unbedingtes）の確証、真摯なものの開明と産出、超越者と結び付いた自由といった広い意味で、哲学はそれ自身宗教と称しうる。私は混乱を招くと思うが、哲学は哲学的宗教（philosophische Religion）あるいは宗教的哲学（religiöse Philosophie）と呼ばれた。哲学は宗教的なものの敵では決してなく、むしろそれに親近的である。しかし哲学は宗教の世俗化では全くなく、人間存在そのものの根源を含む独自の根源である」（Jaspers 1962:476）。

宗教とは異なる哲学の独自の根源が「自由」や「限界状況」とされていることを第二章で触れたが、この引用ではさらに哲学は啓示信仰よりも古いとされている。哲学と宗教一般の成立を問題にする場合、哲学が宗教一般より古いかは疑義が生じるが、ここでは啓示信仰、その中でも主としてキリスト教が念頭に置かれており、確かに哲学はキリスト教より古いと言える。また、哲学は広い意味で宗教と呼ばれうるとされている。この意味は今まで見てきたように、実存の行為や決意といった無制約的なものや超越者に由来する自由など、対象化されえないものを哲学は追求するということだと思われる。そして、哲学の根源は人間存在そのものの根源を含む、と言われている。その意味するところは、「人間存在」をどう定義するかにかかっており、ヤスパースの主張の正否についての判断は、人間とは何かという問題についての綿密な検討を必要とする。しかし、その根源とはごく一般的な意味で「思惟」、「自由」、「有限性の自覚」（限界状況の自覚）であると理解すれば、ヤスパースの主張は大筋において承認できると思われる。

それに関連して、「哲学は、啓示信仰が約束し主張するようには、助けとならない。哲学は、思惟世界の誠実性を通して、超越者との直接的なつながりにおいて、自ら自身を贈与され、自らを助けることができる者を助ける」（Jaspers 1962:476）と述べられている。啓示信仰は具体的な生の目標を提示し、導きを与える。その意味で、啓示信仰の方が信仰者を直接的に充実し、啓示信仰において神と人間の直接的つながりが生起しているように思われる。この引用にある「直接的なつながり」とは、神秘的融合や感性的な顕現ではなく、自らの根底に超越者との関連においてのみある自由を覚知することだと受け取れる。思惟を誠実に遂行することが、超越者へのつながりであり、超越者から自由を与えられたことを自覚する限りにおいて、哲学は助けとなる、と理解できよう。哲学は広い意味では、人間の思惟や自由の自覚化と言えると思われる。そしてヤスパースの考えでは思惟や自由に人間の核心があるのであり、啓示によるつながりより、思惟や自由における超越者とのつながりの方が、直接的とも言えるのである。言い換えれば、思惟の媒介によって物事に関わるという、自己存在の媒介性を踏まえた場合、逆説的であるが、超越者との直接的つながりはその媒介（間接性）に見出されることになるのである。

このように見てくると、ヤスパースは哲学することを本来的な人間存在に必要不可欠なものと考えており、啓示信仰よりも優位を与えていると見るのが適切と思われる。哲学的信仰は人間存在の根源に由来するとされており、啓示信仰はその根源から直接由来するのではない、と言っている印象を受ける。

(2) 啓示という出来事の考究

啓示を「暗号」として、超越者そのものの直接的・具体的な確固とした顕現でなく、そのつどの暫定的な、浮動する現れとして受け取ることを、ヤスパースは主張する。それは排他性を否定するという啓蒙的な意味もあるが、本質的な理由は、「覆蔵性（Verborgenheit）の内で哲学的信仰によって経験される超越者そのものの現実性」（Jaspers 1962:483）ためとされる。この意味について理解するには、啓示についてのヤスパースの考究をさらに詳しく見ておく必要がある。

啓示は歴史的な具体的出来事とされるが、果たしてそれは正しいのだろうか。哲学的信仰は思惟を手段とするが、実は啓示信仰も神学という思惟を含む、とヤスパースは指摘する。しかも神学を体系的な基礎付けという整備されたものに限定せず、思惟による啓示の理解という意味に解せば、啓示と神学は切り離せず、啓示の受容には思惟が必ず伴う。「ケリュグマ（Kerygma）自体は人間の言語で伝達されるのだから、どれほど遡られようとも、それはやはり既に理解であり同時に神学である。即ち我々は人間の言語で聞くのである。聴従されるべきものと批判的に論議されるべきものの間の境界、つまり啓示と啓示の理解の間の境界は確定されない」（Jaspers 1962:55）。啓示とその理解の境界が曖昧だとヤスパースは指摘するのである。

さらに啓示という出来事を「事柄自体」（Sache selbst）と想定するとして、事柄自体なるものはどこにあるのかをヤスパースは問う。「しかし事柄自体、即ち啓示はどこにあり、解釈はどこで始まるのか。聖書の各命題が実は既に解釈なのである。何故なら各命題は、少なくとも人間の言語と思惟様式への翻訳だからである。我々は事柄自体を、いつでも既に解釈においてのみ持つ。それは解釈なしに直接に出会われえない」（Jaspers 1962:491）。神の顕現と思われる決定的な事柄があったとして、その事柄を神の顕現と理解することは人間の知的な作用による。事柄自体は言葉に表すことができない。我々は、さらに事柄を感性的に受容することも人間の感性的な機構を通じて行われる､と付け加えることもできる。事柄を把握するには､意識的なものから無意識的なものまで様々なレベルで人間の関与が必要である。

ここでやや筋から外れるように思われるかも知れないが、暗号とその解釈について言及したい。第三章第一節で見たように、暗号は別のものによって解釈されない。しかし暗号は超越者そのものではなく、知的な作用を含んでおり、解釈ではないかという疑念が当然生じる。確かに、実存の関与を含むという点では、暗号は解釈の働きを含むと言える。しかし暗号は出来事とその解釈が分離しているような解釈ではない。表わされる対象とそれを表す徴表としての暗号は分離できないものであった。暗号は実存にとって生の中で手引きとなるものであり、実存は暗号を受け取り、暗号と一体化し、世界の中で働くものとなる。言い換えれば、主観の意識的・無意識的な関与と客観から作用を被ることの全体が暗号という現象であり、能動と受動の全体が暗号の受容と言える。そうした場合、超越者はそのときに他の形では現れようがなく（即ち可能性がなく）、そのつどの暗号は、まさに超越者の現れであると言えるのである。

ヤスパースは啓示に関しても同様なことを言いたいのだと思われる。啓示がその信仰者にとって絶対的な意味を持つことは否定できないが、普遍的な事実として誰にでも同じ意味を持つとは言えない。そもそも第二章でも言及したように、聖書自体が様々な要素を含み、神人イエスという思想でさえ全キリスト教徒で一致して信仰されているわけではない。そこでヤスパースは次のように述べる。「神の啓示の統一性、実体、恒常不変なものが事実上、いかなる命題、いかなる宣教、いかなる神学においてもそのもの自体として現存せず、むしろ全ての言語が暗号に止まり、神の言葉、神の業、神の意志が、表明された場合、それ自体既に暗号における解釈であるならば、もともと最初から一方が他方を相互に利用し合っている哲学的解釈と神学的解釈とは、最終的に出会いえないだろうか」（Jaspers 1962:492）。

哲学的解釈と神学的解釈については、一般的には前者は自然的認識、後者は超自然的（啓示的）認識として区別して捉えられる。しかし、両者共に内実があり思惟の働きが活動的であるなら、即ち単なる概念の運動やドグマティズムでないなら、「相互に利用し合っている」と思われる。哲学は内容的に人間や世界や神についての観念を宗教から得るし、神学は哲学の自立した思惟の働きを含む。哲学が非対象的なものと全く関わりないという意味で自然的認識であるなら、むしろ科学と呼ぶのが適切である。「科学は啓示信仰と何ら関係はないが、しかし哲学は大いに関係がある」（Jaspers 1962:103）とされる。言い換えれば、哲学は思惟の独自性に立脚する点では科学と共通しており、非対象的なものに関わる点では神学と共通している。哲学も神学も事柄自体を解釈しているという点では同じである。その解釈には終りがないことを是認すれば、つまりドグマ的前提に依拠して固定化することがなければ、両者は一致できるはずである。思惟と啓示信仰が融合した例、「思惟的信仰」（ein denkender Glaube）の例として、ヤスパースはアウグスティヌス、アンセルムス、トマス、クザーヌスを挙げている（Jaspers 1962:36）。

しかし現代においては、「決定的に教義化された（dogmatisiert）啓示信仰に面して、啓示信仰の生成の段階においてかつてありえたような仕方では、哲学はもはや啓示信仰と一体になりえぬことを、はっきり悟らねばならなかった」（Jaspers 1962:103）とも言われている。啓示信仰も教義が確立するまでは思惟の反省を繰り返したはずであるが、教義が整備されるにつれ思惟の働きは不必要になると考えられる。

（3）「超越者の哲学的経験」

このような啓示を巡るヤスパースの論究では、主観と客観の問題、思惟と事柄自体の問題が焦点になっているように思われる。主観の関与から切り離された客観自体は、カントの「物自体」と言える。具体的な経験そのものは、主観と客観からなる全体と言え、啓示という出来事を経験そのものと捉えれば、それはやはり客観と主観からなる全体と言える。経験される対象と経験する主体は、通常どこまでも距離が残っている。しかし暗号や啓示という決定的な経験では、その距離がなくなっていると考えられるのではないか。別の言い方をすれば、経験が完全に自己化されているとも、経験そのものあるいは事柄自体が現成しているとも、世界と自己が一体化しているとも言えるのではないか。

この問題と一見ずれるようだが、次のような叙述がある。「超越者の哲学的経験（die philosophishe Erfahrung der Transzendenz）が聖書的信仰の内実を自らに適したものにする場合、超越者は啓示されてあるという形式を放棄せざるをえない。哲学することにおいて、聖書的信仰はそもそも自己化さ（aneignen）れうるのだろうか」（Jaspers 1962:498）。「超越者の哲学的経験」とヤスパースは何気なく語り詳しく敷衍していないが、本来は哲学という思惟と超越者の経験は簡単には結び付かないと思われる。哲学的信仰の立場では超越者は感性的に経験されないのであるから、哲学的信仰にとっては超越者の経験とは啓示ではあり得ず、むしろ世界内では経験されないということの経験であるはずである。言い換えれば、超越者の哲学的経験とは「全ての暗号の彼岸」の経験と言え、それは超出する思惟、自己を否定する思惟による。第三章第三節でも触れた、「大いなる空虚（die große Leere）、無であるところの全（das All, das Nichts ist）、啓示なきままの充実（die Fülle, die ohne Offenbarung bleibt）」（Jaspers 1962:425）も、世界からのある意味の超出という点では神秘主義的であるが、超越的なものの具体的経験ではなく、思惟の自己完遂として捉えられるのではないか。理性の統一の「開放性」との関連で言えば、超越者の哲学的経験は、理性が自己否定し完遂し、全き開放性が実現したことと言える。

その超越者の経験において、超越者は直接感性的な質料にならないのであるから、超越者に関わる思惟の、その思惟自身が質料であるはずである。思惟が自己自身を思惟し、そのあり様、即ち超越者に至り得ないという事態、を覚知することが、「超越者の哲学的経験」と考えられる。その経験において、思惟が思惟そのものを思惟するのであるから、対象と思惟は同一である。思惟の自己否定・挫折において思惟と経験は一体化していると考えられる。挫折の経験は、経験と思惟に距離がない、あるいは経験自体が思惟、思惟自体が経験という、実存にとっての真の経験とも言える。このことは第三章第三節でも言及した、「無知の知」という事態であり、哲学的信仰は「私は自分が信仰しているかどうか、また何を信仰しているかを知っていない」(Jaspers 1948:20) ということに符合する。

哲学があくまで無知に止まるなら、現実的な統一はやはり個々の暗号、即ち実定的な信仰によってそのつど与えられることになる。その意味でティリッヒ (Tillich, Paul) が言うように、実存哲学は人間の有限性を鮮明に描き出すが、解決を与えることはできない。ティリッヒによれば、後期ハイデッガーに見出される答えは、実存主義から由来するのではなく、彼がカトリック神学生として生活した、中世カトリックの神秘主義的伝統から由来する。同様に、ヤスパースに見出される答えは、古典的ヒューマニストの伝統から、あるいはより正確にはドイツ観念論から、マルセルに見出される答えは、古典的なカトリック正統主義から、キェルケゴールに見出される答えは、敬虔的なルター主義から、ニーチェに見出される答えは、生の哲学から由来する。[13] それぞれの哲学者に関するティリッヒの考えの正否はここでは問題としないが、確かに実存哲学は知によっては解答不能な問題に突き当たったと言えよう。ヤスパースにおいても包越者論は浮動を実現するが、具体的な内容は与えず、世界における行為の指針は暗号によって (ということは具体的な信仰によって) 示されるものであった。

しかしながら、無知が不要ということにはならないはずである。絶えず無知に立ち戻ることは、主観と客観の現実的な統一が純正であるために必要だと思われる。我々は暗号を「今―ここにある物事の代替されない絶対的現実」として理解したが、それは思惟を尽くした上で受けとられるしかないものであり、思惟が不十分であれば中途半端な主客の統一、つまり不明瞭な対象的認識ないし不十分な理性的思惟が為されるだけであると思われる。無知は主観の徹底的な反省として、挫折や思惟の自己否定という形で、暗号の統合の根拠である。無知の自覚は、ヤスパースの考える浮動としての信仰の根源であると思われる。

また言うまでもなく無知に常に留まるということは、感性的な与件を遮断することであり、知の働きを放棄することでもある。そのようなことは世界における我々にとって不可能であり、我々は知を働かせ知自身を否定することでしか、無知を遂行しえないと言える。

（4）啓示の暗号化の提案…両者の共通の基盤としての「全ての暗号の彼岸」

先の引用にあったように、ヤスパースは「超越者の哲学的経験」による「聖書的宗教」の自己化を模索している。哲学的信仰が聖書宗教を自己化するとは、聖書の内容を暗号として受け取ることと言える。そのために、「超越者の哲学的経験」、すなわち思惟の自己否定、超越者の徹底的な超越性の覚知、「無知の知」が必要とされることについて、詳しく検討したい。

「聖書的信仰」とは、聖書に依拠するユダヤ教、キリスト教、イスラム教を包含し、さらに明確な信者でなくとも精神生活上で聖書を大きな核とする西洋人をも包含する理念であり、内部には様々な矛盾・対立が存し、聖書そのものも「無限に多義的」(Jaspers 1962:53)であるが、聖書を精神的拠り所とするという共通点がある。[14]ヤスパースは聖書を、「人間の実存にとって、彼を最も内奥において真摯さへもたらす力」（Jaspers 1962:53）と述べている。ヤスパースは、「聖書的伝承に基づきながら、啓示を具象的な神の独特な業の実在として信ずるのではなく、ただ暗号において自己化する信仰」（Jaspers 1962:52）を哲学的信仰と考え、プロテスタントの原理、即ち宗派としてのプロテスタントではなく、「単独者が、仲介者なしに、神に対して直接立つ」（Jaspers 1962:521）という「伝統的諸形式を越えた根源への還帰」（Jaspers 1962:497）としてのプロテスタントの考え方に可能性を見ている。[15]ヤスパースはこの見地から、現存の実定的な教会が変革する可能性を論じている。

言うまでもなく哲学的信仰が現存の教会のあり方を決定できる権限があるのではないことを、ヤスパースは繰り返し断っているのだが、哲学的信仰の側から考えた場合、主として次の三つが求められるという。即ち「イエスは全ての信仰者にとって神人キリストではない」、「啓示そのものの実在性が暗号となる」、「教義的に限定された信仰の真理の排他性は崩壊する」という三つの変化である。短く言えば、神人、具象性、排他性の「三つの放棄」(Jaspers 1962:500) であり、啓示の暗号化として理解できると思われる。「真理そのものは第一次的には、教会や教会への信仰という社会学的に実在するものにおいてあるのではなく、根源的に相違する諸実存による、暗号解読の多様性においてある」(Jaspers 1962:495)。実定的な制度、組織としての教会以前に、暗号という現象があり、しかも暗号解読が多様であるということが真理そのものの場所であるという。ヤスパースの考えでは、超越者は世界においては多様なものの交わりにおいて顕現する。

「三つの放棄」の内、「啓示そのものの実在性が暗号となる」は、意味が分かりづらい。「もしかすると啓示の内容のみならず、「啓示」信仰によって主張される啓示の実在性それ自体が、暗号となりえないだろうか」(Jaspers 1962:503-504) とも言われている。暗号という現象は、超越者が世界の中で実在性ではないことを覚知しつつ、そのつどの現れとして経験されるのであるが、その浮動性と啓示の実在性の主張とどう折り合いがつけられるのかが問題となる。

ヤスパースは、メルヘンは「実在性の脱落の下での実在性 (eine Realität unter Abstreifung der Realität)」により、逆説的に子供たちにとって影響力があるという (Jaspers 1962:504)。「実在性の脱落の下での実在性」という表現は分かりづらいが、世界内の実在性がないということが、世界内の実在性を越えた真の実在性を示すということと考えられる。メルヘンの内容は世界内の合理的な基準では非実在的であるが、その非実在性がかえって世界内の事情に左右されない物事の真の姿を示している。メルヘンが与える印象が現実に作用する際は、即ち世界の物事に奥行きと深さをもたらす際は、メルヘンの内容自体は世界に実在しないことをも含意している。世界内の実在性は暫定的なものであり真の実在性ではないのであり、真の実在性は世界内の実在性という基準からすれば実在しないと言える。(16)「今―ここにある物事の代替されない絶対的現実」としての暗号は浮動しており、確定的な事物ではないが故に、そのつどの統一であり、世界の意味を担うことができる。このような実在性を欠く実在性、言わば高次の実在性を啓示にも適用すべき、とヤスパースは言っているのだと思われる。啓示は世界の内在的に経験可能な実在性を失うことによって、その信仰者にとっては世界の意味を真に担うようになるのであり、啓示が世界内の事物と同等になれば、かえって高次の実在性を失うことになる。世界内では存続しないものが、消滅しつつ姿を顕し、その消滅により世界を越えたものへのつながりが示され、高次の実在性を持つという意味で、暗号と啓示は一致する、とヤスパースは主張していると思われる。「言表における逆説は止揚しがたい。即ち啓示の内実においてあるものは、啓示の実在性の脱落により、一層純粋かつ真実となる。啓示の実在性はそのものとしては、神の顕現の一つの暗号となり、内実に途方もない重みを与えるだろう」(Jaspers 1962:505)。

啓示の働きを、実存を超越者へと結び付けることと考えると、世界内の経験可能な実在はその任にふさわしくないと思われる。全くあり得ないということが、かえって超越性を表すことに関しては、キェルケゴールの「逆説」としての宗教性Bが想起される。あり得ないということは、「考えられない」、「詮索を容れない」ことと言え、可能性なき現実性である暗号の特徴と重なる。他の世界の物事と同じように、たやすく現実に起こる可能性のあるものは、啓示にはならないと思われる。少なくとも他の世界内の物事と同じように、万人に平易に受容されるものではないはずである。

世界内での具体的な実在性の欠如は、反省的思惟にとっては「全ての暗号の彼岸」を眺望すること(世界からの徹底的な超出の思惟的経験、自己否定する思惟、超越者の哲学的経験)により承認されると思われる。「哲学的信仰と啓示信仰とは、一方にとっては啓示されたものの具象性によっていわば天井を架されており、他方にとっては（プラトン、ニコラウス・クザーヌス、カントが、彼らの間のあらゆる相違を越えてそれを理解したように）充実した無知において受け容れられている、物事の測り知れない過程の中に共通して立っているとの意識により、出会いうるであろう」（Jaspers 1962:506-507）。我々は第三章第三節において「全ての暗号の彼岸」の節を見た際に、プラトン、クザーヌスについてはわずかしか触れなかった。クザーヌスについては本章でも若干言及したので、「全ての暗号の彼岸」の節におけるプラトンについて簡単に触れておくと、世界や神々を越え、無であるところの存在、存在と無の両方でありかつどちらでもないものとして、ブラフマンとニルヴァーナ、プラトンの善即ち存在の彼岸、プロティノスの一者が挙げられている。ここではヤスパースの列挙の妥当性は検討できないが、ともかくこの引用では「充実した無知」と言われているので、「全ての暗号の彼岸」が哲学的信仰と啓示信仰の共通の基盤となりうることを述べんとしていると受け取れる。

「物事の測り知れない過程」が何を意味するか判然ではないが、「全ての暗号の彼岸」の思惟、即ち自己否定する思惟により、超越者の徹底的な超越性に直面し、それに対して態度を取ることであると思われる。すぐ後に、「我々が範疇をもって範疇を超出しつつ、不適切にも『意味』として、『救済』として、『一切の消滅において恒存するもの』（das Bleibende im Verschwinden von allem）として、時間的でも無時間的でもなく永遠的であるものとして、見なすもの」（Jaspers 1962:507）において自己となりうるという各単独者の意識において、両者は結ばれるだろうと述べられている。そして、「永遠的であるもの」とは全ての暗号を越えた超越者そのものであろうが、「啓示としてであれ、無知としてであれ、時間の中で不安を生み出し、それと共に真摯さを生み出すもの」（Jaspers 1962:507）、「問われてもいかなる答えも与えないもの、あるいは沈黙そのものによって問うていると思われるもの」（Jaspers 1962:507）、「それについていかなる悟性、いかなる信仰告白、いかなる暗号も適合する答えを与えないか、あるいは、超越者の沈黙の現実性がそこでは決して十分にまた適切に捉えられていない、諸暗号と具象性を免れていない、実存の生活実践の真摯さによって答えが生ずるかであるところの、問いによって震撼せしめるもの」(Jaspers 1962:507)と言い換えられている。ヤスパースの考えでは、実存の生成は世界からの徹底的な超出を踏まえ、そこからの「生活実践」(Lebenspraxis)において為される。この実存生成の過程は、哲学的信仰と啓示信仰で共通しているとヤスパースは主張していると思われる。思惟の自己否定と超越者の徹底的な超越性の感得が、世界内の実在性の放棄を促し、哲学的信仰と啓示信仰の共通の基盤となるという構想を読みとることができる。徹底的な超越性の感得は、先にも見た「無知の知」を顧慮しより正確に言えば、神のあり様は、(存在そのものか非存在かということも含めて)思惟を越えているということ、あるともないとも分からないことが、承認されることと言えよう。

思惟に対して(あるいは反省に対して)実在性が欠如することは、思惟を挟まない(思惟による否定作用を受けない)、そのつどの現れとして想像に対しては、最も実在性を持つと言える。第三章でも触れたが、ヤスパースはキェルケゴールに由来する「瞬間」(Augenblick)を暗号の唯一性の特徴として、我々の理解では「今―ここにある物事の代替されない絶対的現実」の特徴として、挙げている。思惟の自己反省により思惟が無化し、瞬間的に主客が合一した暗号現象が生起し、しかしその統一は通常の思惟により分裂することになると思われる。したがって、超越者そのものの具体的な形での顕現を否定することは、一義的な確固とした事物という形での顕現を否定することであり、逆にそのつどの顕現は肯定されると言える。そのつどの現れは、思惟の自己無化によりそのつど達成されるのであり、存続することは不可能であり、反復して思惟が必要である。以前に(第三章第二節)ヤスパースにおいては超越者の顕現による充実と超越者の隠匿による開放という二面性ないし相即が見られることを考察したが、そのつどの顕現は開放と結びついていると言えよう。言い換えれば、開放の中で最も具体的な顕現が瞬問的に可能となるのである。

理性（思惟）と啓示のどちらに優位を見るかという問題に関しては、啓示が優位に立ち理性は従属する、理性と啓示は一致する、理性が優位に立ち啓示は従属する、という三つの答えがありうる。ヤスパースはこのうち第三の理性の優位を説く「理神論」のように見えるが、ヤスパースの言う理性は単に合理的な悟性ではなく、一者へと開かれた働き、交わりを遂行する働きであった。ヤスパースは、啓示とその理解の境界は確定されないとしており、啓示と思惟の働きを全体として捉える視点に立っている。これは先の三つの答えの中では、第二の理性と啓示は一致するという答えになると言えるが、しかし静的ないし予定調和的な一致ではなく、啓示という顕現と自己否定する理性の一致と考えることができる。啓示と思惟の一致は、「全ての暗号の彼岸」を眺望し、思惟が思惟自身を思惟し自己無化することで為されると言えよう。

3　哲学的信仰と啓示信仰の一致の不可能性と交わりの追求

(1)　哲学的信仰と啓示信仰の一致の不可能性

啓示の暗号化というヤスパースの提案は、啓示信仰の側から承認されるとは思えない。ヤスパース自身次のように述べる。「私が聞くところでは、どの神学者も、啓示の暗号への転換を共に実行しえない。［そのようなことを実行すれば］彼は彼の信仰と思惟の基礎を破壊してしまうのであろう」(Jaspers 1962:505)。ここで言われる神学者は、『啓示に面しての哲学的信仰』で言及されており、「超越者」の抽象性を批判しているバルトなどが念頭に置かれていると思われる。(17) 啓示信奉者は、神の現実の世界への具体的出現という教義を放棄することはないと思われる。啓示信仰からすれば、「信者たちの神は具象的で、近く、生ける、聖書の神である。哲学の神性は、抽象的で、遠く、専ら思惟されるだけである」(Jaspers 1962:482)。啓示信仰にとって、人間に具体的に働きかけ、愛し、救済する人格である神を、単なるそのつどの現れである暗号とすることは、承服できることではないと思われる。

現実には哲学的信仰と啓示信仰の両者が一つのものに統合されることはなく、一致は哲学的信仰の側からの一方的な願望に終わるかのように見える。哲学的信仰は啓示の具体性を退けるが、啓示信仰は啓示の具体性を放棄することはない。啓示の暗号化を拒むことを、ヤスパースは激しく批判し、それは「故意ではない、自己自身を自覚しない暴力行為」(Jaspers 1962:506)のようなものだと述べる。啓示信奉者は信仰を擁護することを意図しているのだろうが、かえって信仰を破壊しているのではないかとヤスパースには思えるのである。

では、違いを認めた上で相互承認することは可能であろうか。誠実性や真摯さを欠く権力や暴力による否定や支配ではなく、自らとは別の可能性として認め合うことはできるだろうか。これに関してもヤスパースは相互承認が容易になされるとは考えていない。啓示信仰の側から考えるなら、「啓示信奉者にとって現実的に現存する故、啓示が彼にとって真である時に、彼はそもそも同じ重要さの他の真理を、同じ次元に立ち応対しつつ、承認しうるのか。しかしながらそれは、神自身が彼に向かって語るのであるから、不可能である」(Jaspers 1962:533)と言われる。哲学的信仰の側から考えるなら、「哲学的に信仰する者は、神の啓示は不可能であるとの見解に達し、従って原理的に啓示を幻覚として退けざるをえないのではないか」(Jaspers 1962:533)と言われる。さらにヤスパースは、哲学的に信仰する者は啓示信奉者の中に「運命同伴者」(Schicksalsgefährte)を見出さないと述べている(Jaspers 1962: 536)。

（2）両者の交わりの探求

哲学的信仰と啓示信仰の一致の追求は途絶し、一方は他方にとって「疎遠な信仰」（Jaspers 1962:533）と言うしかないように思われる。にも関わらず、ヤスパースは可能な相互承認を模索し、両者の交わりの予兆を見出そうとする。ヤスパースによれば、それぞれが相手に比して自らの欠陥を自覚する「試練」（Anfechtung）が起りうるという（Jaspers 1962:534）。自らの欠点の克服を相手に見ることは、相手に敬意を持ち承認することにつながる。啓示信奉者にとっての試練は、哲学することの要求によって、具体的な形で啓示を信ずることができなくなるときに生じ、神の事実的な顕現によって克服される。哲学的信仰者にとっての試練は、神自身の顕現による保証に比しての、隠れた超越者の不確かさ・空しさであり、超越者により課された無条件の「誠実性」（Wahrhaftigkeit）によって克服される。ヤスパースはまた、哲学的信仰の試練は「包越者の全ての様態を結び付ける理性の顕現性」によって克服されるとも言い換えている（Jaspers 1962:535）。

そのような克服がなされた場合、啓示信奉者が誠実であれば、「啓示信奉者にとって彼に贈られた恩寵であるものを、彼は他者による意志行為として期待しない」ということになり、「彼はもはや、万人が同じものを信ずることを望まない」（Jaspers 1962:535）という。この意味は、超越者の顕現が真に恩寵であり、人間によるいかなる働きかけにも関わりがないことが感得される、ということであると思われる。また哲学的信仰者が誠実であれば、哲学的信仰者には、「現実的で誠実な啓示信奉者に対する受動的な寛容の好意ではなく、衝撃を受けた好意」（Jaspers 1962:535）が結果するという。この意味は、十分明らかとは言えないが、思惟と暗号に関して考察したことを踏まえるなら、理性の無限の進行における間接的な顕現ではない、直接的な顕現が起りうるということ、言わば可能性なき現実性が思惟の自己否定の作用を経ずに、つまり直接的に確定して生ずること、言い換えれば「全ての暗号の彼岸」を背景に持たずに充実がありうるということ（もちろん単なる感性的な充実でなく、思惟や社会生活を包含するものでなければならない）が、哲学的信仰者にとって感得されるということと思われる。どちらの場合も、他者は自分のあり方を確認する契機となっており、同時に自他の違いを認め、相互承認することになる。むろん、この自他関係は「愛ある闘争」と呼ばれたものに他ならない。「愛ある闘争」という用語は、個別的信仰同士の関わりに主として使われているが、啓示信仰の具象性の主張に対する哲学的信仰の批判も闘争と呼ばれているので、両者の関係をこのように捉えることも可能だと思われる。

『啓示に面しての哲学的信仰』は次のような言葉で終わっている。「生活実践とそれに属する信仰の、根源的に異なる諸様式は、実際に排除し合う。即ちそれらの様式は同一の人間において実現されえない。しかしそれら異なる諸様式は、それらが異なる人間達を通して世界の中で出会う場合は、排除し合うものではない。どの歴史性も、他の歴史性を実存的真摯さにおいて愛しうるし、一なる包越者の中でそれと結ばれているのを知りうるのである」(Jaspers 1962:536)。ヤスパースは、一人の人間においては哲学的信仰と啓示信仰は両立し得ないとする。しかし異なる実存同士は、違いがあることを踏まえた上で、生活実践の具体的課題においては、協力し合うことができる。他の歴史性も同じ一者としての超越者においてあるものとして、つながりがあるのである。啓示信仰者が一つの歴史性ということは納得されるが、哲学的信仰者も一つの歴史性ということは、少し抵抗がある。哲学的信仰者は、個々の暗号から超越した立場に立ち歴史性を超越していると言える側面もあるからである。しかし哲学的信仰は、歴史的な個別の暗号から遊離しているわけではなく、むしろ個別的な暗号の真の自己化と言えるのであるから、実践的には一つの歴史性と言ってよいと思われる。第二章で見たように、哲学的信仰はそのつどの個人の思惟に依拠しているが、同時に「伝承を機縁として自己自身に到達する」という側面を持っている。

両者は「試練」を経てそれぞれの独自性を自覚し、相互承認するとされていることに注意すべきと思われる。両者の関係は、単なる現状の安易な肯定ではなく、根本的な吟味を経た上での承認であり、愛ある闘争とも言える関係である。それぞれは相手の主張を真摯に受け取り吟味した上で、それとは異なる自らのあり様を自覚しており、その自覚には相手の立場が否定的に包含されている。自らとは異なる他者への敬意を含みつつ、自らの立場が真に自己化されていると言えよう。この場合、両者は交わりにおいて、単純な一致という形でなく、相互否定的に結合していると考えることができる。哲学的信仰と啓示信仰はそれぞれ自らのあり様を自覚し純正であるために、互いに否定し合い、その上で自らとは異なる可能性として相手を承認するのである。短く言えば、哲学的信仰と啓示信仰の関係は相互否定と相互承認の相即であると言えよう。一方を他方へと解消するのではない、相違している上での両者の交わりの可能性がここに提示されている。『啓示に面しての哲学的信仰』という著作は、（哲学的信仰の側から見た場合のものだが）哲学的信仰と啓示信仰の愛ある闘争を叙述した書と見ることができる。最終的に一致しえない啓示信仰との交わりこそ、哲学する実存が自らのあり様を自覚する愛ある闘争の最も純粋な形と言えよう。

両者の相互否定と相互承認の相即を踏まえれば、超越者と両者の関係について我々は次のように言うことができよう。啓示の歴史性も、限界の意識を有するなら、逆説的に開かれたものとなり、超越者の顕現という性格を帯び、本質的には超歴史的な側面をもつことになる。逆に哲学的信仰は本質的に超歴史的であるが、あくまでも歴史的な生活実践の場の関わりという現象において、その本質は働くのである。言い換えれば、哲学的信仰と啓示信仰は相互の交わりにおいてのみ、それぞれの仕方で超越者へと開かれ、純正な信仰でありうると言えよう。『哲学』では「宗教はそれだけで独立して存立することができる」（Jaspers 1932 I:299）とされていたが、『啓示に面しての哲学的信仰』では啓示信仰と哲学的信仰の相即が見てとられていると思われる。交わりが重要になっている状況においては、啓示信仰は哲学的信仰からの否定、先の「試練」、を媒介に自己肯定に至ると言えないだろうか。

『哲学』では、「哲学する者として私は、虚無に陥ることを欲せず、——古い時代の表現の仕方によれば——教会における異端者であること、換言すれば、本質上プロテスタントであることを、敢えて行う。私は断絶を遂行する必要はなく、自らの人格に対して、教会的現実性への自らの実在的関係を社会学的現実性の最小限にまで縮小させることができる。私は、失い難い根拠を私自身に与えたところのものなしに新しい世代を残すことも欲しないし、また伝統への畏敬を失うことも欲しない」（Jaspers 1932 I: 312）と言われている。この引用だけでは、哲学する者の態度は、自身は教会に参与しないにも関わらず虚無を望まない、都合がいい主張であるとの印象を受ける。しかし、哲学的信仰と啓示信仰の相互否定と相互承認の相即を踏まえれば、決して哲学する者の態度は現実から身を引き傍観者的に振る舞うものではないと言えよう。哲学的信仰は内容的に啓示信仰に依存するばかりでなく、自己のあり方を自覚し、自己の課題を遂行するために常に啓示信仰との関わりにおいてあり、啓示信仰を離れては存在しえないのである。

4　暗号と交わりと思惟

本章で見てきたヤスパースにおける交わり思想の展開を振り返り、その上で前章での検討も踏まえ暗号思想と交わり思想の関係について考察したい。

まず、本章で見てきた交わり思想に関しては、ヤスパースの思想的発展において交わりは、実存の規定から、哲学することの手段へ、さらに哲学することの目的そのものへと意義が変化している。交わりにおける実存という規定、交わりの分類などは『哲学』以来大きな変化はないと言える。『理性と実存』、『真理について』で超越者は全ての統一として位置付けられ、超越者へ向う哲学することが「統一」や「交わり」として構想され、暗号における顕現と同時に無限の開放が超越者への道として語られるようになる。『啓示に面しての哲学的信仰』では「交わりへの信仰」としての哲学的信仰が、言わば「高次の信仰」として語られ、信仰同士の関係さらに哲学的信仰と啓示信仰の相互否定と相互承認の相即が論究されている。そして哲学的信仰と啓示信仰は相互の交わりにおいてのみ純正でありうると我々は考えた。ヤスパース思想の発展を通じて、ヤスパースの哲学において「交わり」の重要性が増し、より中心的なテーマになっていると言える。

次に、前章における暗号思想の展開の検討と本章における交わり思想の展開の検討を踏まえ、暗号思想と交わり思想の関係について考察しよう。第三章第三節では、暗号の闘争を個々の暗号の不十分さ・非完結性の現れとして捉え、個々の暗号の不十分さ・非完結性が「全ての暗号の彼岸」を思惟することへつながることを考察した。『哲学』では、暗号が完成した像を与えるという側面が強く、暗号は哲学することの目的を示すものという性格が濃かった。しかし『真理について』を経て『啓示に面しての哲学的信仰』では、「暗号の闘争」が明確に語られ、個々の暗号が哲学することの目的そのものとは言えない。暗号の闘争は交わりであるから、交わりが核心に据えられ、そこから暗号が捉えられていると言えよう。

実存にとって超越者の存在や自己の存在の覚証は、各人ごとに多様な暗号の読み取りによって可能である故に、暗号と暗号が相対する闘いの中におかれ、その意味で実存は他者との交わりにおいてのみ存在を覚証して自己自身となる、という指摘がある。[18] ある暗号に基づくある信仰は、別の暗号に基づく別の信仰との闘争状態にあるのであり、その闘争を離れては具体的な信仰はあり得ない。諸暗号の衝突は実存と実存の交わり、即ち「愛ある闘争」であると言える。闘争の中にありつつも、闘争する相手の連帯感、闘争を越え包む全体への、たとえ漠然としたものであっても統一への予感のようなものがなければ、闘争は単なる権力闘争と化し、真の一者の探求とはならない。逆に言えば、闘争が一者へ開かれるかどうかという基準に基づいて自他を吟味するものであるとき、闘争は交わりとして一者の探求の手段ということになる。その一者への開放は、思惟の自己否定により徹底した浮動、内在者からの浮動のみならず個々の暗号からの浮動、により獲得される。「我々の全き自由が初めて――暗号の闘争に飛び込んで行くと同時に、闘争から距離をおくことにより――、我々を開いたままに保ち、交わりへと駆り立て、理解の空間を無限に広げ、実存の歴史的現実性の中でその理解に地盤を与える」（Jaspers 1962:205）と言われ、個々の暗号に専ら没入し、闘争に参加するのみではなく、闘争から距離を置くことが必要とされている。闘争しつつも、闘争の相手との統合が思念され、ある意味で闘争が相対化されていなければ、単なる内在的な闘争であり、相手を否定することに終始することになると思われる。闘争からの距離は、自らの拠って立つ暗号からの距離、自らの拠って立つ暗号を絶対視しないこととも言えよう。このような自らの拠って立つ暗号の相対化は、他者へと開かれ、無制限に交わりを求めるという観点からの、「暗号」思想の捉え直しと言うことができよう。「暗号において相互に理解し合うことは、超越的なものへの関わり（Berührung）における交わりを意味する。ここでは、最も親密な結合と最も重要な敵対関係が可能である。人間たちが結合している場合、諸暗号の純粋性と重要性のための闘争が残っている。人間たちが暗号によって互いの間に何らかの断絶を認める場合、自分の暗号を退けてもなお他者を理解しようとする何ものか、即ちあれやこれやの個々の言語においてでなく、暗号世界における動き全体の中で一致したいという切望が大きくなる」（Jaspers 1962:205）。暗号において一致していれば、その暗号の純粋性、即ち真に浮動を実現しているか否かに関して自他の結合しつつの闘争がある。さらに自他が一致していないならば、自らの拠って立つ暗号を放棄しても、暗号世界において一致したいという志向があるとされる。自らを今まで育んできた支えを放棄しても、他者を理解しようとする切望が我々にはあるとヤスパースは考えている。個々の暗号はもちろん重要であり続けているが、交わりという要素がより決定的になり、自己存在が単独ではなく交わりにおいて自他を包含するそのつどの統一としての暗号を求めることへ、ヤスパースの視点が移っていると見ることができると思われる。我々は暗号解読において顕現と開放の相即があることを考察したが、顕現と開放は無制限な交わりにおけるそのつどの完成とさらなる交わりの追求として把握できる。

さらなる交わりによる新たな全体が可能なためには、個々の暗号の不十分さを承認する必要があり、自己の開放ということを自覚する必要がある。信仰という言葉を使い換言すれば、自他の信仰を包含する信仰の交わりが可能なためには、自らの信仰の不十分さを承認し、自らの信仰の他者の信仰への開放性が自覚されることが必要である。個々の暗号を制限するためには、個々の暗号が無効化する局面を提示する必要があり、その提示が『啓示に面しての哲学的信仰』における「全ての暗号の彼岸」という徹底的な世界からの超出に関する論考であると言えよう。個々の現れを越えた「超越者そのもの」は思惟しえないという思惟の自己止揚が、自己の開放には必要である。超越者そのものは実存的交わりの直接的な根拠・目標というよりは、交わりを導く間接的な根拠・目標であり、世界からの超出は信仰同士の交わりの直接的な目的ではなく、信仰同士の交わりが純正である条件という形で働くと考えられる。そして、全ての信仰が自らのあり様に自覚的であることが必要だとするなら、その自覚は交わりにおける他の信仰との相互否定と相互承認の相即により生ずるのであるのであるから、世界からの徹底的な超出は全ての信仰の基盤でもあると言うことができよう。

このような暗号思想と交わり思想の関わりにおける、思惟の働きについて考察しよう。実存が世界内で理性によって交わりを遂行する際に、世界内の物事は超越者の暗号となると言えるのだが、ヤスパース思想の展開に応じて、思惟の扱われ方、位置付けは変化が見られる。大きな観点ではヤスパースにおいて実存の充実と開放、超越者の顕現と隠匿の相即は一貫しているが、思惟の働きからその相即が語られる傾向が強くなっている、さらに言えば思惟の働きがその相即を現出すると見られるようになっている。

『哲学』では思惟の働きは、「形式的超越」という思惟の挫折が、「暗号の空間を開く」という超越者の内在者における顕現の前提とされていた。「哲学すること」、「実存すること」は自由という内在者からの超越を自覚し、そのつどの超越者の現れである暗号に基づいて無制約的に行為することとされ、思惟は実存することの前提という位置づけという側面が強い。思惟を越えた神秘的な顕現が説かれているような箇所も『哲学』にはよく見られる。『真理について』では、単なる悟性ではない、統一への意志、交わりの意志としての理性が「哲学すること」、「実存すること」の手段として導入された。理性は、他者との関わりにおいて、内在的な一つの観点からの比較ではなく、物事の根拠を問い明らかにし、あらゆる物事に関連を求め、統一へと向かわせる。超越者は主客の統一、また全ての現象の統一としての「包越者」として概念化された。理性の統一する働きにおいて、あらゆる物事は最大の統一としての超越者の現象と見なすことができる。つまり世界内の存在は、実在性を否定されるが、統一へと関係させられる限り、超越者の現れということができる。実存の「超越すること」とは、交わりにおいて暗号を受け取ることとも言え、統一としての暗号を求め交わりを遂行することとも言えよう。しかし超越者そのものは、直接的な顕現とならないのであり、理性は非完結性を有し、むしろ無限の開放を目指すと言え、顕現と開放の相即が明確化している。『哲学』においては、「交わり」は実存の規定の一つであり、超越者の現れとしての暗号との連関が分かりづらかった。『真理について』では、交わりの非完結性に鑑みて、交わりの根拠であり同時に無限の目標として超越者が捉えられる。この開放性は内在者からの浮動に止まらず、そのつどの現れからの浮動でもあるはずであり、この点が『啓示に面しての哲学的信仰』で、徹底的な内在者からの超出である「全ての暗号の彼岸」として論究され、そのつどの現れである個々の暗号の空無性が、より明確になったと見ることができる。

第三章第三節で考察したように、個々の暗号の無効化は『哲学』においても「挫折」の暗号として語られていたが、『啓示に面しての哲学的信仰』では個々の暗号が無効になる局面が思惟の自己否定の働きにより感得されることが明示され、思惟の働きが重視されていると言える。あるいは「形式的超越」という思惟の挫折の意義がより強調され、暗号の衝突による超越者の絶対的な超越性の覚知へと再編されたと言うこともできる。第三章第一節で触れたように挫折は、「全ての暗号存在を包括する根拠」（Jaspers 1932 III:234）であったが、その意味を「思惟の自己否定」と「交わり」を導入して言い表すなら、思惟の自己否定による内在からの徹底的な超出は信仰間の交わりの根拠であり、その超出は全ての暗号を包括するのであるが、完結した状態で統一を示すと言うよりは、全ての暗号への開放性であると言うことができよう。

言うまでもなく、思惟の強調は単なる合理主義のように、思惟で超越者が把握できるとか、現実における具体的経験が二時的な意味しか持たないということではない。また逆に思惟の強調は、思惟の挫折の強調であるが、単なる非合理主義のように思惟が不要であるとか、神秘的な経験を主張するものではない。ここで言う思惟の強調は、哲学的信仰（思惟する実存の信仰）における思惟の働きの明確な提示ということである。

『啓示に面しての哲学的信仰』の地点から「実存すること」、「哲学すること」に働く思惟を総観するなら、思惟は、内在者からの浮動とさらに個々の暗号からの浮動を遂行し、その上で全ての統一としての超越者を予期しつつ交わりを遂行する思惟と言うことができよう。そしてその浮動は、思惟が自らを否定することにより現出するのだが、そもそも自己否定するに至るのは統一や交わりを求め、それを実現できないことを自覚するからである。そこで、その思惟は、交わりを求めるという自己の働きを貫徹することにより自己否定に至り、交わりの遂行へと還帰する思惟、自己の働くべき場へ復活する思惟と表現できよう。逆に自己否定して交わりへと還帰しないならば、それはそもそも交わりを求める思惟ではなかったと考えられる。第二章で見たようにヤスパースは哲学的思惟一般を対象的存在の乗り越えと捉えているが、世界を越えた存在や観念的絶対者を目指す思惟は、やはり挫折するのであるが、交わりを追求する中で挫折し交わりへと復活することはない。そこでヤスパースが展開した思惟は、もともと交わりにおける思惟、より正確には交わりとしての思惟であったと考えることができる。このような交わりとしての思惟からヤスパースにおける実存することを捉えるなら、実存することは自己否定する思惟による交わりへの脱自と言えると思われる。

ここまでの論究で、『哲学』における「実存的交わり」と、『啓示に面しての哲学的信仰』における「哲学的信仰と啓示信仰の交わり」がどのように違うのか、明確化したと思われる。「実存的交わり」は、自己の暗号と他者の暗号が異なるという暗号の闘争として把握できる。「哲学的信仰と啓示信仰の交わり」は、思惟と啓示の相克として把握できる。『哲学』において理性は表面的には主張されていないものの、ヤスパース的な理性の態度は『哲学』における実存の姿勢に見て取れることは、多くの研究者で一致しており、本論考もそのような見方に立ってきた。そこで理性による開放性の追求という意味では、実存的交わりも、哲学的信仰からの啓示信仰への関わりも同じである。しかし、「交わりの意志」としての理性を手段とする哲学的信仰の性格が真に明確化するのは、後者においてである。前者においては、他者の暗号とは異なる自己の拠って立つ暗号が実存にとって明らかになる。後者においては、理性が理性ならざるもの、すなわち啓示と真向から相対することで、理性が自らの開放性、また自らの根拠であり目標である統一としての超越者の徹底的な超越性を感得する。「暗号」としての「挫折」ではなく、「自己否定する思惟」による「全ての暗号の彼岸」が究明されていることは、交わりにおける理性のあり方が根本的に探究されているものと見ることができる。啓示信仰との違いが究明される中で、ヤスパース的な実存の信仰の「哲学的」性格が明らかになったとも言えるし、逆に、実存の信仰の「哲学的」性格が明確に打ち出され、啓示信仰との対立が大きな問題として浮上したとも言える。何れにせよ、我々の言うところの「交わりとしての思惟」が自らのあり様を自覚するためには、啓示信仰との相対が必要だったと言えよう。

第五章　「交わりとしての思惟」に関する他の思想との比較

我々はヤスパース哲学における暗号思想と交わり思想の発展をたどり、その中では思惟が、内在者からの浮動と個々の歴史的信仰からの浮動を獲得した上で、統一を志向する働きとして捉えられていることを見た。前章の最後で我々はその思惟が「交わりとしての思惟」であり、「自己否定し交わりを遂行する思惟」と特徴付けられると考えた。このようなヤスパースの考えの妥当性や意義を検討するには、「統一への意志」、「交わりの意志」としての「理性」という独特な概念の妥当性、また、あらゆるものの「統一」という超越者の規定の妥当性を問うことが必要と思われる。本章では、ヤスパースにおける「理性的思惟」や「交わり」と若干の他の思想家の所説を比較し、この妥当性の検討を行いたい。

まず第一節では、カントの「共通感覚」(Gemeinsinn) とヤスパースの「交わり」を比較したい。カントは「構想力」(Einbildungskraft) と悟性の調和に関する美学的判断の根拠として、共通感覚を想定している。カントは共通感覚を論ずる際に、最も明確に人間の共同性を扱っている。何度か言及したが、「構想力」はヤスパースの暗号論においては「想像」(Phantasie) に該当し、また、交わりは理性により遂行されるものであった。想像（構想力）の問題が、人間同士の関係の問題につながることを明確化することは、想像による暗号解読と理性による交わりの関係を明確化するために有益と思われる。

次に第二節では、ヤスパースにおける理性の「超越する思惟」の特質を「非対象的思惟」という側面から、キェルケゴールの「逆説」(Paradox)、東洋思想の「レンマ」と比較したい。ヤスパースの考えでは、哲学思想は一般に非対象的なものに関わるのであるが、明確に対象的思惟とは異なる思惟を主張する思想として、キェルケゴールの「逆説」、東洋思想の「レンマ」を取り上げる。この比較により、「非対象的思惟」という観点からのヤスパースの特徴が浮かび上がると思われる。

第三節では、田辺元における対他関係の問題およびそこに見られる実存思想批判を検討し、田辺とヤスパースを比較する。田辺は、実存哲学は西洋哲学の中で最も「個」の問題を深く探究した点が功績であるが、従来の西洋哲学と同様に、「同一性論理」によって立ち、真の弁証法に到達しなかった点が限界であると主張する。また、田辺は晩年に「実存協同」を主張し、絶対者が実存同士の交わりにおいて間接的に顕現するという、ヤスパースの「交わり」に類似している思想を説いている。田辺とヤスパースを比較することは、「同一性論理」、「交わり」に関してヤスパースにおける理性の特徴を明確化すると思われる。

第一節　カントにおける「共通感覚」とヤスパースにおける「交わり」

1　想像と理性の問題

先に見たように、暗号は実存の「想像」により受け取られるものであり、その想像は内在者から遊離する単なる夢想とは異なり、内在者の根底へと向い、内在者の完成した姿を示すものと考えられる。交わりは「統一への意志」、「交わりの意志」としての「理性」により遂行される。想像と理性の関係はいかなるものであろうか。

想像は、局所的な内在的なつながりではなく、全てのものの統一を予感させる、物事の真のつながりを示すと言えよう。内在者の根底に、全てのもののつながりが見いだされることが、統一の探求と考えれば、想像と理性は、両者が十全に働ければ合一する、ないし、同じものを別の側面から見たものと考えられる。『真理について』では、理性、愛、暗号について、先にも引用したように、次のように述べられている。「時間現存在の内で我々に可能な真理存在の完結として、我々が最終的に理性、愛、暗号という形でその回りを巡回しようとしているものは、それ自体において一者の内にある。我々は完結する場合は不分離であるものを分解し、順々に論究する。真に哲学することは集中であって、その集中の内で理性は空間と運動を、愛は充実を、暗号は存在意識の内実をもたらす」(Jaspers 1947:962)。完結した状態では、理性と愛と想像は不分離とされている。想像は内在者の深いつながりを示すが故に、理性の統一と合致すると、とりあえずは考えられる。その限りでは、統一への意志としての理性を行使することは、想像を働かせることでもある、と言えるだろう。

だが理性には、統一の「突破」という作用もある。局所的、部分的な統一は、全てのものの統一に比して不十分であり、破壊され、さらに大きな統一へと再編成される必要がある。つまり存在が四分五裂している現実の世界においては、「統一への意志」、「交わりの意志」としての理性は、局所的な統一の突破という、想像とは異なる性格を特徴とするのである。我々が既に見た交わりの非完結性も、理性の突破によると言えよう。

さて、カントは『判断力批判』（*Kritik der Urteilskraft*）において、「構想力」と悟性の調和に関する美学的判断の根拠として、「共通感覚」を想定している。共通感覚ゆえに、美学的判断は個人の相違にも関わらず一致する。カントにおける倫理は、「自律」（Autonomie）の倫理であり、真の他者が存在しない、独我論的である、などと批判されてきた。しかし、カントにおいて人間の共同性は、表面に現れない重要な関心事であると指摘する論調も存在する。[1] カントは共通感覚を論ずる際に、最も明確に人間の共同性を扱っていると考えられる。カントの「共通感覚」とヤスパースの「交わり」を比較することは、構想力（想像）と理性的交わりの関係を明確化することに有益と思われる。先取りして言えば、我々は、「交わり」の非完結性をヤスパースの考える理性的交わりの特徴として確認できると思われる。なお「共通感覚」は異なる諸感覚の根底にある原感覚を指す場合もある。他者と共通する感覚と原感覚は、根源的に同じと考えられるが、今は詳しく論じることはできない。

2　カントにおける共通感覚

（1）美学的判断（ästhetisches Urteil）における共通感覚

美学的判断は、個別的なものにおいて法則を見出す働きである。美学的判断は、あらかじめ存在する一定の概念に従って対象を判断する客観的な判断ではなく、個々の対象に関して主観が快を感じるか不快を感じるかという主観的な判断である。美は構想力と悟性という我々の認識能力の自由な遊びにおける調和に、快を感じる感情によって判定される。構想力が多様な直観をまとめ一つの表象を形成したときに、その表象が悟性に調和的であると判定されるならば、我々は美しいと感じる。注意すべきは、美学的判断は悟性に関わるとしても、対象を悟性的概念によって判定しているわけではなく、構想力と悟性の関係を感情によって判定していることである。我々は調和を概念的に明確な形で認識するわけではなく、主観的に感じるのである。

美学的判断は主観的な判断であるにもかかわらず、普遍妥当的であるべきであるとカントは考える。美学的判断の普遍性の説明に、カントは「共通感覚」を用いる。「ところでこの［構想力と悟性の］調和自身は、普遍的に伝達されなければならないから、したがってまたかかる調和の感情（与えられた表象に関する）も、普遍的に伝達されなければならない。しかしある感情の普遍的な伝達可能性は、一種の共通感覚を前提とする」（Kant 1790:239）[(2)]。表象に対する快・不快の感情が全ての人間に共通であれば、外的な概念によらずとも美に対する判断は全ての人間で一致する。

感性的感覚は個人ごとに相異があり、感覚的対象に関する快は個人ごとに異なる。そこで感性的感覚とは異なり、共通感覚は自分自身を他者の立場においてみる、偶然的制限を度外視するといった特徴を持っている。「[美を判定する]趣味（Geschmack）の事柄に関して裁判官の役目を果たすためには、我々は事物の実在（Existenz）にいささかたりとも心を奪われてはならなず、この点に関しては全く無関心でなければならない」（Kant 1790:205）。美学的判断を行う際には、事物の存在がどのような意味をもっているのか、自己に対してどのような益があるのか、といったことは考慮せず、ただ事物の表象の調和に関して判定をしなければならない。それ故カントは、美に関する快を「無関心的適意」（uninteressiertes Wohlgefallen）と呼ぶ。

（2）共通感覚の根拠

カントは、共通感覚が成立する条件を人間の「社交性」（Geselligkeit）に見ている。人間は社会を形成する存在であり、自己を社会化し、社会生活を円滑に営もうとする社交性を持っている。人間の社交性にとって自己と他者の「心的状態」が一致することは理想であり、社交性が十分に発達し機能すれば、共通感覚は実現するのである。しかし社交性によって我々が共通感覚を志向する理由は説明されても、共通感覚が実際に存在するのかどうかは別問題である。社交性は共通感覚が成立する条件であるが、共通感覚の実在についての理論的根拠ではない。共通感覚の実在性についてカントは述べる。「ところでこのような共通感覚は、決して経験の上に根拠付けられない。この共通感覚は、一種のべし（Sollen）を含むような判断に権利を与えることを主張するからである。この共通感覚は、全ての人は、我々の判断に一致する《であろう》と言うのではなく、合致す《べきである》、と言うのである」（Kant 1790:239）。共通感覚は経験的な実在ではなく、経験を越えた人間の叡智性から「かくあるべし」と要求されるものである。

（3）美学的判断と道徳的判断

「美は道徳的善の象徴（Symbol）である」（Kant 1790:353）と言われるように、カントは美と道徳に深いつながりを見ている。我々は美的対象を形容するのに、道徳的判断を根底に置くと思われる表現を用いる。カントは、「堂々としている majestätisch」、「壮麗である prächtig」、「邪心がない unschuldig」、「優雅である zärtlich」といった例を挙げている。美は、道徳的判断によって生じる心的状態と類似するものを含むような感覚を呼び起こす。「趣味は、言わば感覚的刺激から習慣的な道徳的関心への移行を可能ならしめる。とはいえこの移行は、決して無理な飛躍によるのではない。趣味は自由に働く構想力を、悟性に対して合目的に規定され得るものと提示するのみならず、感官の対象においてすら、およそ感覚的刺激に関わりなく自由な適意を見出すことを教えるのである」（Kant 1790:354）。美学的判断は、感性的対象の中にも人間の自由を見て取る判断であり、趣味が発達することは、感覚的刺激への囚われから脱却し、自由の現象について一層注意を払うようになることである。

美を判定する原理は主観的で不明確なものであるのに対し、道徳性の原理は客観的で普遍的な概念によって表示されるという相異もある。しかしカントは、根底では美学的判断と道徳的判断はつながっていると考える。「趣味が彼方に望み見るものは叡智的なもの（Intelligibeles）である。即ち我々の［感性を越えた］上級の認識諸能力はこの《叡智的なもの》と合致するのである」（Kant 1790:353）。人間の道徳的能力も美的判断力も共に、叡智的なものという超感性的な共通の根拠に由来するとカントは考えているのである。

（4）人格（Person）と人格性（Persönlichkeit）

社交性による没関心性は、道徳的判断にも共通する特徴であるが、現実に成立するか否か疑問がある。現実には我々が自己の関心から完全に脱却することは不可能と言える。その理由は、我々が我執から脱却することが困難なためだけでなく、自己と他者の相異がいつでも明確に自覚されているわけではないためでもある。共通感覚は「反省において全ての他者の表象の仕方を、思想の中で（ア・プリオリに）顧慮する」（Kant 1790:293）能力であるが、それは「我々が自分の判断を、他者の、現実のというよりは可能的な判断に照らし、自分自身を全ての他者の立場に置くことによってのみ可能である。そのためには、人は自身の判定に偶然的に付着している種々な制限を、度外視する必要がある」（Kant 1790: 294）。したがって共通感覚は、他者および自己についての完全な理解を前提としてはじめて可能である。しかし、複雑な要因が絡む問題においては、他者ついての理解が、さらには自己についての理解も、交わりの過程で次第に進むことの方が多いと思われる。あらかじめ共通感覚が成立していることは少なく、共通感覚は交わりの結果生ずると言った方が当たっているであろうし、また完全な共通感覚の達成は多くの場合困難と思われる。共通感覚への志向は意義ある交わりの前提と言えようが、我々が共通感覚から判断を行うことは少ないのではないか。

カントの哲学において現実の人間に対する洞察が不十分であることは、従来から指摘されている。(3) ここでは「人格」と「人格性」ないし「人間性」（Menschheit）の区別に触れておこう。カントは現実の個別的人間を人格と呼び、人格における人類共通の理念的な人間のあり方を人格性あるいは人間性と呼んでいる。人格は現実において生ける人間であり、個体的要素を持ち、現象的性格を有している。これに対して、人格性は超越論的な主体性であり、理論的には意識の統一、主観の形式的統一であり、実践的には自由な道徳の主体である。人格性には個体的要素がなく、現象的には把握されない。

この区別はカント自身整合的ではない場合がある。例えば人格がそのまま目的そのものとされる場合もあるが、人格と人格性の区別を厳密に解すれば、人間の叡智性のみが目的であり、単なる現実の人間は超克されるべき存在のはずである。

人間が感性的であると同時に叡智的性格を持つことが、一貫してカントの主張であり、カントは感性的側面と叡智的側面の両立の可能性を示すことを主たる課題とした。叡智的存在が感性的領域で働くことが要求として是認されれば、カントの目的は達したことになるのである。人間の叡智的性格と感性的性格の矛盾を十分に究明した上で総合を模索し、要求が実現する条件を詳しく検討することは、カントの課題ではなかった。それ故、現実における個別性を有する人間が単に否定的に捉えられ、その意義が軽視されているとの印象がある。人間の交わりに関しても、カント自身理想に過ぎないと述べている(4)人格性の結合、いわゆる「目的の国」(Reich der Zwecke)が念頭に置かれていると言えよう。

3　カントとヤスパースの比較

以上のカントの共通感覚に関する所説と、ヤスパースの理性的交わりの思想を比較しよう。交わりにおける人間の個別性の意義と、交わりと超越的なものの関係が、両者で大きく異なっていると言えよう。

まず個別性の意義について、カントは自己存在の本来のあり方を超個人的な叡智性に見ており、個別性を専ら否定的に捉えていると言える。カントの主張する共通感覚においては、自己と他者は同等性を有し、自他は互いに置き換え可能でなければならない。これに対して、ヤスパースは本来的な自己存在である実存を主題とした。実存は代替しえない一回性を持った自己存在であり、実存的交わりは相違がある者同士の交わりである。確かにある実存と他の実存の間には一種の同等性が存在するが、その同等性とはそれぞれの立場で主体的に行為するというあり方の同等性である。その主体的行為とはそれぞれの異なる内在的あり方を離れたものではなく、むしろそれぞれの特有な内在的あり方を超越者へと連関させることである。

次に、カントもヤスパースも単なる現存在を克服されるべきものと考えており、交わりを可能にする根拠として超越的なものを想定している。しかし、交わりにおける超越的なものの位置づけは異なっている。カントでは共通感覚を可能にする、理論化できない根拠として超越的なものが暗示される。個別性を越えた普遍的な判断のために超越的なものは要請される。これに対して、ヤスパースにおいては、個別性こそが超越的なものへつながる通路となっている。交わりの非完結性がかえって超越者を証示するものであった。個別性が徹底的に明らかになることによって、自己の有限性が顕わとなり、交わりの非完結性が承認される(5)。

我々にとって内在者が種々の意味に分裂しており、自他がどこまでも相異があるという実存にとっての根本状況を踏まえ､交わりを究明した点がヤスパースの功績と言えよう。カントは自己存在の叡智的な同等性を見てとったが、自己存在の叡智的なあり方は、内在的な相異を捨象した理想的な認識主観としての自己存在のあり方と言えよう。言うまでもなく、この自己存在の叡智的なあり方は、現実における実存ではない。ヤスパースが「実存は理性によってのみ〈明白〉になり､理性は実存によってのみ〈内実〉を得る」(Jaspers 1935:49) と述べるように、明白な認識のために理性は欠かせないが、理性が内実を伴って働くためには実存の契機が欠かせない。ヤスパースは理性の根本的な特徴を「統一への意志」としている。統一への意志としての理性の機能が十全に発揮されるのは、現実の自己存在同士が相違を越えて交わりを志向する際に理性が推進力となる場合と言えよう。理想的な認識主観に担われた理性は、単なる認識の精密化の働きとなると思われる。また、カントは「社交性」という現実の契機を導入しているが、社交性は実際には妥協という安易な一致をもたらしかねず、超越的なものへの媒介となりうるか疑問がある。自他の相異という実存の根本的状況を踏まえた場合、実存の異質性に基づく交わりの非完結性によって超越的なものが開示されるというヤスパースの主張は、意義深いものと言えよう。

第二節 「非対象的思惟」
――キェルケゴールの「逆説」、東洋思想の「レンマ」、ヤスパースの「超越する思惟」としての理性――

1 非対象的なものに関わる思惟

本節ではヤスパースにおける「統一への意志」、「交わりの意志」としての理性の特徴を、「非対象的思惟」、ヤスパースの表現では対象存在を超越する「超越する思惟」（das transzendierende Denken）という側面から明確化したい。ヤスパースは理性の思惟に関し、「非対象的なものの思惟」（Jaspers 1947:41）、「対象性をもって非対象的なものを確証する」（Jaspers 1962:132）と表現しており、また、「実存的思惟は、〈どのような新しい対象も〉そこでは認識され〈ない〉ような思惟である。それは対象的なものにおいてそれ自身は決して対象にならないものを思惟する」（Jaspers 1947:355）という叙述もあるので、ヤスパースにおける理性的思惟の一つの特徴を、「非対象的思惟」と呼んでも差し支えないと思われる。「暗号」思想や「交わり」思想がヤスパース哲学の主要な内容であるが、そこで働く思惟の特徴として「非対象的思惟」というものが挙げられるのである。

第二章でも述べたように、ヤスパースは、そもそも哲学は対象的認識を遂行する悟性とは異なり、対象化されないものに関わると繰り返し主張している。その意味では全ての哲学する働きは、非対象的思惟という性格を持ち、例えばカントの超越論的哲学やヘーゲルの弁証法も、対象的な認識と見なされるなら、意義を失うという。

哲学一般がその本質的な部分では、通常の対象的な事物を扱う悟性から見れば、非論理的な表現をとらざるを得ないとヤスパースは考える。ヤスパース自身の哲学も同様であり、ヤスパースは著作の随所で我々の通常の物を知る働きである対象的思惟の限界を主張し、対象的思惟からの超越を説いている。ヤスパースは自らの実存を巡る哲学における非論理的なものの例を挙げている。例えば、実存は単独者として超越者に関わるときにのみ、真に交わりを実現することができる。また実存は挫折を自覚しながら行為することによってのみ、真に実現を達成できる。このような論理的に見れば矛盾した表現が、「哲学すること」、「超越すること」には付随する。

対象的認識の超越に関するヤスパースの特徴は、明示的に非対象的なものを主題とし、非論理的な思惟の働きを解明している点である。ヤスパースの主要思想の一つである「包越者論」（Periechontologie）は超越する思惟の理論化・概念化を目指したものであり、その意図することは非対象的なものの伝達であると言える。「包越者」（das Umgreifende）は主観と客観を越え包む存在そのものであるが、具体的に現象する際にはいくつかの様態をとる。我々が現実に何らかの対象と出会う際には、包越者そのものではなく、そのつどのパースペクティブに応じて特殊な包越者において、その対象と出会うのである。存在論的な解釈は、様々な存在秩序を区分し、その相互関係を論じたものとして包越者論を捉える。現象の意味は多重的であり、例えば生命現象を物質的に観るか、生物的に観るか、心理学・社会学的に観るか、一個の人間として個人的に観るかで、意味が異なってくる。このような意味の多重性を包越者論では、様々な存在秩序の相違として把握していると考えられる。確かにこの解釈は世界の秩序の理解に益するところがあり、一定の意義があると言えるだろう。しかし包越者論における存在秩序の区分は、ヤスパースも述べているように、それ自身で意味があるものではない[6]。包越者論を提示したヤスパースの真意は、存在の秩序を提示することにあったのではないと考えられる。主客を包越したものの現れである「暗号」（Chiffre）の思想は、前期からのヤスパースの主要思想であるが、包越者論は暗号が一つの対象的存在となること

を防ぎ、一つの暗号に囚われない立場を可能にするという機能を持っている。(7)

以下、まずヤスパースにおける非対象的なものに関わる思惟の特徴を明らかにする。次いで、ヤスパース以外に、対象的思惟とは異なる思惟を明確に主張した思想として、キェルケゴールの「逆説」、東洋思想の「レンマ」を取り上げ、ヤスパースと比較することで、「非対象的思惟」の意義について考察したい。キェルケゴールとニーチェによる理性への反省・批判によって、空虚な論理学に至るか逆に虚構的な絶対知に至る思弁が疑問視された。キェルケゴールは、概念化されない現実の把握には矛盾、逆説、弁証法が不可欠であることを明確に主張している。また、いわゆる論理的な思惟は西洋で最も洗練されたが、それとは異なる思惟が東洋思想には見られ、その思惟を「レンマ」として山内得立氏は論究している。

2　「理性的非論理」――『理性と実存』における超越する思惟の提示――

ヤスパースにおいて、矛盾、逆説、弁証法を特徴とする非対象的なものに関わる思惟の特徴が、主題として論じられている箇所としては、『哲学』第三巻『形而上学』の第二章「形式的超越」、『理性と実存』の第四講第一節「理性的非論理」、『真理について』の第二部第二章「概念と判断」という部分が挙げられる。このうち最も簡潔で明解な『理性と実存』における「理性的非論理」を参照したい。

繰り返し見たように、ヤスパースは、対象からの超越は「理性」(Vernunft)によって遂行されると主張する。理性は様々な存在を全体として統一し、秩序化する働きであり、しかも理性の統一作用は、局所的な統一を打ち破り、無限に運動する開放性であった。論理化し明瞭化する悟性は、理性によって真の意義を与えられる。悟性の局所的な統一は、他の統一への対立であり他の統一の否定であるが、理性から見れば、その対立・否定は、真の統一という肯定的なものへと向う契機となる。しかし悟性から見れば、理性の作用は悟性を否定する働きとなる。悟性的に見れば理性の思惟は非論理的な形式をとることになる。この理性による非論理的な主張を「理性的非論理」（vernünftige Alogik）とヤスパースは呼ぶ。

「我々はあらゆる非論理的なものを〈超越すること〉においてのみ捉える。我々は、単に世界における事物ばかりでなく、自己自身を、全体者を、問う存在者である。したがって我々は、現存在として、意識一般として、精神としてのみ、現実的ではあるが、しかしそれらの中で、我々は自分を越えて出ており、我々の現存在のあらゆる限定的な様式とあらゆる限定的な思想内容を越え出ているのである。そしてこの越え出ることにおいて、初めて我々は、我々自身と超越者の元にある」（Jaspers 1935:87）。悟性が与える対象的認識は、そのつどのパースペクティブに基づいた仮説的なものであり、存在そのものを捉えたものではない。実存は、悟性の制限を越えて、対象化されない自らの自己や超越者をも問おうとする。悟性の「規定的な」認識を越え、「超越すること」が、自己自身や超越者に関わるためには必要であり、その超越することは悟性的にみれば「非論理」なのである。

「一般的に悟性的に理解されないものは、一定の事物に関する推定上の認識として語られたことが再び放棄されるという、論理的な不可能性や不可解性が現れる中で、思惟される。このような仕方が、単なる悟性の誤った洞察をして、哲学的思惟の本質的な意味を抑圧させない」（Jaspers 1935:91）。いったん対象的に語られたものが、悟性には許容できない矛盾や逆説により、否定されることが、非対象的な存在を示す徴表になる。対象的理解が疑問に曝されるという契機が、超越する思惟には不可欠である。全ての思惟は対象を必要とし、非対象的なものを直接思惟できない以上、非対象的なものを思惟するには、いったん定立されたものが否定されるという手続きを踏むしかないのである。

超越する思惟は具体的な内容を与えるものではない。「哲学することの成果は、確かに言表されうる究極決定的な洞察ではなく、むしろ、我々の全意識が、即ち我々にとって存在が現前的になる仕方が、それにおいて変化するような思惟の遂行である」(Jaspers 1935:92)。哲学することの意義は「意識の変革」にあるとされている。その変革は、第二章で包越者論を検討した際に見た、「存在意識の変革」だと思われる。「存在意識の変革」は、我々の存在に対する様々な見方が、制限され、不十分であることを覚知し、悟性によって認識される具体的な内容に囚われないというものであった。

「世界内において知られ、研究されうる現存在の狭隘さのこのような絶対化から身を護り、超越者へと自らを自由に保ち、空虚な悟性と、何も把握しない言語の無際限の(endlos)形式化とを防ぐためには、限りがなく(grenzenlos)そのつど規定される知の知[知の自己反省]の明瞭性において、思惟の優越が現実的に獲得され、理性よりもより以上である存在を覚知するために、常に理性が現実化せねばならない」(Jaspers 1935:101)。現存在のみしか見ない閉じた態度を避け、単なる概念的な把握や内容のない形式化を防止し、存在そのものに開かれた態度を可能にすることが、「超越すること」と言える。そのために、理性により明確に知を反省することにおいて、思惟の働きが十全に発揮され、理性が理性以上の存在、即ち超越者を覚知することが必要であるとされている。超越者は統一そのものであり、理性はそこへ至る方途である「統一への意志」であるため、超越者は理性以上と言える。統一を志向しつつ、そのつどの統一は不十分だと理解されて、真の統一がさらに求められる。

このようなそれ自身は挫折して存在を示す理性の働きは、我々のこれまでの検討において、『真理について』では「それ自身矛盾している思惟」(第四章第二節参照)、『啓示に面しての哲学的信仰』では「自己否定する思惟」(第三章第三節、第四章第三節参照)として現れていた。

3　キェルケゴールにおける逆説

周知のようにキェルケゴールは実存的真理を「逆説」(Paradox)と表現した。実存は「永遠の幸い」を求めるが、永遠の幸いが時間の内で現象するためには、逆説という形をとらざるを得ない。

キェルケゴールの実存思想の出発点は客観的な認識に対する疑義である。客観的な認識は客観的で普遍的な真理を把握するが、実存する者にとっては重要ではない。主体的に生きる実存にとっての真理は客観的真理とは異なるものである。「《真理が客観的に問われる場合には、認識する者が関わる一つの対象としての真理が客観的に反省される。そこでは、関わりが反省されるのではなく、認識する者が関わっている対象が真理ないし真なるものであることが反省される。もしも認識する者が関わっている対象が真理ないし真なるものでありさえすれば、主観は真理の中に存するのである。真理が主体的に問われる場合には、個人の関わりが反省される。この関わり方が真理の中に存していさえすれば、個人が非真理に関わるとしても、個人は真理の中に存するのである》」(Kierkegaard1846 I: 190)[8]。客観的な認識においては、対象が真か否かで真理が判定される。これに対して実存することにおいては、実存が対象に関わる仕方が真理の基準である。実存するとは、無常である時間の内ありながら永遠の存在を求めることである。それ故、実存にとっての真理とは、実存が永遠の真理に関わる「主体性」や「情熱」である。

このとき対象そのものが非真理であったとしても主体性や情熱が真のものであれば、実存は真理に立っている。否むしろ主体的であればあるほど客観的には非真理であることに、即ち逆説に実存は関わらざるを得ない。「主体性ないし内面性こそ真理であるならば、この真理は客観的には逆説である。そして真理が客観的には逆説であるということこそ、真理は主体性であることを示している。何故なら客観性は主体性を拒否し、客観性による拒否ないし客観性による拒否の現れは、内面性の緊張であり動力計だからである。逆説とは客観的不確かさであり、そして客観的不確かさは、まさしく真理そのものがその内に存する内面性の情熱の現れなのだ」（Kierkegaard1846 I:195-196）。

キェルケゴールによれば、客観的不確かさという逆説はソクラテスの立場であり、その功績は主体性に注目したことである。しかしソクラテスの立場は有限な実存が永遠に関わるという逆説であり、実存というあり様の逆説である。真理そのものに着目した場合、逆説の別の様相が浮き上がる。「逆説はいかにして生ずるか。永遠の本質的真理と実存することがつき合わされることによってである。したがって両者を真理そのものにおいてつき合わせるならば、真理が一つの逆説となる。永遠の真理が時間の中で生成したということ、これが逆説である」（Kierkegaard 1846 I:200）。真理そのものが、永遠の時間化という逆説なのである。次のようにも言われている。「客観的不確かさに代わってここにあるのは、［不確かさの］危険は客観的に見れば不条理（das Absurde）であるということの確かさであり、この不条理を内面性の情熱をかけて保持することこそ信仰である。この不条理の真摯さに比べれば、ソクラテス的な無知（Unwissenheit）は一つの気のきいた冗談であり、またこの信仰の苦闘に比べれば、ソクラテス的な実存することの内面性はギリシア的なのどかさの如くである」（Kierkegaard 1846 I:201）。単なる不確かさを越えて信じるだけではなく、絶対的な逆説である「不条理」を受け容れることが実存には求められる。

永遠が時間の内に生成したということは、具体的にはキリストのことを指す。「さて不条理とはなにか。永遠の真理が時間の内に生成したこと、言い換えれば神が生成し、生まれ出で、生育し等々、他の人間から区別されないような、個々の人間と全く同じ様になったことが、不条理である」（Kierkegaard1846 I:201）。そのような神人という形でしか、人間の救済は成し遂げられないとキェルケゴールは言う。「罪の赦しは、永遠の真理が実存する者に対して関わりを持つという意味で、ソクラテス的に見ても逆説である。しかしより厳密な意味でもやはり逆説的である。それは、当の実存する者が罪人であることによる。この罪人という規定によって、実存が再度浮き彫りにされる。何故なら、実存は、過去に遡り過去を止揚する力によって時間における永遠の決断であることを意志し、そしてそれ故神が時間において実存したということに結び付いているからである」（Kierkegaard 1846 I:215-216）。神が永遠のままであれば、時間の内での救済はあり得ず、実存は時間の内で実存する者として救済されることはない。実存が救済されるためには、神が時間の内に現れ、過去の意義を根本的に変えるということが必要である。その現れを模倣することで、実存は救済に与れるのである。

このような絶対的な逆説を受容する実存の信仰においては、対象的思惟は実存の真理の逆説性を理解するために必要であるが、積極的な働きは認められていない。「キリスト者が悟性を用いるのは、悟性によって理解を絶したもの（das Unverständliche）に注意が向けられる限りにおいてであり、その上で彼は悟性に逆らって信仰的にそれに関わるのである」（Kierkegaard 1846 II:280）。キェルケゴールは、悟性の対象的思惟と信仰とが対立する側面を強調していると言えよう。

4　レンマの考え方

山内得立氏は理性（ロゴス）的立場とは異なる立場として、東洋思想特に大乗仏教において展開された「レンマ」

を主張する。氏の論は精密な語学・文献学、広汎かつ深遠な仏教理解に基づいており、筆者には十分に理解する力がない。しかしできる限りで、非対象的な思惟という観点から、氏の説を参照したい。

山内氏によれば、西洋の文化の根底となっているものの見方・考え方は、「ロゴス」である。ロゴスは、同一律（「AはAである」）、矛盾律（「非AはAではない」）、排中律（「或るものはAであり、同時に非Aであることはできない」）という三つの規則を基本とする。ロゴスは、我々が通常「論理」と呼ぶ、思考や言表の法則である。これに対して東洋思想の根底となっている見方・考え方は「レンマ」である。レンマは四つの思考が組み合わさった思惟方式である。その四つとは、肯定（「或るものはAである」）、否定（「或るものはAではない」）、肯定でもなく否定でもないもの（「或るものはAでもなく非Aでもない」）、肯定でもあり否定でもあるもの（「或るものはAでもあり非Aでもある」）、の四つである。このうち肯定と否定は、ロゴスの同一律と矛盾律に該当すると言える。ロゴスの立場からすれば、第三、第四は容認しがたい。いわゆる論理的に考えれば、或るものがAでもなくAでなくもない、などということはありえない。しかし東洋思想の根底には、このような思惟があるという。

ロゴスと比較してレンマでは第三、第四が特徴であるが、第三が要となっている。第三は「Aでもなく非Aでもない」ということであり、その主張があってはじめて第四の「Aでもあり非Aでもある」という主張が意味を持つという。排中律はAでもなく非Aでもない「中」を禁止するが、第三のレンマは中を主張する。その中は、「中間のもの」という意味ではない。「中間のもの」はアリストテレスはじめ西洋にも見られるが、それは一つの存在として提示されている。単なる中間のものはAとBの中間のCであり、非Aである。そのようなCはAやBと比べて、存在論的に優位にあるものではない。アリストテレスの主張においては、なぜ中間のものが理想とされるかは十分には説明されていない。それどころか中間のものは単なる凡庸なものということになりかねない。中は存在でもなく無でもないものと解せられるべきであり、否定をも否定する絶対否定である。「中は有るものでなく、況や或るものではなく、まさに無きものであり、無きものであるというよりは無というそのことであった」（山内 1974:87）[9]。中は存在一般ではなく、ましてやある特定の存在ではなく、また現存しないある特定の存在でもなく、無ということそのもの、「無化の作用」（山内 1974:98）である。

この第三を踏まえた上で、第四が成立する。肯定でもなく否定でもないということは、そのまま肯定でもあり否定でもあるということである。この第四は一見すると何ものをも単純に肯定する立場と受け取れるが、第三という絶対否定を解するが故に、絶対肯定と言える。「レンマの論理は単なる否定ではなく、少なくとも肯否の複雑なる関連に於いてあり、否定そのものが新しき肯定をよびおこす。それはまさに無一物中の無尽蔵である。それは絶対否定であるが故に空であるが、空であるが故に無尽に蔵するのである。立場なき立場であるが故に凡ゆるものをそれに於いてあらしめうる如く、それ自らは空であるからして凡ゆるものをそれに於いて存在せしめるのである」（山内 1974:191）。第三、第四によって、何ものでないが故にあらゆるものを成立せしめるという「空」が現出する。ロゴスの立場における肯定は、一定のパースペクティブに基づいた肯定である。第三を踏まえた第四の肯定は、ある存在を一定の制限の下に限定的に肯定するのではなく、絶対的に肯定するのである。言い換えれば、ある存在の空性という真義、何ものでもないが故に何ものでもあり得るという性格を明澄化することで、肯定すると言えよう。

このような主張は全く不合理であり、無意味なものと受け取られるかもしれない。しかしレンマの考え方からすると、現実の世界の事物は実際にはことごとく空である。この主張を解明するためには、レンマが現実の事物や世界をいかに捉えているかを明確にする必要がある。ロゴス的には世界はそれぞれ自立性をもった事物によって構成され、事物同士の関係は互いに相対するというものである。これに対してレンマには世界は自らに根拠を持たず他に依拠する事物によって構成され、事物同士の関係は互いに「相待」するというものである。レンマ的世界観は、全ての事物は自立性を持たず、互いに相互依存の関係にあるという「縁起」の世界観である。

「相待」とは、二つの事物が自らの存立のために相手に依拠するという関係である。「相対的なものは互に反立的であるが故に対立する両者は各ゝに自立性をもち、自我性に強く、少なくとも自性をもつことに於いて強固である」（山内 1974:112）。相対の関係は、各々「自性」即ち自ら固有の立場を持つ二つの事物の関係である。相対においては、事物は互いに自らの立場を主張して対立する。しかしレンマの立場においては、全ての事物は自立性を持たず他に依って存在する。そこでは事物の関係は、自らの存立のために相手を必要とするという相待の関係となる。相待の観点から見れば、相対における事物も、対立する相手がなければ存在し得ない。それ故、相対は事物同士が対立的に相手を必要とするという、相待の一つの様相と言える。

「相待」、「縁起」ということを徹底するなら「空」に到る。ただし、空は単に無自性ということだけではない。無自性ということだけでは、単なる否定であり、単なる無である。単なる否定・無は、肯定・有に対立するものであり、存在そのものとは言えない。「空は大なる否定であるが決して単なる空虚ではなく、況や虚無ではない。却ってものがそのものとしてその如くあることである。ものが縁起的にあるということである、ものがそのままに如々としてあることである」（山内 1974:102）。空は存在そのものが限定されずに現前していることである。自性はそのつど何らかの見方に基づいて判定され、限界付けられており、他の見方を排除して成り立つ。自性の否定としての無自性もまた、単に否定に止まるなら限定されていることになる。「そこ［相待的関係］には依然として自他の区別が残されている。この分別を絶するものが即ち絶待的なるものであった。他に依ることをやめるならば自己自らに依る外はないわけであるが、しかしそれは自性と自我とを定立することであって縁起性からは程遠い。自性は徹底的に遮遣［否定］せられねばならない。人法二無が大乗の基本思想でなければならない、そこに空性がある。縁起は空性であり、空性は縁起性でなければならない。しかしさりとてそのような空性があるとすればそれは一つの有である。空性はさらに無化せられねばならなかった」(山内 1974:110)。相待や縁起そのものがあるということになると、自性が存在することになる。空は、否定さえも自性としないもの、無いということもないものである。空は肯定と否定を超越した絶対否定あるいは絶対肯定、有無を超越した存在そのものである。空は相待を越えた絶待者である。自性を徹底的に否定するためには、相待や縁起をさらに否定し、かえって、言わば高次の自性を復活させることが必要となる。

「自性のなきところに存在は空となるであろう。しかしそれは未だ世俗の空であるにすぎない。自性が自由に転ずるところに真なる空が見出されるのである。しかも自由とは自らが自らを依止［限界］とすることであるに外ならなかった。無自性が即ち空なのではない。空とは自由であり凡てをその中にふくむことによってなお余りあるものである。それは自性でもなく他性でもないが故に他性に対しながら自性でもありうるものである。空とは虚無ではなく最も充実した空性でなければならない。現にそこに存在するものではなくあらゆる意味に於いて非ざるものであるが故に、凡ゆる場合凡ての時に於いてあるものでなければならない」(山内 1974:185)。自由とは自らが自らを限界付けることである。真の自由である空は、他に依るという他性にも自らに依るという自性にも対応して、自らを限界付けることができることと考えることができる。そもそもこのような空が根底になければ、あらゆる現象は成立し得ない。空が時機に応じて自己限定することで、多様な現象が生ずると言うことができよう。相待や縁起が単純に空ではないが、相待や縁起と別に空があるわけではない。かえって空は相待と縁起を成り立たしめる根底である。

事物を空として把握するレンマ的世界観は以上のようなものである。そこでは事物同士の関係は縁起から観られていた。ロゴスにおいて縁起に似たものは「因果」であろう。因果関係は最終的には包摂関係に帰着する。AがBを帰結するということは、Aの中にBが含まれているということであり、Aという事物の分析によって明らかとなる。したがって実際には因果は異なる事物同士の相互関係ではない。ヒュームの言うように、現実の異なる事物の間に厳密な意味で因果関係は認められない。現実の事物同士をそのままを観るならば、その関係は縁起として捉えるしかない。因果は通常言われるところの必然であり、一定の限定された論理的法則に則っているということである。これに対して縁起は言わば高次の必然であり、論理的には因果関係を認められず偶然であるものをも包含する必然である。その高次の必然の所以は我々にとって理解できず、受け入れることができるのみである。ロゴスによって種々の自然法則がうち立てられるが、いかなる自然法則も我々の類推を離れてはあり得ず、仮説的性格を持つ。我々の類推の制限を離れて現実そのままを捉えようとする思惟、より正確には我々の類推の制限を自覚しつつ、無限の開けへと開放する思惟が、レンマであると言えよう。

5　三者における非対象的思惟の比較

ヤスパース、キェルケゴール、レンマはそれぞれ、対象的思惟の不十分性を指摘し、「非対象的思惟」を主張していると言える。ヤスパースの考えでは、対象的思惟は主観と客観の分裂において成立するものであり、主客を包含する存在そのものである「超越者」を把握することはできない。超越者は、対象的でありつつそのことを打ち消すような「暗号」という形で、実存に現象する。キェルケゴールの考えでは、普遍的・客観的な認識をもたらす対象的思惟は、永遠に関わる「実存すること」においては効力を持たない。時間と永遠の関係は「逆説」であり、それに関わる主体的な思惟が、実存にとっては重要である。レンマの考え方では、現実の世界は「縁起」の世界であり、相互に対立する事物を前提にするロゴス的な思惟では捉えられない。世界は「無自性」でありつつ全てのものに成りうる「空」の現れである。

これらに共通する点は、現実において個人が物事に関わる際は、非対象的思惟が必要と見られている点である。この点はヤスパースとキェルケゴールにおいては明白である。レンマにおいては「実存」は強調されないが、相待的関係は現実の世界において一個の個人がありのままに事物の関係を見て取るとき、明らかになるものであった。したがって、相待的関係は実存にとっての事物の関係と言うことができる。

また、対象的思惟を単に無意味としたり、対象的思惟によって把握される世界とは別の世界を想定する二世界論を主張したりしない点も、三者で共通している。非対象的思惟において対象的存在は無意味になるのではなく、新たな意義を持つようになる。ヤスパースにおいて対象的存在は超越者の暗号という性格を持ち、レンマにおいて対象的存在は空の自由の具体化である。キェルケゴールにおいて対象的存在は否定的にのみ捉えられているように見えるが、神の内在化が必要とされるのであるから、やはり対象的存在と隔絶した超越的存在が主張されているわけではない。三者全てにおいて、対象存在と真の存在の関係は、区別がありつつ相即するというものであり、真の存在は対象的存在において現象する。三者全てにおいて、真の実在は、対象的な存在に対して、否定的な無化する作用と肯定的な充実する作用の双方を及ぼすと言えよう。その関係は、対象的に見れば矛盾、逆説、弁証法と見なされる思惟によって表現される。

しかし、人間にとっての本来的な現実あるいは実存のあり様、またそれに対応して、対象的存在と真の実在の関係は、三者で異なる様相で捉えられていると思われる。ヤスパースにおいては、現実の物事を超越者の暗号として捉え、その意味を「統一への意志」、「交わりの意志」としての理性によって問い統一を探求することが実存のあり方である。真の実在は対象的存在の統一ということになる。キェルケゴールにおいては、永遠の幸いの逆説を受け入れ、永遠の時間化としてのキリストを模倣することが実存のあり方である。真の存在は、実存の情熱によって追求される永遠ということになる。レンマにおいては、全ての対象的存在を空と観て、世界のあり様をそのまま受容することが人間のあり方である。真の実在は、無限定の空であり、それは対象的存在と区別されるものではなく、対象的存在の真のあり様なのである。

ヤスパースの特徴としては、対象的思惟の機能が非対象的思惟と統一的に把握され、重要な役割を果たしていることが挙げられる。理性は悟性の制限を破りつつ、協同して働く。このことにより、非対象的思惟が単に反悟性的ではないことが明確化され、反悟性的な神秘的融合や魔術と取り違えられることが防止される。また、現実において交わりを遂行するという、積極的な世界への関わりが、超越者へのつながりでもあることが主張されている。これらのことによって、対象的思惟と非対象的思惟の相即性がよく捉えられていると言えよう。

第三節　田辺元における対他関係とヤスパースにおける「交わり」

1　田辺における対他関係

この節では田辺哲学における対他関係とヤスパースにおける「交わり」を比較したい。田辺元の「種の論理」や「実存協同」は単なる情報伝達に止まらない、実存や信仰といった人間存在の基底における対他関係を論究したものであり、また田辺の「弁証法」や「絶対批判」は「否定即肯定」という、明確に「同一性論理」とは異なる論理として主張されている。その意味で、「交わり」や対象的思惟の乗り越えを論じるヤスパースと比較することは有益と思われる。まず、田辺思想の展開を対他関係という点から概観し、その上で主として「同一性論理」と「対他関係」という観点から田辺とヤスパースを比較したい。

田辺は、初期の科学哲学研究から始まり、西田哲学の影響下にカントやヘーゲルの研究にあたる中で次第に自身の考え方を形成し、一九三〇年代半ばに「種の論理」で独自の立場を確立した。田辺哲学は、第二次世界大戦後『懺悔道としての哲学』（一九四六）において他力思想の導入という展開を見せ、晩年は「実存協同」や「死の哲学」という様相を見せる。

多様な田辺哲学における概念・考え方の中でも、「種の論理」は、社会学・文化人類学・政治学・民族学などが交錯する地点で、デデキント切断や微分など数学的な比喩がちりばめられつつ、古今の哲学者の思想が縦横に駆使されて語られる、特に興味深い思想といえる。論じられる諸哲学者の思想は、それぞれの核心をなす中心思想であり、プラトンのイデア論、アリストテレスの包摂論理、カントの道徳論や理性批判、ヘーゲルの弁証法、シェリングの自由論、ベルグソンの『二源泉』などへの評価と批判を通じて展開される「種の論理」は、様々な哲学的問題について示唆する所が大きい思想である。

田辺哲学の展開の中で、「種の論理」がどのように位置付けられるかを考えた場合、判断に困るところがある。後で触れるように田辺が晩年まで「種の論理」を基本的には維持し続けたことは確かであり、「種の論理」では明らかに「種と個」の関係が主要なテーマであるのだが、晩年の「実存協同」は「種と個」の関係として解釈すべき場合もあるものの、「個と個」の関係として受け取った方が適切な場合もある。[10] 少なくとも、種についての田辺の見方は社会学的視点よりも、宗教哲学的視点にウェートが移っていることは確かであろう。[11]「個と個」の関係を等閑視しなければ社会を制度的・実体的に捉えることはできず、田辺はその方向に進む可能性もあったのだが、実際に田辺が歩んだのはそちらではなく、個人や対他関係をより実存的・宗教的な面から追究する方向であった。実存協同が「死者と生者」にまで広がるとき、死という絶対的な断絶を介して開けてくる次元、魂の不死や永世といった事柄が考えられうる世界が開けてくるという示唆深い指摘がある。[12] その場合、死がリアルに受け取られるということが実存協同の主眼であり、それが「個と個」との関係においてであるか、「種と個」の関係であるかは場合によるということになるだろう。晩年の思想、特に「死者と生者」の交わりのみに焦点を当てた場合、「種と個」か「個と個」のどちらかという問題はさほどの重要性はないとも言えるが、「種の論理」から晩年の思想への展開を考察するには、この二つがどのように田辺哲学の中で位置づけられ、どのような意味をもっているかを整理することは、必要な作業であると思われる。

「種の論理」の中では、「個と個」の関係は、「種」に鑑みて田辺が重視していない、というよりも明確に不十分だとしている構図である。個の契機自体、種の論理期にはあくまで種との相関で語られ、特に「国家的存在の論理」（一九三九）では個の自立的な存立が軽視されるような印象がある。種の契機を看過して直接的な「個と個」の関係を考えることは、田辺にとって具体的な現実を抽象化するものであり、田辺の西田哲学への批判の一つの論点が、西田における種の欠如であった。西田においては、個と個とが直接相対し、種に起因する実在的な対立を含まないために、個と個との弁証法的統一が単なる観念的統一に陥ってしまう、と田辺は考えた(13)。個人の背景にある種の契機を踏まえれば、個人と個人の関係は、それらの背後にある種と種の関係として捉えられることになろうが、実は田辺は種と種の対立についてもさほど詳しくは論じていない。田辺にとって重要だったのは、あくまで種と個の相互の否定即肯定だったのである。確かに社会と個人の相克の問題は、因習的なつながりの中で自己の自由をどのように実現するかという問題として、近代的な個人が直面する普遍的な問題と言える。

しかしながら、そもそも個人が社会と関わるといっても、具体的には他者と関わるのであり、「個と個」の関係の方が、具体的・直接的であり、個人と社会の関わりの根底にあるとも言える。さらに個人が「実存」という相にある場合、本来的な交わりは、ヤスパースがいうように、「まさにそれら（diese）であり、多数の代理者でなく、従って代置されえないところの二人の自己の間に存する」（Jaspers 1932 II:58）のではないか。むろん個人と他者は共に何らかの社会的な勢力を背景にし、物質的・生物的側面を有してはいるが、両者が代替不能な「実存」である場合、ブーバーのいう「我と汝」である場合、交わりは宗教的といってもよい人間存在の基底における出来事になると言えよう。

「個と個」の関係という契機は、晩年になって重要性が増し、「実存協同」はむしろ「個と個」の関係と考えた方が接近しやすいのではないかと思える場合もある。たとえば、「生の存在学か死の弁証法か」（一九五八年完成、一九五九年ドイツで抄訳発表、一九六二年日本で雑誌発表）では次のように述べられている。「若し対立なき相違を、モナッドの視点の局所性の如く実存の個別性の前提として思惟するに止まるならば、他者は単に自己によって観られた観念的相関者に過ぎず、その実存性は保証せられない。それが両者交互的に実存化せられるためには、それらは直接合一せざるものとして種的に相対立しながらしかも相予想し、交換不可能であると同時に却て「殆ど同一」というべき内容をもって自他相通じ、局所的非局所的として類に統一せられるものでなければならぬのである。自己に対する他者を種的に敵としながら、しかも之を類の統一に於て自己と同様に愛するという逆説的事態は、正に弁証法的にのみ成立するのである。愛敵の聖訓あるゆえんであろう」（田辺 13:550）[14]。ここでは「個と個」の関係は、「対立」であり、その対立はやはり種的契機によるとされている。しかし、焦点は「愛」による対立の統一であり、愛における現実の自己存在、即ち実存同士の関係として、「個と個」の関係が語られているのであり、種の概念は少なくとも後ろに退いている。そもそも実存としての個は単なる認識主観でなく、民族性や身体性という合理化されない暗い種的な根源を持つが、力や流れとしての「生」に止まらず、何らかの超越的なものに関わる宗教性を持つと言える。その意味では、「実存」という概念は種的背景を含んでいるのだが、実存としての個同士の不一致は超越的なものをめぐる「対立」と言えるだろう[15]。つまり、この引用では「種と個」の関係は、実質的に影を潜めているのである。

その他にも、「生の存在学か死の弁証法か」で引かれる禅の「師弟相承」や、『マラルメ覚書』（一九六一）で恐らく「普遍的なる協同の永世」（田辺 13:219）の例として唐突に書名だけが挙げられる「高村光太郎の『智恵子抄』および『智恵子抄その後』」は、「個と個」の関係と見ることができよう。

他方で田辺は晩年に至るまで「種」のモチーフを放棄してはおらず、このことは、単に「個と個」の交わりだけに止まらない、広がりをもった人間関係を追求する田辺の特徴でもある。「実存協同」の具体例の中で、『キリスト教の弁証』（一九四八）で評価されているイエスの民族性、『マラルメ覚書』で語られる『双賽一擲』における老船長と「父祖」の関係、「生の存在学か死の弁証法か」と『マラルメ覚書』の双方に見られる「聖徒の交わり」は、「個と個」の関係というよりも、「種と個」の関係と考えられる。

田辺にとっては、これらは全て「実存協同」の具体例だったと言えよう。実存協同が、「個と個」の関係としても、「種と個」の関係としても語られているのは、田辺の矛盾として片付けてしまえない、田辺の根本的な考えが現れているように思われる。実存協同は、「種と個」の関係なのか、「個と個」の関係なのか。それとも、「個と個」をベースとしつつも、種へと広がりをもつべきだということであろうか。種の論理の時期では否定的に見られていた「個と個」の関係の契機が、どのような変遷をたどり、晩年において重要性を増すのか。田辺哲学の発展の中で対他関係の捉え方がどのように変化したかを追う必要があるだろう。

2 「種の論理」期における対他関係

「種の論理」は一九三〇年代半ばから四〇年代初めにかけて、「社会存在の論理」（一九三四―一九三五）で論じられ始め、「種の論理の意味を明にす」（一九三七）で完成し、「国家的存在の論理」で国家主義的色彩を強めた。[16] 「種」は血縁や地縁によって結合する共同体として構想され、具体的には「民族」が主なものである。田辺は、トーテミズムの血縁共同体をモデルに種を提出しており、レヴィ＝ブリュールの「分有法則」により個は全に一致すると考えた。田辺は、コントの社会学においては、全体と個体がそれぞれ別の実体とされているにも関わらず、両者の関係が連続的、即ち一方から他方へ次第に推移して行き、極限として他方が考えられていると批判する。

そのように個と類の関係を考えるのは、媒介を欠く同一性論理に拠るからであり、その場合類と個の区別が曖昧になってしまう。田辺は、個と類の間に種という媒介、しかも否定を通じて統合する媒介を挿入し、「個」は「種」に反抗し否定されるが、その対立の弁証法から「類」という統一が生じるという動的な機構を考える。田辺の弁証法においては有無を越えて働く否定即肯定の媒介が「絶対無」であり、有無を越えた働きとして絶対者が規定されるのであり、この点がヘーゲル的な宥和の弁証法との相違である。

「種の論理」は、『懺悔道としての哲学』において親鸞を手引きとする他力思想による転換を経るものの、それ以後のいわゆる後期、さらに晩年に至っても、重要であり続けたと言えるだろう。例えば、『キリスト教の弁証』では、民族との連帯をイエスの優れた点としている。『マラルメ覚書』でもたびたび言及され、「ただ種族的伝統に現れる運命の必然性の尖端なる死を、みずから進んで肯い覚悟することにより、始めてその必然性を死の自由により転換して、種族と自己とを交互に転入せしめ、相媒介して絶対無の普遍に復活せしめられる」（田辺13:230）と述べられ、死復活は種に由来する自らの規定を単に偶然と見なすのではなく、運命としていわば「自己化」して、それを究極まで完遂することにより解放することで、普遍の還相により復活することとされている。「類―種―個」という構図自体は、「種の論理」期と全く同じと言ってよいだろう。

「種の論理」では、「個と個」の関係は、先に述べたように、その意義を認められていない。次のようにも述べられている。「「我と汝」の交互相関の論理は、社会存在の論理として猶甚だ不充分なる、最も抽象的の形態であるといわなければならぬ」（田辺6:64）。これは種の論理を提唱し始めた「社会存在の論理」における叙述であり、「個と個」との個人的な交わりを越えて、あるいはそれと無関係に動いていく、大規模な制度・機構としての社会を田辺は問題にしていると読み取れる。また、「同様に、無限全体なる人類社会の絶対的開放性は、先ず有限相対なる特殊社会［種］の相互的並びに対個人的対立性の自覚を媒介とし、その絶対否定的転換に於て始めて被媒介的に成立するものでなければならない」（田辺 6:69）と言われており、明らかに田辺の観点は種からの観点であり、個に立っていない。「種の論理の意味を明にす」では、「近時各国に於て頓に勃興し来った民族の統一性、国家の統制力が、単に個人の交互関係として社会を考えようとする立場からは到底理解し得ないものを有する、と思惟した」（田辺 6:449）と述べられており、田辺の関心が社会学的・政治学的なものであったことが窺える。

しかし個に焦点を当てると、個は種からの自立性を有するからこそ、種を否定できるのであり、種に還元されない非合理性を有している。[17] 田辺は『懺悔道としての哲学』より前は、理論的に概念として個を扱っていた。それが、「懺悔」という実存的・宗教的と呼べる深刻な体験を通し、個が「自己化」され、自らの行為（それは他力の働きによるため、自分の行為であって自分の行為でないのだが）と他者との関わりがリアルな問題となったと言えよう。「懺悔」がなければ、田辺は個の契機を捨象したまま、理論的に自らの思想を発展させるという方向を歩んだかもしれない。そうはならなかったのは、田辺の置かれた状況がそうさせたとも言え、『懺悔道としての哲学』以後の田辺哲学の発展は、まさに「私の行にして同時に私の行ではない」（田辺 9:4）他力的な歩みだったと言うこともできる。

一九四〇年代初めまでの「種の論理」の時期において田辺は、実存哲学を現実の重視と同一性論理の乗り越えという点で評価しつつ、その乗り越えが不十分な点を批判している。実存哲学といっても多様であり、ここで参照されているのは、ヤスパース、ハイデッガー、キェルケゴールである。そのうちヤスパース、ハイデッガーはまだ思想がダイナミックに発展しているさ中であり、実存哲学の全貌を押さえているとは言い難いが、逆にこの実存哲学批判は「実存」という概念の根本の明確化として参考にすべき点が多い。その批判の中で提示される田辺独自の実存理解は、「種の論理」において見られるような「個」理解ではない、「個」としての実存についての優れた洞察と言える。ここでは、「絶対無の還相としての実存」、晩年の思想に関連する「偶然の本質化」、そして我々の主題である「個と個の関係」について簡単に見ておこう。

「実存哲学の限界」（一九三八）で田辺は、思惟の二律背反を超越の手段とする点がヤスパースの功績だが、「実存は単に自己の存在を他者たる超越［者］から賦与せられたものとして受納するに止まる限り、如何にしてその受納せられたものを自己の存在と認め、他者たる超越［者］を自らの根源となすことが出来るか」（田辺 7:16）が未解決の問題だとする。超越者と実存の繋がりの解明がヤスパースでは不十分ということであると思われる。思惟の二律背反により、思惟されないものとして間接的に感得される超越者が、なぜ実存の根拠と言えるのか。思惟される世界内の事物は、限定されたものであり存在自体でないから、根拠ではないと言えるとしても、思惟されないものが根拠であるとは不可解である。実存哲学は、絶対者と実存が分離しつつ関係するという矛盾的な事態を把握しきれていない。実存哲学において絶対者と実存の一致が説かれるときは、分離が看過され、神秘主義的な主張となり、「実存はそれから存在を流し込まれて之を湛える容器の如きものに止まる」（田辺 7:17）という発出論になってしまう(18)。

超越者と実存の繋がりについて、田辺は「絶対無」という自らの立場から論究する。「此事が可能なる為には、超越［者］も実存も共に絶対無の性格をもち、実存は超越［者］を単に他者とするだけでなく却て同時にその他者を即自己として知るのでなければならぬ。同時に超越［者］は絶対無として、却て自らの反対たる内在に転じ、斯かる超越即内在たる絶対無の現成として実存は、自ら内在即超越という性格を享有しなければならぬ。超越［者］と実存とが、前者は後者の根源であるという関係に立つ以上は、ただに他者として隔離対立するのみならず、同時に自即他、他即自として相即合一することを必要とする」（田辺 7:16）。超越者と実存が分離しつつ一致するためには、両者共に有無を越えた「絶対無」でなければならないとされている。超越者は内在へと転じ、実存は超越者へと転じ、自即他、他即自として一致することが必要であるというのである。難解な主張であるが、実存も超越者も共に自己否定し、共に無という性格をもつことで一致すると理解しておきたい。

「実存概念の発展」（一九四一）では、実存哲学は現実に生きる「自己存在」を主題とし、そのことにより西洋哲学の中では最も「個」の把握に成功したという。「個体が「此もの」τόδε τι として現存するのは、単にそれの固有なる本質を有するということだけでは根拠付けられない。「此もの」がいわゆる dies da として da-sein するのは、本質が、本質に対して偶然的なる「現に」da という外的規定を有すること、に外ならない。それはいわゆる自体的にでなく付帯的に始めて「此もの」として現存性を獲得するのである」（田辺 7:213）。個体とは、現実に存在する具体的な「このもの」であるが、それは普遍的な概念で把握可能な本質ではない。偶然的に「現存する」という、概念による本質の規定から外れているのが個体の特徴である。そもそも本質（essentia）から外に出て現存に存在するということは、本質には含まれない偶然性を含んでいる。

しかし単なる偶然的・非合理的な存在であれば、本質が制限されたもの、本質の仮象や単なる可能態と考えられる。しかし、現実に存在することを重視するなら、それでは不十分であり、現にあるという、本質から見れば外的な規定をも自らに属することを自覚した存在が、実存である。実存は外的規定を内的本質と綜合する「媒介存在」（田辺 7:214）とされている。現実に存在することそのものを自らの意義として、自覚し受容する存在が実存であると言えよう。そうなると、本質の否定という契機を実存は含むことになる。そこに実存の自立性の所以も見出せる。そもそも本質から外に出たということは、突き詰めれば、本質から外れたということである。また、自己の本質に属さない外的規定を受容するということは、自己ならざるものを受容するということであり、自己否定であり、実存は自己否定する存在と言える。

そして、外的規定や否定は、他者の作用を受けることからくる。「併しながら或個体の本質が他の個体との関係によって障碍を受け、その現勢が制限せられて単なる可能潜勢に低下せしめられるとは、抑も如何なることであろうか。それは両者の本質が互に両立する能わざるものであり、一方の存在が他方の存在と否定的に対立するものであることを意味するのでなければなるまい。本質も現象する限り、単に存在として肯定せられるものでなく、非存在に差懸けられた存在であり、否定に対して緊張する肯定である外無い。果して然らば、本質は夫々個体に固有なるものとして他との関係に拘わりなく常に自己同一性を維持するものたることは最早出来ぬ筈であって、常に力学的関係に支配せられて消長する存在とならなければならぬ」（田辺 7:216）。ここでは明確に、個は種によって否定されるというよりは、他の個によって否定されると述べられている。自己存在は事物からも作用を受けるが、それは自己に与えられた条件として納得される。自己存在が真に存立を否定されるのは、他者との対立によると言えるだろう。理論の上ではあるが、実存と他の実存との相克が主張されていることは、「個と個」の関係が注目されている点で重要と言えよう。

3 『懺悔道としての哲学』の時期における対他関係

一九四〇年代後半は、『懺悔道としての哲学』が発表され、絶対無の他力という観点が導入された時期である。『懺悔道としての哲学』の大きな特徴は、理性の自己否定が徹底され、「絶対批判」、「懺悔」として捉えられる点であると言えよう。基本的な構図としてはこれまでと同じだが、自力の自己否定が他力の愛でもあるという、往還の相即がより精緻に考えられている。『懺悔道としての哲学』では主として否定に主眼があり、否定に相即する肯定（愛、救済）については、同時期の『実存と愛と実践』（一九四七）や晩年に語られることになる。しかし考えてみると、自己否定が愛、即ち他者の肯定であることは、実は論理的には自明ではないのではないか。それは田辺が『実存と愛と実践』で、「単なる自己否定を意志することは我々には不可能である」（田辺 9:417）とわざわざ断わっていることからも分かる。生の自己否定は死と一応言えるが、実は死という形で自己を通している場合もあるのであり、自己ならざるもののための自己否定ではないと、真の自己否定ではないと言えるだろう。そして田辺は自己ならなざるものが他者であり、自己否定は利他であるというのである。そのためには、自己と他者の関係を前提とし、自己とは別の項である他者を意志するということにならなければならない。

この他者は先に見た実存哲学批判の理論的検討に基づけば他の「個」になるはずであるが、「種の論理」の圏域では自己に対する「種」であることになる。『懺悔道としての哲学』では、「斯くて相対が相対に対する還相行を媒介することなしには、絶対が相対を救済に摂取する往相は不可能となる理である」（田辺 9:200）などと述べられ、絶対無は直接働くのではなく、相対と相対の関係を媒介として働くことが強調されている。「相対と相対とが相関係する種的有の場所」（田辺 9:31）という表現もあり、「相対と相対」は「個と個」であると思われるが、「種と個」だと無理に受け取れないこともない。より具体的な対他関係としては、還相の場として「兄弟性」が語られているが、詳しい論究はなされていない。

『懺悔道としての哲学』における転換を経て、『種の論理の弁証法』（一九四七）は「種の論理」を再編したものであり、『キリスト教の弁証』はキリスト教に接近し、「神の愛」、「神への愛」、「隣人愛」の愛の三一性を論じている。この二つの著書では、対他関係に関して「種と個」と「個と個」のどちらに比重を置くか、田辺は揺れ動いているように見える。

『種の論理の弁証法』では、長い引用になるが次のように述べられている。「現実の個別存在は不断に一度死して再び蘇らしめられる復活的存在たることを特色とする。而して此様に個体の存在を否定することの出来る相対的存在は、個体の存在性すなわちその生の根源にして、而も個体の生死更代に係わらざる基体としての、特殊なる国家社会より外にはない。飽くまで絶対転換の無の原理たる絶対は、無媒介に個体にはたらき之を否定するものではないから、その否定性には国家社会の個体生命に対する優越的基体性を媒介するものでなければならぬ。個体と個体とは相争闘し互に殺戮するも、真に個体そのものを滅することはないから、之を否定することにはならぬ。その結果としてはただ個体の交代があるのみであって、而も種的基体の存する限りは、いくらでも新しき個体の発生があるわけであるから、決してそれは個体の否定を意味するものではない。個体の死復活の媒介としては、国家社会の種的基体がなければならぬこと、上に基督教の復活の信仰について指摘した如くである。此媒介を欠いては、死復活の真理は証せられない。個と個との関係はそれ自身直接に否定的であるよりも、却て絶対無の媒介として、還相愛的なる相互宥和の肯定性を特色とする。神の愛が人間相愛に於て実現せられる所以である」(田辺 *7:278-279*)。

この引用では、「特殊なる国家社会」が「種」と等置され、類とされていた「国家」と特殊(種)とされていた「特殊社会」が統合されている点も注目されるが、「種と個」の関係は分かりづらい。引用の前半では、あくまで基体としての種を中心に個体を考える姿勢が貫かれており、「個と個」の対立は、さほどの深刻性はないと言われている。確かに「個と個」の対立は、個体性そのものや基体の個体産出力を減じはせず、それを奪うのは他の基体であろう。しかしこのように語られる個体は、現実における主体としての個人(実存)ではなく、交換可能でいくらでも生産可能な、むしろ「個物」と呼んだ方が適切なものである。その一方で、後半では「個と個」との関係は愛の還相の場だと言われている。この引用の数頁後に、個の存在は「無を原理とする無即有」、「個体の存在は復活性」とあるので、個人は救済され復活してはじめて個人と言えるということ、即ち個人の還相性を田辺は強調したいのかも知れない。個体の否定は種に帰しつつ、個体の肯定は「個と個」の関係において見るのは、否定と肯定の相即に反している印象がある。

『キリスト教の弁証』に関しては、「民族」という「種」、およびそれへの実践的関わりについての田辺の考えの動揺が指摘されている。(19)「序論」ではイエスの立場に依拠し民族との連帯を重んじ、本来この観点から、パウロの民族を捨象した信仰を批判するのが「本論」のはずであったが、実際にはそうはならず、パウロの社会実践に欠ける抽象的な行的転換を承認してしまっているのである。そして、「見えざる教会」（聖徒の交わり）が類的協同であり、「見える教会」（制度的固定化）が種であるとの田辺の主張は、「種の論理」の抽象化・形式化であることが指摘されている。人間の自然的生存の直接態としての種が個の実践によりダイナミックに類へと転換される点が、社会実践論としての「種の論理」の特徴であったのに、人間は予め教会内存在であり個の実践は教会内部の改革運動でしかなくなることになる。

この主張に教示を受けつつ、我々の問題意識に引き寄せるなら、この時期の「種」は概念的に「血縁・地縁に拠る共同体」とは言えるが、具体的な現れは様々なものでありうるという具合に、固定的でなくなっていると言えよう。「民族」が「種」である場合もあれば、信者の共同体も固定的な制度の面が強くなれば「種」化する。また「類」も固定されるものではなく、場合により様々な形をとりうるであろう。「教会そのものについていうも、見えざる教会の類的存在は、見える教会の種的存在を媒介とし、之を個の実践によって絶対否定し無の象徴に転ずることによる以外に、それの実現の可能性はない」（田辺 10:250）とされている。個の実践によって、「無の象徴」と化したものが「類」なのである。このように『懺悔道としての哲学』の時期、「類―種―個」の媒介関係は維持されつつも、その内実は変動性を強めていると言えるのである。

4　田辺晩年における対他関係――死の哲学と実存協同――

「生の存在学か死の弁証法か」では、田辺は「死の哲学」構築を自らの課題として掲げている。それは完成された形で示されてはおらず、要請される事情が述べられ具備すべき要素が列挙されているが、それらの要素が統一されているわけではない。「死の哲学」提唱の背景の一つには妻の死という出来事があったとされており、田辺が受けた実存的・宗教的衝撃の反映が「死の哲学」の提唱となったとも考えられ、「懺悔道」同様に、ここでも田辺は他力的に方向づけられたと言えるかも知れない。

西洋思想が存在や生を中心とした「生の存在学」であるのに対し、東洋思想には死を重視する「死の弁証法」、「死の哲学」があり、本来人類の福祉を目的とする科学技術が人類の生存を脅かしている「死の時代」である現代には、後者の「死の哲学」の意義が大きいと田辺は主張する。この書では絶対者の還相は、「死復活」を核心とする「菩薩道」とされ、「死復活者の交わり」である「実存協同」が考えられている。そして「実存協同」の具体例として、キリスト教の「聖徒の交わり」、初期のキリスト教から、カント、キェルケゴールにまで伝えられた「キリストの模倣」、禅の「師弟伝承」が挙げられている。そして、「何れも生死を超ゆる、死者の存在の生者に於ける復活の自覚において成立する感応道交として、それら信条の真実は、単なる存在でもなく思考でもない、絶対無即愛の立場に於ける死復活の実践、に依って行証せられる所でなければならぬ」（田辺 13:576）と言われている。

この中で、キェルケゴールにおけるキリストの模倣を取り上げてみよう。いうまでもなくそれは絶対逆説としての「宗教性B」のあり方である。キェルケゴールにおいて、「宗教性A」は自己否定による絶対者への一致であるが、自己否定とは言え自力による一致は神秘主義的で同一性論理に拠っており、「宗教性Ａ」は弁証法を欠いていると言えよう。これに対して、「宗教性Ｂ」の「キリストの模倣」は、他者、しかも歴史的に存在した過去の別人となるという絶対的な逆説の信仰である。現存する別人になることは、実際には無理だとしても、猛烈な努力など何らかの操作による可能性として考えることができるが、既に亡くなった歴史上の人物になることは考えられない。過去の別人とは、自己とは絶対的に隔たっている「死者」と言えるであろう。

『マラルメ覚書』では田辺は、フランス象徴詩の詩人マラルメの『イジチュール』と『双賽一擲』を論じつつ、死復活や偶然、死者と生者の「実存協同」について論じている。『イジチュール』のイジチュールの単なる自死では「死復活」は生じず、『双賽一擲』の老船長の決死行を優位に置いている[20]。老船長の行為は、田辺の考えでは利他行ということになるのだが、『双賽一擲』では「偶然」の問題が前面にでており、田辺が言うほど対他関係については表面に見えない。田辺は自らの「死復活」や「実存協同」にかなり強引に引き寄せて読解している印象がある。田辺自身「マラルメは偶然の問題を追究することに力を集中し、宗教的形而上学の問題をも主として詩の立場から考えたので、その立場が即自的なる美の象徴に止まり、愛の対自的菩薩道に還相することを未だ十分ならず、とも評せられるかも知れない」（田辺 13:273）と述べている。それでも『双第一擲』では「父祖」という種に相当すると思われる契機が重要な要素となっている。

イジチュールの場合、自己が偶然に曝されておりそれ故に自由であるという自覚にまで到達したが、必然的な運命と対立し、自由を同一性的論理的に保持しようとした。その立場は先に触れた「宗教性Ａ」に近い。イジチュールの自死は、運命に反抗してなされる狂気であり、運命に参与していないのであるが、やはり運命の作用によりそこへと追い込まれたのである。老船長の場合はそのような単なる死ではなく、「ただ種族的伝統に現れる運命の必然性の尖端なる死を、みずから進んで肯い覚悟することにより、始めてその必然性を死の自由により転換して、種族と自己とを交互に転入せしめ、相媒介して絶対無の普遍に復活せしめられる」（田辺 13:230）。先に実存の概念を検討した際、偶然的な規定を自己化し自らの本質とするのが実存であるということを見た。老船長は必然的な運命へと利他的に自己否定する。自らの意志で引き受けた運命は必然であると同時に偶然である自由と統合される。老船長は、種族とのつながりを引き受け、それを完遂することにより、新たな生への可能性を得る。その完遂とは、種族の伝統を形式的に墨守することにより種族も自己も同一性論理的に保持するという意味ではなく、伝統の真義を実現する「協同」なのであり、その遂行により一つの種族は完結し、更新されるのである。

田辺は、「運命は必然にして同時に偶然でなければならない」（田辺 13:218）、また、「運命は偶然の否定たる必然にして、しかも同時に偶然の肯定に於て人間的自由を可能ならしめるところの、矛盾事態たるのでなければならぬ」（田辺 13:218）、と言う。『マラルメ覚書』における田辺の叙述は、イジチュールの立場と老船長の立場が複雑に交錯して語られ読み取りづらいが、「生の存在学か死の弁証法か」で繰り返し述べられている、死復活の「反復」性を顧慮すれば、次のように解釈されうるだろう。自然生起ではない運命は死復活の反復と考えられ、運命への自由な自己否定による随順は、死復活により運命が継続するという必然性の肯定である。と同時に、運命を死復活によるものと見なして随順するのであり、父祖や自己の自由の肯定、運命に働く自由の肯定でもある。運命は外部から実存に対立する必然であるが、運命の内部に入り込むと自由（偶然の自己化）の連鎖という側面が見てとれる。死復活の連鎖に入ることで愛によって復活するのだが、死復活の連鎖は、同一性論理的な単なる継起ではなく、自力の自己否定即他力の愛によって生成する自由という切断を介して連続するのである。

生存の基盤としての種が、具体的な内容としては菩薩道やキリストの模倣である死復活の行為によって類的な性格をもつ実存協同となり、さらに死復活の連続で実存協同は人類へと広がりをもつ、という構想を田辺は描いたと思われる。その際、死復活を成り立たしめる否定即肯定という働きとして絶対無が現成していると言えよう。

信仰者の交わり、父祖とのつながり、師弟相承、智恵子抄、さらに科学時代において死に直面する人々、「種の論理」にまで遡れば民族、これらが死復活により「運命共同体」と化すと言えよう。[21] 死者の運命を知ることができたなら、それへと参与することで、死者との対話も成り立つかも知れない。

このように見てくると、田辺における「種」は、田辺の視点が「種の論理」期の社会学的な視点から、田辺の現実の体験を経て、実存的・宗教的視点へと比重が移ってゆくのに応じて、最初は自然発生的な血縁・地縁共同体であったものが、次第に実存協同の基盤および実現の場である、自己存在と他者をつなぐ「運命共同体」として多様性をもつようになったと考えられるだろう。我々が見てきた田辺の叙述の中での対他関係に関する考えの揺れ動きは、その発展や多様性の反映と考えられよう。そして、晩年の田辺の考えにおいて「個と個」の関係は、「種の論理」期のように否定的には捉えられていないが、あくまで実存協同の一つの例であると言えよう。

とはいえ、田辺を離れて考えれば、ブーバーが永遠の汝（神）は個々の汝を通して語りかける、というように、実存協同の広がりは現実には「個と個」との関係を通路にする場合が多いと言えるのではないか。少なくとも「個と個」の関係を軽視して、一足飛びに広がることはできないであろう。その意味で、ヤスパースが言うように「交わり的な存在意識の根源には、その現象の客観的狭さが、避けられない負い目として、結びついている。だがその狭さにおいて初めて真の広さが生ずる」（Jaspers 1932 II:60）のである。

5　田辺とヤスパースの比較

以上のことを踏まえ、主として「同一性論理」と「対他関係」という二つの観点から、田辺とヤスパースを比較したい。

第一に、「理性」の働きについて、両者共に理性を単なる同一性論理に従って事物の認識を行う働きとは考えていない。理性の働きが十全に発揮されるなら、同一性論理ないし対象的論理を越える作用を持つ。田辺の場合は、絶対批判の手段として、理性自身にも批判を向け、自己無化し、利他行へと復活することが理性の十全な働きである。ヤスパースの場合は、理性は無制限な「統一への意志」、「交わりの意志」であり、悟性の局所的統一を突破し、さらにそれ自身挫折に至ることで、真の開放性をもたらし、交わりへと還帰する働きである。

この際、内在者において絶対者が顕現する弁証法的な機構が考えられている点が共通している。田辺の場合、有無を越えた絶対無が真の実在であり、自己存在の無化作用として顕現する。自己存在が自力によって自己無化することは、絶対無の他力の現れである。ヤスパースの場合、絶対者は統一そのものであり、自らは内在者であることを否定しつつ暗号として物事の完成した姿を示し、実存の統一の目標として顕現し、絶対的現実性と言われている。ヤスパースにおける超越者は、ごく簡潔に言えば「一者」であり、自由の贈与者、暗号としての顕現、統一の根拠また目標という多様な現れ方をする。

そして両者共に、絶対者の顕現の場を具体的な歴史的世界と考えている。田辺の場合、歴史的世界は、自己存在の無化の行為の場であり、同時に無の顕現の場である。歴史における偶然性を自らの本質として、引き受けることが、実存のあり方である。実存は否定されることにより、種や兄弟性の社会の建設に向う新たな生を与えられる。ヤスパースの場合、歴史的世界は、実存にとってのそのつどの超越者顕現の場であり、「可能性なき現実」である。同時に、ヤスパースにおいて歴史的世界は実存と実存の交わりの場でもあり、統一としての超越者を実存が追求する場であった。

第二に、自己存在と自己存在の関係が、両者共に絶対の顕現の媒介と考えている。田辺の場合、相対と相対の相互限定関係ないし相互否定関係が、絶対の媒介と考えられている。自己否定するという往相（自己存在から見れば能動相）が、絶対の顕現という還相（自己存在から見れば受動相）と相即しているが、それは自己否定即利他という相即でもある。ヤスパースの場合、自己存在と自己存在の交わりの目標ないし根拠という形で、交わりにおいて間接的に超越者は顕現する。相対と相対の関係が絶対者の顕現の媒介という考えは田辺とヤスパースで共通しているのである。

両者の大きな違いは、「無」の把握であると言えよう。絶対者が無であり、実存も無として一致するという構図が、田辺では明確である。田辺は、自己の本質を無、より正確には無化の作用と捉えており、偶然性、無という要素（本質の否定）に比重を置いている。これに対して、ヤスパースにおいては、超越者を無という場合もあるが、思惟にとって把握不能という意味合いが強い。超越者はむしろ充実や可能性なき現実性、絶対的現実性という積極的な側面から語られることが多く、そのつどの現れによる充実と超越者そのものへの開放という相即が説かれるが、無としての超越者については論究が少ない。実存に関しても、他者との交わりにおいて他者から否定されるという契機があるが、その否定は実存の唯一性の自覚の媒介という意味合いが強い。むしろ実存が暗号解読により積極的に世界内での建設に携わる側面が重視されている。そもそも内在者に比して、実存固有の世界はないとされており、内在者と対照した場合、実存は無を本質とするとも言える。しかしながら、実存の無は、内在者からの「浮動」であり、また超越者が何であるか対象的には知らない、即ち「無知の知」という形態である。その意味で、実存はレンマでいう「中」に近いと言えるだろう。

また、超越者と実存を共に無と見る田辺の場合、絶対者が救済のため世界に降下するという還相が、自己存在が自己否定により絶対者へ向かう往相と相即しているが、ヤスパースの場合、絶対者の遠隔性がより強調されていると言えるだろう。

「一者、この最高かつ最後の避難所は、それが可能的実存の全き緊張における現実から把捉されていないならば、〈実存的な危険に〉成ることもある。一者はただ、それが出会われる根拠、即ち実存の現存在における一者の無制約性という根拠に基づいてのみ真である。一者は、全ての先立つものがそれで克服されるだろうごとき、何らかの永続的な平安には決して成らない。私は現存在においては私の超越者との合致から再び歩み出て、そして反抗へ、離脱と夜との諸可能性へ、また多者へと帰路を見出さねばならない。この道は、私が時間的現存在にある間は反復されねばならない。何故ならば、あらゆる平安は、自らを阻害されたくない単なる現存在の、幸福への意志に早変りするからである」（Jaspers 1932 III:127）。単に絶対者との一致を説くのは、田辺の言うように悪しき神秘主義であり、それに陥らないためには、この引用にあるように「緊張」や「実存の現存在」が必要である。我々が「暗号」に関して見た内在と超越の弁証法（内在であることを打ち消しつつ顕現する）は、超越者の現象のあり方を示している。その表れが純正であるためには、実存と超越者の距離を強調しておく必要があったと言えよう。そのため、ヤスパースにおける実存には現存在の四分五裂にあるという悲劇性が纏綿している。田辺の場合、「自己否定」を実存の核心と見ているため、絶対者と自己存在の一致と言っても、神秘主義的な融合ではないことが含意されているものの、やはり一種の一致が主張されている。

自己否定という点に関しては、田辺においては、交わりが自己否定としての利他の場として、自己否定が前面に出ているが、ヤスパースにおいては、愛ある闘争による相互否定と相互承認という形で、全面的な否定というよりは自己制限に止まる印象がある。田辺の場合、利他が他者の単なる無批判的肯定に結び付かないか疑念があるが、自己の徹底的な罪性や有限性の自覚という、宗教的な自覚に基づく自己否定の必然性が深刻に受け止められていると言えよう。ヤスパースの場合、完全な自己否定に至っていないという見方もできるが、自他の相互否定と相互承認という場面の論究が示唆深いと言えよう。

結び

ヤスパースの思索は、実存の内在者からの超越の開明、実存と超越者の関係の開明を主な内容とする。実存の超越することは、「理性」によって遂行され、理性は内在者の固定を克服し、浮動を実現し、内在者の四分五裂状態の統一を志向し、超越者へと開放する。この理性を我々は、「交わりとしての思惟」、「自己否定し交わりを遂行する思惟」と捉えた。超越者は多様に現象し、実存の想像に対して象徴（暗号）として顕現したり、実存の思惟に対して矛盾、同語反復、弁証法を通して感得されるという契機もあるが、ヤスパース思想が発展するに従って交わりが重要性を増したと言えるだろう。

第四章第三節で論じた、暗号論と交わり論の関係について簡単に振り返ると、『哲学』における暗号論には、全ての暗号を無化すると同時に意義を与える「挫折」も説かれている。『啓示に面しての哲学的信仰』では明確に個々の暗号の不十分さが主張され、「全ての暗号の彼岸」が論究される。世界を超出する可能性が検討されることにより、翻って世界内への環帰が重視される。実存が単独で暗号を受容するのみならず、世界内の交わりの中で暗号を受容することが明確に主張されている。

第五章での検討も、交わりの重視というヤスパースの態度を示している。美学的判断との比較では、ヤスパースは交わりの非完結性に超越者の顕現を見出す点が特徴であった。また、レンマにおける「中」と暗号の「浮動」は類似している点があるが、レンマにおいては交わりの契機は希薄である。ヤスパースと田辺は、同一性論理の克服という姿勢が共通しており、世界内における実存同士の関わりを媒介とした絶対者の顕現を主張する点も軌を一にする。ただし田辺においては往還の相即という思想に裏打ちされた「否定即愛」の同時成立が説かれている。ヤスパースにおいては、自他の区別がより明確に維持されつつ、自他が交わり続けること、言い換えれば自他の区別があり続けることが、超越者の間接的な顕現であり、分裂にあっての統一への運動という側面が前面に出ている。

ヤスパースにおいて理性という統一へと向かう働きは、完成した状態では、愛と想像と一致するとされていた（第三章二節）。ヤスパースは、世界の四分五裂の状況を実存の根本状況と捉え、それを克服しようとする理性に比重を置いていると言えるだろう。思惟に対しては、超越者は矛盾、同語反復、弁証法という形で現れ、固定的なものとして把握されることはない。それ故、ヤスパースの立場は「無知の知」であり、「私は自分が信仰しているかどうか、また何を信仰しているかを知っていないのである」（Jaspers 1948:20）というものになる。

絶対者と自己存在の一致をより探求する立場、例えば田辺などからすれば、ヤスパースの考えは超越者と実存ないし理性のつながりが不十分と見なされると思われる。田辺の考えにおいては、自他は絶対無の自己否定として共に絶対無の現れである。その考えからは、ヤスパースは、実存のあり方である否定即肯定、否定即愛という機構を看過していると見なされるだろう。また、宗教的立場に立つブーバーやバルトは、超越者が単なる概念であるとしてヤスパースの超越者概念を批判している。「隠れた神」は具体的に世界に現れ、人間の罪を贖う救済者ではない。

ヤスパースが主張する、可能性なき現実性、交わりによる開放性、隠れた超越者は、実存の日常における根拠、世界において思惟により物事や他者と関わる根拠とは成り得ると思われる。しかし、自己の罪性に直面した宗教的実存にとって、救済の確信を与えるものではなく、具体的な信仰の根拠とは言えないという批判がありうる。ヤスパースは、基本的には自覚という知の立場に立ち、愛の具体性、行為の創造性の契機が弱いと言えよう。「可能性なき現実性」という視点は、現実を直視し開明する有力な考え方ではあるが、「死復活」というような言わば新たな現実の創造という契機は希薄であると思われる。超越者の現れとしての暗号という思想は、田辺が見なしたように、一なる存在からの発出を原理とする汎神論に類似している。ヤスパースは「挫折」や「全ての暗号の彼岸」を説き、実存と超越者との間に断絶や飛躍を見ているが、それらは認識論・存在論的であり、実践的な信仰のあり様とは異なるという批判は可能である。

「私はまた、世界現存在の現実性としての宗教の客観性が、人間の超越的な関係性を確保する唯一の伝統であるということを知っている。この伝統が見棄てられるところ、そこでは哲学もまたやがて没落してしまうであろう」(Jaspers 1932 I:311-312) と述べられている。「超越的な関係性」は超越者への関係と受け取っておくが、超越者への実質的な関係の維持媒体としての宗教的伝統がなければ、哲学も消滅するとヤスパースは考えている。第四章第三節での哲学的信仰と啓示信仰の交わりに関する我々の考察でも、哲学的信仰は内容的に、また相互否定と相互承認の相互媒体として、啓示信仰を必要とすることが確認された。宗教的伝統を重視しつつ、自己存在の自由の立場において、宗教から超越することの内容を受け取り開明し、現代における自由、実存することの可能性を見出すことが、ヤスパースの目指したことであると言えよう。このようなヤスパースの立場は、宗教そのものに焦点を当てた場合、傍観者的との誹りは免れないと思われる。自身は宗教的信仰に立たないにも関わらず、宗教的信仰の内容は重視するという姿勢は、宗教そのものの開明としては不十分な点がことは否めない。「哲学的信仰と啓示信仰」という枠組みでは、理性・自由か啓示かという問題に焦点が絞られてしまう。例えば罪や救済という特に宗教的な問題が、ヤスパースでは少なくとも表面的には多くは語られていない。「挫折」や思惟の自己否定としての「全ての暗号の彼岸」も、人間としての実存自身の挫折および自己否定という意味を含んでいると思われるが、第一義的には世界の無常性や超越者の隔絶性の経験であり、また思惟の自己否定であるため、宗教的な回心や自己否定の現れとしての利他という宗教的転換とは結び付いてはいない。それに関連して、ヤスパースが神的愛である慈悲（charity）にあまり関心を払わないことが指摘されている。[1]

統一や交わりを遂行する理性についても、第二章の注（8）でも触れたが、ヤスパースは理性の由来について、言わば絶対者の視点から見ることはしない。この場合の絶対者の視点というのは、経験を越えた超感性的事物や世界の外部にあるような超越的立場を意味するのではなく、人間存在の根底を探求して行く際に取らざるを得ない、人間存在の由来を見つめるような視点という意味である。ヤスパースの包越者論が主客分裂の内ありながら、分裂を越えて行く思想であり、分裂を言わば「外からも見る」作用を持っているものの、ヤスパースは最終的には主客を越えた主の立場を否定する点で、「純粋経験」に依拠し主客分裂以前の立場を取りうるとする西田とは異なることが指摘されている。[2]ヤスパースは人間にとって存在が分裂しており、理性という結び付ける働きが働いているという状況から、思惟を展開している。

しかしこのようなヤスパース哲学の性格は不十分さというよりも、思惟と実存を重視することからくる一つの帰結と受け取るべきと思われる。思惟の立場に立ちつつ、理性の自由の限界の自覚し、理性を越えたものを展望しつつ、理性の統一や交わりを希求するという姿勢は、存在の四分五裂性に直面している自己存在が、思惟による交わりにおいて実存する可能性を追求したものと言えよう。

本論考の考察では、ヤスパース哲学における社会的・政治的思想に関しては扱うことができなかった。周知のようにヤスパースは社会情勢に関しても盛んに著作活動を行っている。本論考の主題である交わりは、個人の生活実践を基盤としつつも、より広く社会に対する関わりでもあるはずである。ヤスパース思想における社会問題に関する交わりの考察は、今後の課題としたい。[3]

ヤスパースの著作と略号

ヤスパースの著作を出版年順に示し、引用した著作は書名の後に略号を示した。本文における引用は、この略号と該当頁を記した。訳出は示してある邦訳を参考にしつつ、筆者が行った。引用文中の〈 〉は原文のイタリック、《 》は隔字体、『 』は引用符を表す。[ ]内は筆者の補足である。また原語のつづりは新正書法に従って改めた。

Allgemeine Psychopathologie（1913）: Jaspers 1913, 9.Aufl., Springer, Berlin-Heidelberg- New York, 1973.（西丸四方訳『精神病理学原論』、みすず書房、一九七一年）

"Einsamkeit"（1915/16）: Jaspers 1915/16, in *Das Wagnis der Freiheit,* Saner, Hans (Hrsg.), Piper, München-Zürich, 1996.

Psychologie der Weltanschauungen（1919）: Jaspers 1919, 6.Aufl., Piper, München, 1985.（重田英世訳『世界観の心理学』、創文社、一九九七年）

Strindberg und van Gogh（1922）

Die geistige Situation der Zeit（1931）

Philosophie bd. I:*Philosophische Weltorientierung*（1932）: Jaspers 1932 I, Piper, München, 1994.（武藤光朗訳『哲学』第一巻『哲学的世界定位』、創文社、一九六四年）

Philosophie bd. II:*Existenzerhellung*（1932）: Jaspers 1932 II, Piper, München, 1994.（草薙正夫・信太正三訳『哲学』第二巻『実存開明』、創文社、一九六四年）

Philosophie bd. III:*Metaphysik*（1932）: Jaspers 1932 III, Piper, München, 1994.（鈴木三郎訳『哲学』第三巻『形而上学』、創文社、一九六九年）

Vernunft und Existenz（1935）: Jaspers 1935, Neuausgabe, Piper, München, 3.Aufl., 1984.（草薙正夫訳『理性と実存』、理想社、一九七二年）

Nietzsche:Einführung in das Verständnis seines Philosophierens（1936）

Descartes und die Philosophie（1937）

Existenzphilosophie（1938）: Jaspers 1938, 4.Aufl., Walter de Gruyter, Berlin- New York, 1974.（鈴木三郎訳『実存哲学』、理想社、

新増訂版第四刷、一九七九年）

Die Idee der Universität（1946）

Die Schuldfrage（1946）

Von der Wahrheit（1947）: Jaspers 1947, Neuausgabe, Piper, München, 1991.（林田新二他訳『真理について』一―五、理想社、一九七六―九七年）

Nietzsche und das Christentum（1947）

Der philosophische Glaube（1948）: Jaspers 1948, Neuausgabe, Piper, München, 9.Aufl., 1988.（林田新二監訳『哲学的信仰』、理想社、一九九八年）

Vom Ursprung und Ziel der Geschichte（1949）

Einführung in die Philosophie（1950）: Jaspers 1950a, Neuausgabe, Piper, München, 28. Aufl., 1989.（林田新二訳『哲学入門』、『哲学とは何か』、白水社、一九八六年、所収）

Vernunft und Widervernunft in unserer Zeit（1950）: Jaspers 1950b, Piper, München, 1950.（橋本文夫訳『現代における理性と反理性』、理想社、一九七四年）

Schelling:Größe und Verhängnis（1955）

"Philosophische Autobiographie"（1956）: Jaspers 1956, in *Philosophie und Welt*, Piper, München, 1958.（重田英世訳『哲学的自伝』、理想社、一九六五年）

Die großen Philosophen（1957）

Philosophie und Welt（1958）

Die Atombombe und die Zukunft des Menschen（1958）

Freiheit und Wiedervereinigung（1960）

Der philosophische Glaube angesichts der Offenbarung（1962）: Jaspers 1962, Piper, München, 3. Aufl., 1984.（重田英世訳『啓示に面しての哲学的信仰』、創文社、一九八六年）

Gesammelte Schriften zur Psychopatholopgie（1963）

Kleine Schule des philosophischen Denkens（1965）: Jaspers 1965, Neuausgabe, Piper, München, 10.Aufl., 1985.（松浪信三郎訳『哲学の学校』、河出書房新社、新装版三刷、一九八五年）

Schicksal und Wille-autobiographische Schriften（1967）：Jaspers1967, Saner, Hans（Hrsg.）, Piper, München, 1967.（林田新二訳『運命と意志　自伝的作品』、以文社、一九七二年）
Aneignung und Polemik（1968）
Chiffren der Transzendenz（1970）：Jaspers 1970, Saner, Hans（Hrsg.）, Piper, München.（草薙正夫訳『神の暗号』、理想社、一九八二年）
Notizen zu Martin Heidegger（1978）
Die großen Philosophen, Nachlass 1, 2（1981）
Weltgeschichte der Philosophie-Einleitung（1982）
Denkwege- Ein Lesebuch（1983）
Wahrheit und Bewährung, Philosophieren für die Praxis（1983）
Der Arzt im technischen Zeitalter（1986）
Nachlaß zur philosophischen Logik（1991）

共　著

Jaspers , Karl / Bultmann, Rudolf:*Die Frage der Entmythologisierung*（1954）
Jaspers , Karl / Zahrnt, Heinz:*Philosophie und Offenbarungsglaube*（1963）

はじめに

（1）ヤンケは、『哲学』の三つの巻が、宇宙論、心理学、神学という伝統的な区分を採用していると述べている。Janke, Wolfgang:*Existenzphilosophie*, de Gruyter, Berlin-New York, 1982, S.158.

（2）『哲学』の三つの巻のそれぞれの超越のあり様や相互関係については、平野明彦「ヤスパース『哲学』における超越の構造」、日本ヤスパース協会編『コムニカチオン』、第八号、一九九五年、一五―二六頁、および吉村文男『ヤスパース　人間存在の哲学』、春風社、二〇一一年、二三―二四、一二七―一三六頁、参照。平野氏は、『哲学』（一九三二）で様々に語られる「超越すること」の根本的構造を、「広さへの超越と根源からの充実」という緊張として捉え、その緊張が『理性と実存』（一九三五）以降に「理性と実存」という形で定式化されたと考えている。吉村氏は、存在そのものが探求されると、三つの名（世界、実存、超越者）で呼ばれる存在に分節される、としている。両氏とも、三つの巻が断絶しつつ、相依相属しているあり様を指摘している。

（3）『理性と実存』以降の「理性」、「包越者」が主張されるようになった後のヤスパース思想を「後期」、それより前を「前期」と呼ぶことはヤスパース研究者の間で一般化している（林田新二『ヤスパースの実存哲学』、弘文堂、一九七一年、一三一―一四頁、等）ので、ここでもそれに従いたい。

（4）吉村前掲書、四八三頁。

（5）Ricœur, Paul:"The relation of Jaspers' philosophy to religion", in *The philosophy of Karl Jaspers* (1957), Schilpp, Paul Arthur (ed.), Open Court Publishing Company, La Salle, 2.ed., 1981, p.612.

（6）林田前掲書、九一―九二頁参照。

（7）この点に関しては、羽入佐和子「ヤスパース哲学における理性――今、理性的であるとは――」、『理想』、第六七一号、二〇〇三年、一七―二六頁、および平野明彦「ヤスパースにおける理性の復権」、同上、八二―九三頁、参照。羽入氏は、いかなる主張にも交わりの可能性を開いておくことが今求められていると述べている。

（8）これに関し、北野裕通氏は、ヤスパースの言う実存は完全な「脱―我（Ex-istenz）」態ではなく、実存の根底は無底でない可能性、換言すれば「私」的なものが残されている可能性があることを指摘されている。その理由として、ヤスパース的な「理性」は絶対否定性のようにも思われるが、実存は暗号解読を通じ超越者と自己自身を確信するのであり、ヤスパースは、主もなく客もない、いわゆる神秘的融合の内での直覚を主張する神秘主義には組しないことを挙げられている。北野裕通「人間であること」、『理想』、第六七一号、二〇〇三年、六九—七〇頁。

(9) Thyssen, Johannes:"The Concept of 'Foundering' in Jaspers' Philosophy", in *The philosophy of Karl Jaspers* (1957), Schilpp, Paul Arthur (ed.), Open Court Publishing Company, La Salle, 2.ed., 1981, p.297. なお「挫折」が『哲学』の最も重要な主張の一つであることに我々も同意し、本論考でも「挫折」について第三章第一節で論究するほか、『啓示に面しての哲学的信仰』への展開の中でどのような変化を見せるかを随時検討したい。

(10) Thyssen, *ibid.*, p.334. ただしテュッセンは、「挫折」の経験は別世界の経験ではなく、神秘家の融合(unio)に相当する「非客観的な経験」(non-objective experience)であると見ている(Thyssen, ibid., p.325.)。挫折と神秘的融合の類似を見る解釈の正否はここでは検討できないが、単なる反理性的な非合理主義ではなく、対象的な経験の根底に通ずるものとして挫折を捉える主張は、傾聴すべきと思われる。

(11) Heinemann, Fritz:*Existenzphilosophie, lebendig oder tot?* (1954), W.Kohlhammer, Stuttgart, 3.erweiterte Aufl., 1963, S.78.

(12) *ibid.*, S.81-82.

(13) Janke, *ibid.*, S.170-171.

(14) Wisser, Richard:*Karl Jaspers :Philosophie in der Bewährung* (1995), Königshausen und Neumann, Würzburg, 2.Aufl.1995, S.39.

(15) *ibid.*, S.43.

(16) 渡辺二郎『ハイデッガーの存在思想』、勁草書房(一九六二)、新装第二版第二刷、一九九四年、五五八—五六一頁。

(17) Bollnow, Otto Friedrich:*Existenzphilosophie* (1943), W.Kohlhammer, Stuttgart, 3.erweiterte Aufl., 1949, S.113-114.

(18) Saner, Hans:*Einsamkeit und Kommunikation,* Lenos, Basel, 1994, S.115.

(19) Salamun, Kurt:*Karl Jaspers*, Beck, München, 1985, S.70-71.

(20) *ibid.*, S.45.

(21) *ibid.*, S.94.

(22) 金子武蔵『実存理性の哲学』(一九五三)、清水弘文堂書房、一九六七年、序および四頁。
(23) 同上、序および七頁。
(24) 林田前掲書、一四六頁。
(25) 同上一三三—一三四頁。
(26) 福井一光『理性の運命』、内田老鶴圃(一九八六)、第二刷、一九九〇年、i—iii頁。
(27) 同上、二一〇頁。
(28) 北野裕通「ヤスパースと西田幾多郎——海あるいは有限無限——」、北野裕通・佐藤幸治訳、ジャンヌ・エルシュ『カール・ヤスパース　その生涯と全仕事』、行路社、一九八六年、二〇四—二〇六頁。
(29) 同上、二〇六—二〇七頁。
(30) Vgl., Habermas, Jürgen:*Theorie des kommunikativen Handelns*, Bd.1 (1981), Suhrkamp, Frankfurt am Main, 1999, S.489-534.
(31) この三つの主著を軸に、『哲学』までを第一期、『真理について』までを第二期、それ以後の『啓示に面しての哲学的信仰』を頂点とする第三期として、ヤスパース哲学を区分する捉え方もある。羽入佐和子『ヤスパースの存在論——比較思想的研究——』、北樹出版、一九九六年、一三—二〇頁。『理性と実存』では術語として「哲学的信仰」という語はあるものの詳論されてはおらず、『真理について』でも同様である。「哲学的信仰」は『哲学的信仰』や『啓示に面しての哲学的信仰』で本格的に展開されるのであるから、「哲学的信仰」を重視するならば、この区分は適切と思われる。

第一章

(1) 金子武蔵『実存理性の哲学』(一九五三)、清水弘文堂書房、一九六七年、四頁。
(2) キェルケゴールからの引用は、Kierkegaard, Sören:*Gesammelte Werke*, Gütersloher Verlagshaus に拠り、本文中で次の略号によって書名を示し、該当頁を付した。

Kierkegaard1846 I: *Abschließende unwissenschaftliche Nachschrift zu den Philosophischen Brocken;Erster Teil*, 3.Aufl., 1994.(杉山好・小川圭治訳『哲学的断片への結びとしての非学問的あとがき』(上・中)、キルケゴール著作集七・八、新装復刊、

白水社、一九九五年）

Kierkegaard1846 II: *Abschließende unwissenschaftliche Nachschrift zu den Philosophischen Brocken;Zweiter Teil*, 3.Aufl., 1994.（杉山好・小川圭治訳『哲学的断片への結びとしての非学問的あとがき』（中・下）、キルケゴール著作集八・九、新装復刊、白水社、一九九五年）

Kierkegaard1849: *Die Krankheit zum Tode*, 4.Aufl., 1992.（松浪信三郎訳『死にいたる病』、キルケゴール著作集一一、新装復刊、白水社、一九九五年）

Kierkegaard1850: *Einübung im Christentum*, 3.Aufl., 1995.（杉山好訳『キリスト教の修練』、キルケゴール著作集一七、新装復刊、白水社、一九九五年）

（3）佐藤幸治「ヤスパースとキェルケゴール――ヤスパースのキェルケゴール理解について――」、北野裕通・佐藤幸治訳、ジャンヌ・エルシュ『カール・ヤスパース　その生涯と全仕事』、行路社、一九八六年、二一一―二一四頁、および Janke, Wolfgang:*Existenzphilosophie*, de Gruyter, Berlin-New York, 1982, S.168、参照。

（4）例えば、Salamun, Kurt:*Karl Jaspers*, Beck, München, 1985, S.61-63、吉村文男『ヤスパース　人間存在の哲学』、春風社、二〇一一年、三二五頁など。

（5）テュッセン（Thyssen, Johannes）も、超越者の実在性（reality）が可能性に翻訳できないことを指摘し、我々が偶然に直面する時、潜在性へと翻訳できない実在、すなわち絶対的実在、超越者に遭遇する、と述べている。Thyssen, Johannes:“The Concept of ‘Foundering’ in Jaspers’ Philosophy”, in *The philosophy of Karl Jaspers*（1957）, Schilpp, Paul Arthur（ed.）, Open Court Publishing Company, La Salle, 2.ed., 1981, p.305.

（6）「挫折」の暗号に関しては、拙論「内在と超越――ヤスパースにおける超越者――」、日本宗教学会編『宗教研究』第三一〇号、一九九六年、二五―四八頁、参照。また本論考の第三章第一節でも論究する。

（7）金子前掲書、九頁。

（8）キェルケゴールにおける実存は世界との関わりが希薄であることはよく指摘されるが、アドルノ（Adorno, Theodor W.）の批判を紹介する。「およそ単独者の可能的な内容となりうるものは、この世界に由来するが、まさにその世界に対して、絶対的な単独者は絶対的に対立するのだ、とされる。単独者が世界から自分を純粋に保つならば、彼の見せかけの具体化は、純粋なこのもの（Diesda）の具体化は、全く無規定なものと化すだろう」。Adorno, Theodor W.:***“Kierkegaard noch einmal”***, *in Kierkegaard- Konstruktion des Ästhetischen*（1933）, 3.Ausg.（1966）, ***Gesammelte Schriften***, Band2,

Suhrkamp, Frankfurt am Main, 2003, S.249（『キルケゴール　美的なものの構築』、山本泰生訳、みすず書房、一九九八年、三四二―三四三頁）またアドルノは、キェルケゴールの弁証法は媒介を欠くが故に、直接性に逆戻りすると指摘している（*ibid.*, S.248）。

第二章

（1）林田新二氏は、『哲学的信仰』と『啓示に面しての哲学的信仰』において、それ以前はもっぱら主体的・実存的なものとされていた哲学的信仰が、理性を伴う交わり的信仰と考えられるようになり、哲学的信仰と哲学的論理学としての包越者思想が不可分とされるようになったと指摘している。林田新二「ヤスパース哲学の対極的な二つの契機と倫理学」、日本ヤスパース協会編『コムニカチオン』、第一一号、二〇〇〇年、一―八頁。

（2）Tillich, Paul:*Systematic Theology*, volume one, The University of Chicago Press, Chicago, 1951, p.22.

（3）『真理について』と『哲学的信仰』は同時期に出版されているが、執筆時期は前者が後者より数年早いと推定される。邦訳『哲学的信仰』（林田新二監訳、理想社、一九九八年）所収の林田新二氏による解説、二二三頁参照。また『哲学的信仰』と『啓示に面しての哲学的信仰』において、理性を伴う交わり的信仰という思想が明確に主張されるようになったのであれば、正確には『哲学的信仰』以降は哲学的信仰と哲学的論理学がヤスパース思想の二つの柱となった、と言わねばならない。ただしここでは理性概念が導入された時期を後期とする区分に沿って、『理性と実存』以降にそうなった、としておく。

（4）原典には、»Philosophie«（1931）、»Der philosophische Glaube«（1947）、とあるが、『哲学』に関しては、実際に出版されたのは一九三一年の一二月だが、出版年次は一九三二年とされており、『哲学的信仰』に関しては、元となったバーゼル大学での招聘講義は一九四七年であるが、出版は一九四八年である。引用文では（1931）、（1947）という出版年の但し書を省いた。

（5）理性や交わりの契機の導入の他に、夫人がユダヤ人であったため大学を追放され、ドイツ敗戦直前には収容所に送られることが決定していたという、ナチズム時代の深刻な体験の中で、「聖書」が精神的慰めとしてヤスパースにとって重要性が増したことが、哲学的信仰の思想の定式化に働いている可能性が指摘されている。岡田聡「ヤスパースの聖書的転回とキリスト教」、日本ヤスパース協会編『コムニカチオン』、第一七号、二〇一〇年、一七―二九頁。

（6）思惟（Denken）と認識（Erkennen）の違いは、前者は形式的抽象的で、後者は直観を有する現実的なものという点である。ヤスパースは次のように述べている。「直観と経験において思惟に与えられる充実によって初めて、思惟は認識になる」（Jaspers 1947:252）。現実に我々が行っているのは認識活動であるが、認識の内容に考慮を払わずに認識一般として反省されたものが思惟である。本論考では特に区別すべきところ以外は任意の方を用いてある。

（7）ヤスパースは、哲学する働き一般を包越者の覚知と考えることができるとし、「全ての哲学は実際には包越者の哲学であった」（Jaspers 1947:191）と述べている。

（8）一なる包越者が、我々の反省によって分裂するというヤスパースの説明は、超越者（絶対者）自身の把握としては不十分な点があるように思われる。ヤスパースはあくまで存在が四分五裂している状況から思索を展開し、超越者自身についての言明は控えている。包越者の分裂に関し、北野裕通氏は、無限者は無限の静謐を具えつつ、動的に自己分化し自らを有限化しうるものでなければならない、と述べている。北野裕通「ヤスパースと西田幾多郎――海あるいは有限無限――」、北野裕通・佐藤幸治訳、ジャンヌ・エルシュ『カール・ヤスパース　その生涯と全仕事』、行路社、一九八六年、二〇五―二〇六頁。主客合一した視点、ベーメの「翻されたる眼」に立つことは、ヤスパースはなかったと思われる。それはヤスパースの難点も言えるが、あくまでも実存の状況を立脚点とするヤスパースの特徴であると思われる。

（9）仏教については、『啓示に面しての哲学的信仰』では「全ての暗号の彼岸」という節で、具象性を徹底的に超出する「自己自身を超出する思惟」として論究されている。仏教は、世界における可能な充実を犠牲にし、「世界からの完全な解放」（vollkommene Befreiung von der Welt）（Jaspers 1962:403）を目指すとヤスパースは見なしている。このヤスパースの見解の当否はさておき、仏教は世界における具現を説く啓示信仰とは見なされていないと思われる。「全ての暗号の彼岸」についいては第三章第三節で考察する。

（10）「限界状況」（Grenzsituation）は、自己存在にとって生の意味が真に問題化し、実存へと覚醒する極限的な状況であり、本論考では詳しく考察することはできないが、第三章において「挫折」の暗号に関連して言及する。『哲学』では次の引用にある「偶然」の代わりに「苦悩」が挙げられる。

（11）例えば'Ricœur, Paul:"The relation of Jaspers' philosophy to religion", in *The philosophy of Karl Jaspers* (1957). Schilpp. Paul Arthur (ed.), Open Court Publishing Company, La Salle, 2.ed., 1981, p.612.

（12）林田新二『ヤスパースの実存哲学』、弘文堂、一九七一年、二〇五―二一〇頁。

（13）この点に関して、羽入佐和子氏は、ヤスパース哲学においては、論理と信仰とが相反するとは考えられていないことを指摘している。そして羽入氏はこのことがヤスパースの哲学が哲学として不明瞭であるという印象を与える原因となっていると述べている。羽入佐和子『ヤスパースの存在論――比較思想的研究――』、北樹出版、一九九六年、六〇頁。

第三章

(1) 暗号 Chiffre の語源であるアラビア語 sifr は「空無」という意味であり、さらにそれはインド数学のゼロに源を持つ。ヤスパースのいう暗号は、それ自体は打ち消される思惟媒体である故、空無という性格を持つ。しかし、暗号という語が、語源的に空無という意味を持つことについて、ヤスパースが意識していたかどうかについては不明である。

(2) Kant, Immanuel:*Kritik der Urteilskraft*, AkademieausgabeV, S.301.

(3) 吉村文男『ヤスパース　人間存在の哲学』、春風社、二〇一一年、四九九頁参照。

(4) ヤンケ（Janke, Wolfgang）は、想像で解読される暗号をロマン主義およびカントの美的理念と重なるものと見ている。Janke, Wolfgang:*Existenzphilosophie*, de Gruyter, Berlin-New York, 1982, S.169. また長谷正當氏は、カントは認識のみならず道徳的な実践や芸術、宗教を成立させる根源的な人間の能力として、構想力（想像）を想定していたと見ることができる、と指摘している。長谷正當『心に映る無限――空のイマージュ化――』、法藏館、二〇〇五年、三九―四一頁。

(5) なお「痛み」については唐突な印象があり、詳論されていない。この問題は、超越者の自己否定や慈悲の問題とつながると思われるが、本論考の範囲を越えている。ただし、「結び」でも言及するが、超越者を宗教的救済者として捉える見方は、ヤスパースにおいては希薄と思われる。

(6) 福井一光氏は、暗号を「その実存にとってのみ妥当する、したがってそれ以外の者にとっては何らの意味をもち得ない場合もある。しかしながらまたその実存にとってはそれであり、それでなくてはならない事態」としている。福井一光『人間と超越の諸相――カール・ヤスパースと共に――』、理想社、二〇〇一年、六五頁。また、岡田聡氏は、客観的には取り替えのきく物事が、主観的には取り替えのきかないものとなるとき、すなわち「一性」（Einheit）をもつとき、その一性が超越者の一性を象徴し、物事は暗号となる、と述べている。そして、「主体的で自由な決断を下すときに現成する実存の一性もまた暗号となる」としている。岡田聡「ヤスパース形而上学における実存と超越者の相即性」、日本宗教学会編『宗教研究』、第三六四号、二〇一〇年、一二七―一五〇頁。同様に、吉村文男氏も、神の前での単独者という意味での「実存的一」

の真剣さが、あれからこれへと任意に移る多ではなく、唯一である神と出会わせる、と指摘している。吉村前掲書、四七九―四八〇頁。「それでなくてはならない」、「一性」、「実存的一」ということは、ここで言う「可能性なき現実性」と通底すると思われる。

(7)「横切って」を、そこで実存の自由な決定が生ずる、時間を越えた深みが時間の内に現象すること、と見る解釈もある。Thyssen, Johannes: "The Concept of 'Foundering' in Jaspers' Philosophy", in *The philosophy of Karl Jaspers* (1957), Schilpp, Paul Arthur (ed.), Open Court Publishing Company, La Salle, 2.ed., 1981, p.301.

(8) 吉村文男氏は、「透明化」を「人間による限定から解き放たれてそれ自身になること」、つまり「超越者の場においてそれ自身となること」と解しており、そして「超越者の場」ということを、超越者の言葉が語られ実存が暗号を読み取る場、と主張されている。吉村前掲書、389-395頁。また、キェルケゴールにおいては「透明」とは、自己存在が神の内に根拠を持つことを指す。

(9) テオリア θεωρία とプラクシス πρᾶξις(さらにアリストテレスではポイエーシス ποίησις が加わる)の区別に立ち、観想に通常対応するテオリアを客観的普遍妥当性を持つ認識に限定する考えからは、Phantasie を観想とすることには異議があると思われる。しかし本来テオリアは実用的価値に捉われず、対象的認識に止まらない物事の本質を眺めることであり、本論考のように物事を深く見つめるという意味で Phantasie を観想と理解することは可能と思われる。また、本章の注(4)でも触れたが、ヤンケは暗号をカントにおける美的理念と重なるものとみており、ヤスパースにおける Phantasie を、カントにおける産出的構想力 produktive Einbildungskraft と同一視している。Janke, *ibid.*, S.169.

(10) Burkard, Franz-Peter:*Karl Jaspers, Einführung in sein Denken*, Königshausen und Neumann, Würzburg, 1985, S.45.

(11) 挫折のために挫折を求めるのはニヒリズムであるとの指摘がある。Di Cesare, Donatella:*Die Sprache in der Philosophie von Karl Jaspers*, Francke Verlag, Tübingen und Basel, 1996, S.66-67.

(12) 知識を飽くことなく求めるファウストにとって、探求が有限性によって挫折することで、精神や信仰や忍耐は呪詛の対象となるが、ヤスパースにとっては、挫折は時間の有限性における無限性への接近の手段である、という指摘がある。Ehrlich, Leonard H.:*Karl Jaspers :Philosophy as Faith*, The University of Massachusetts Press, Amherst, 1975, pp.225-226. 前者は受動的な忍耐であり、後者は積極的な忍耐と言えよう(なお、Ehrlich は続けて、それ故ヤスパースでは有限性における人間の罪が薄められることになり、罪からの恩寵による回復というモチーフが弱いことを指摘している)。

(13) 解釈可能な挫折と解釈不可能な挫折を区別した論考としては、岡田聡「ヤスパース形而上学における挫折と超越」、日本ヤスパース協会編『コムニカチオン』、第一五号、二〇〇八年、二一―二三頁、吉村前掲書、四六四―四七〇頁、Thyssen, *ibid.*, pp.324-325、Ehrlich, *ibid.*, pp.169-170、Debrunner, Gerda: *Zum philosophischen Problem des Todes bei Karl Jaspers*, Peter Lang, Bern, 1996, S.297-309 が挙げられる。

（14）この言葉に、自らの自由の止揚としての挫折を通して超越者を経験した人間の信仰の表明を見る解釈がある。Örnek, Yusuf: *Karl Jaspers , Philosophie der Freiheit*, Alber, Freiburg-München, 1986, S.64-65. また吉村文男氏は、挫折における存在の経験に、「世界の絶対肯定」を見ている。吉村前掲書、四七〇頁。またカウフマン（Kaufmann, Fritz）は、言葉に言い表せない超越者を、知られず沈黙した神、ユダヤ神秘主義における Ain Soph と同じものと理解している。Kaufmann, Fritz: "Karl Jaspers and a philosophy of communication", in *The philosophy of Karl Jaspers*（1957）, Schilpp, Paul Arthur (ed.), Open Court Publishing Company, La Salle, 2.ed., 1981, p.229.

（15）斉藤武雄『ヤスパースにおける絶対的意識の構造と展開』、創文社（一九六一）、第二刷、一九八一年、二七五―二九一頁。

（16）吉村文男氏は、『哲学』における「形式的超越」と、『啓示に面しての哲学的信仰』における「世界から出てすべての暗号の彼岸へ直接的にゆく」思惟を重なるものと見ている。吉村前掲書、431-435頁。また『哲学』における「挫折」の暗号の「沈黙」と、『啓示に面しての哲学的信仰』における「全ての暗号の彼岸」という超越者の言語の終局を、同一視する解釈もある。Ehrlich, *ibid.*, pp.170-172.

（17）ヤスパースは、「哲学的自伝」（"Philosophische Autobiographie"）や『運命と意志』（*Schicksal und Wille*）といった自伝的著作でもたびたび言及されているインド学者ツィマー（Zimmer, Heinrich）の著書を通じて、ボロブドゥールについての考えを形成したと思われる。ボロブドゥールについての叙述の注には、ツィマーの『芸術形式とヨガ』（*Kunstform und Yoga*, Berlin, 1926）とフィッシャー（Fischer, Otto）の『ジャワおよびバリにおける芸術遍歴』（*Kunstwanderungen auf Java und Bali*, Stuttgart, 1941）が挙げられている。ヤスパースは、一九四五年以後初めて自身の哲学史の講義でインド哲学を取り上げた、と述べている（Jaspers 1956:383）が、ツィマーとの交流は、一九二六年には始まっていたと考えられる。ツィマーによってもたらされた文献を通じて、ヤスパースが中国思想やインド思想について思索を深めたのは、『哲学』出版後から『真理について』出版までの期間と考えられる。羽入佐和子『ヤスパースの存在論――比較思想的研究――』、北樹出版、一九九六年、六六―六九頁、参照。

（18）ティリッヒ（Tillich, Paul）は、この問いは哲学的思惟にとって最も根本的であり、また論理的に答えられる問いというより、「存在論的衝撃」（ontological shock）であり、この衝撃が哲学の生まれる場所である、としている。Tillich, Paul:

"Heidegger and Jaspers"（一九五四年のニューヨークにおける講演）, in *Heidegger and Jaspers*, Olson, Alan M.（ed.）, Temple University Press, Philadelphia, 1994, pp.17-18.

(19) 例えば、『真理について』では「神秘的融合」という独特な経験があることを認めた上で、それは無時間的没世界的に自我とすべての対象性が消滅するという代償を要するのであり、世界の中にいる人間には接近できないものである、としている（Jaspers 1947:136-137）。ヤスパースと神秘主義の問題については、高柳央雄「ヤスパースと神秘主義」、日本ヤスパース協会編『コムニカチオン』、第九号、一九九七年、二一―一三頁、中山剛史「ヤスパース哲学と神秘主義」、同上、一四―二六頁、大沢啓徳「ヤスパースにおける神秘主義的傾向」、日本ヤスパース協会編『コムニカチオン』、第一四号、二〇〇六年、一七―三〇頁、参照。神秘主義といっても多様であり、神秘的融合の経験がかえって世界における交わりにつながる神秘主義を本来的と考える立場もある。大沢啓徳氏は、神秘主義が交わりにつながる場合があることを指摘し、ベルグソンは「完全な神秘主義」（le mysticisme complet）においては、神への愛は神を突き抜けて全人類への愛となる、としていることや、エックハルトのドイツ語説教には、あなたがまだ出会っていない人間に対して与える以上の幸を自分に対して与える限り、あなたは義ではなく、また「純一な根底」（der einfaltige Grund）を覗き見ていない、と語っていることを例として挙げている。そして大沢氏は、そのような世界へと還る神秘主義とヤスパースは通底し、既に『世界観の心理学』において、世界を喪失する「神秘主義の道」と世界内に拘泥する「理念の道」を人間精神は取りうるが、そのどちらの絶対化も戒められていることを述べられている。大沢前掲論文、二二―二四頁。

(20) *Existenzphilosophie*, 1938（『実存哲学』）を検討した田辺元は、ヤスパースにおける理性の働きと、田辺自身が主張する、理性が理性自身を批判する「絶対批判」との類似性を見ている。田辺元「実存哲学の限界」（全集第七巻、筑摩書房、）、八―一四頁。ただし田辺は、ヤスパースにおける理性を評価しつつ、ヤスパースでは理性の絶対否定即肯定の転換が不十分であり、実存と超越者が区別があると同時に相即するという超越即内在が明確化されていない、と批判している。両者における思惟については、第五章第三節でも比較する。

(21) 羽入前掲書、七二―八五頁。

(22) 『啓示に面しての哲学的信仰』と同時期の『哲学の学校』*Kleine Schule des philosophischen Denkens* の最終章でも、哲学は世界存在を越える地平へと押し迫るが、今ここにおける人間の実存に再び関係する、と述べられ、世界内の実現を重視する姿勢を見せつつ、同じ章の最後で、思想は全ての暗号の彼岸で根拠づけられない根拠から充実される沈黙に到達する、と述べ、世界からの神秘主義的な脱却を主張する印象がある（Jaspers 1965:171, 183）。

第四章

（1）入江幸男・霜田求編『コミュニケーション理論の射程』（ナカニシヤ出版、二〇〇〇年）の「まえがき」によれば、交わりをめぐる論考は概ね三つに分類できる。第一は交わりの媒体としての言語に関する考察で、言語行為論、記号論、認知科学などが該当する。第二は社会学的な観点から現代的な問題、例えば家族、メディア、教育、文化を論じるものである。第三は実践哲学や社会理論において交わりを軸に論究を行うものであり、道徳の基礎づけ、自由・権利と義務、共同体、権力、国家、法と道徳といった問題を主題とする。

（2）ヤスパースは実存同士の交わりを論じ、超越者と実存の直接的交わりは考えていないのに対して、ブーバーは神と人間の人格的関係を重視しているという相違点がある。ただし、ブーバーも我と永遠の汝（神）の関係は、我と個々の汝を通路とする、としている場合もあり、必ずしも両者の考え方は統合不可能なわけではないと思われる。ヤスパースとブーバーの比較に関しては、拙論「自己存在と交わり ――ブーバーとヤスパース――」、『米子工業高等専門学校研究報告』第四一号、二〇〇五年、一九―二六頁、参照。両者に違いについては、Ehrlich, Leonard H.:*Karl Jaspers :Philosophy as Faith*, The University of Massachusetts Press, Amherst, 1975, pp.77-97 が詳しい。同書の七八頁では、ブーバーにおける対話が神の創造物への「熱烈な傾聴」(fervid hearkening) と捉えられており、その意味ではブーバーにおける対話は、ヤスパースにおける暗号解読と重なる要素があると思われる。

（3）ザーナー（Saner, Hans）は、結びつきのみがあるなら個人は成立せず、距離のみがあるならば孤立が結果し、ヤスパースにおける交わりが孤独との弁証法的関係にあることを指摘している。Saner, *Hans:Einsamkeit und Kommunikation*, Lenos, Basel, 1994, S.81-102. また、カウフマン（Kaufmann, Fritz）は、交わりにおいてもそれぞれの自己が存続しつづけることを、永遠の質を持つ「崇高の瞬間」（sublime moments）における完全な一致が存続しないこと、言い換えれば時間においては錯覚であることが判明すること、に結び付けて捉えている。Kaufmann, Fritz: “Karl Jaspers and a philosophy of communication”, in *The philosophy of Karl Jaspers* (1957). Schilpp, Paul Arthur (ed.), Open Court Publishing Company, La Salle, 2.ed., 1981, p.212-214.

（4）『哲学』において術語として現れている「理性」はここで見たように、『理性と実存』以降の「統一への意志」、「交わりの意志」という意味は持っていないが、ヤスパースの思考態度の根本には、「統一」、「交わり」への志向が見られる。『哲学』における「理性の思考態度」に関しては、林田新二『ヤスパースの実存哲学』、弘文堂、一九七一年、参照。
(5) いうまでもなく、カントにおいては、範疇の能力としての悟性と、理念の能力としての理性という区分があり、ヘーゲルにおいては、抽象的概念の能力としての悟性と、具体的概念の能力としての理性という区分がある。
(6) Vgl.Baumgartner, Hans Michael, *Endliche Vernunft: Zur Verständigung der Philosophie über sich selbst*, Bouvier Verlag, Bonn-Berlin, 1991, S.152-154.
(7) 理性の否定作用を中心にヤスパースの思惟全体を統一的に解釈した論考として、今本修司「否定と超越――ヤスパースにおける「哲学」の論理――」、早稲田大学大学院哲学院生自治会「哲学世界」刊行委員会編、『哲学世界』第一八号、一九九五年、三七―四九頁、がある。今本氏は、ヤスパース哲学は「論理性を欠いた非合理主義」ではなく、少なくとも方法論的には思惟を重視し、思惟の「否定的契機」によりそのつどの規定的状況を超克して行くところに、ヤスパースの「超越」の思惟の一貫した特徴があるとしている。そして究極的な「否定」としての「思惟の挫折」により、真理の言表不能性が是認されるとしている(四二頁)。
(8) このようなそれ自身は作用ではなく、悟性を働かせ全ての内在者を統一へと至らしめる理性の起源が問題として浮上すると思われる。世界内の制約された目的に向かうのではないのであるから、超越的な性格を帯びていると考えるのが適当である。例えば、「理性は我々における、無限者のいわば最もすぐれた面影のごときもの」(北野裕通「ヤスパースと西田幾多郎――海あるいは有限無限――」、北野裕通・佐藤幸治訳、ジャンヌ・エルシュ『カール・ヤスパース その生涯と全仕事』、行路社、一九八六年、二〇六頁)という解釈が示唆深いと思われる。ヤスパース自身は、第三章第二節で見たように、理性、愛、暗号は完結の状態では不分離であり、一者の内にあるが、時間においては分離している、と語っており、あくまで時間の内での理性の働きを語り、その働きがどこから来るかという問題意識はなかったと思われる。第二章の注(8)と同じことが言えると思われる。
(9) 「理性と実存」の相即性あるいは一体性を重視する論考としては、斉藤武雄『ヤスパースにおける絶対的意識の構造と展開』(一九六一)、創文社、第二刷、一九八一年および佐藤真理人「可能的理性としての人間」、日本ヤスパース協会編『コムニカチオン』、第一一号、二〇〇〇年、七五―八八頁、がある。
(10) ヤスパースにおける「開放性」(Offenheit)を「公開性」(Öffentlichkeit)の方向で見ていこうとする解釈もある。例えば、ザラムン(Salamun, Kurt)は、実直、個人的責任の引き受け、他者に対する利己的でない関与、交わりの相手の同等性の是認などといった個人的な価値態度が、理性を介する伝達の中で、全人類に関わる諸問題の解決についての公の(öffentlich)

できるだけ普遍的な交わりの規範的前提になるべき、としている（Salamun, Kurt:*Karl Jaspers*, Beck, München, 1985, S.101-102.）。社会的・政治的公共性における交わりの働きの問題は重要であるが、本論考では主として、実存の超越すること、すなわち実存的・宗教的側面から考察を行いたい。この姿勢は、決して社会的・政治的公共性を軽視するものでなく、むしろ政治的・社会的な対他関係の基底を探究するものといってよいと思われる。

（11）なお第二章で見たように、ヤスパースは啓示信仰を宗教的信仰とほぼ同置している。

（12）佐藤真理人氏は、哲学的信仰と啓示信仰の隔たりは、啓示と暗号の対立に由来すると指摘している。佐藤真理人、「第七部　哲学的信仰と啓示信仰——出会いの可能性——」（『啓示に面しての哲学的信仰』第七部の解説と批評）、峰島旭雄編『ヤスパース　哲学的信仰の哲学』、以文社、一九七八年、三一三頁。

（13）Tillich, Paul:"Heidegger and Jaspers", in *Heidegger and Jaspers*, Olson, Alan M. (ed.), Temple University Press, Philadelphia, 1994, p.27.

（14）ヤスパースにおける「聖書宗教」およびヤスパースのキリスト教への関わりについては、岡田聡「ヤスパースの聖書的転回とキリスト教」、日本ヤスパース協会編『コムニカチオン』、第一七号、二〇一〇年、一七―二九頁参照。岡田氏は、ヤスパースはキリスト教に否定的あるいは無関心な態度をとっていたが、ナチス時代の極限的な体験の中で学生時代以来初めて聖書を読み直し、聖書に限界状況においても絶望に陥らない慰めを見出すようになり、自らさらにヨーロッパ人全体に対する聖書の重要性を自覚したのではないか、と述べられている。また林田新二氏は、『啓示に面しての哲学的信仰』が「キリスト教と教会とを批判しつつ、聖書宗教の真理性の根源へとそれを復帰させることの中に将来での可能な信仰をみている」と述べている。林田新二『ヤスパースの実存哲学』、弘文堂、一九七一年、二七九頁。

（15）現実には宗派としてのプロテスタントは「多数の新しい《カトリシズム》」を生むことになり、プロテスタントの原理は実現されなかった、とヤスパースは見ている（Jaspers 1962:526）。

（16）永遠なるものと「無常」の結び付きについては、長谷正當「心情に移った空——空と無常——」（長谷正當『心に映る無限——空のイマージュ化——』、法藏館、二〇〇五年、五―三八頁）が示唆深い。

（17）Vgl.Jaspers 1962:485-488.

（18）吉村文男『ヤスパース　人間存在の哲学』、春風社、二〇一一年、四八八頁。

（1）アレントによれば、判断力がそこから発する「観想的快と非活動的満足感」がいかにして実践と結びつくかを、最晩年のカントは問題とし、人間の実践的活動である政治への関心が高まった（Arendt, Hannah:*Lectures on Kant's Political Philosophy*（1982）. Beiner, Ronald（ed.）. The University of Chicago Press, Chicago, 1992, pp.15-16.）。またハーバーマスによれば、カントは、超越論的意識の叡智的統一に、経験的意識の公共性における合意が対応すると考えている（Habermas, Jürgen: *Strukturwandel der Öffentlichkeit*（1962）. Neuausflage, Suhrkamp, Frankfurt am Main, 1990, S.184.）。カントの道徳論の中に、相互人格的関係を読みとる試みも為されている。高田純氏によれば、人格が自他を手段としてのみでなく同時に目的として扱う「目的の国」は、自他が共通の法則に従う場であり、その場が成立する条件である自己立法という人格の性格をカントは浮き彫りにした（高田純『実践と相互人格性――ドイツ観念論における承認論の展開――』、北海道大学図書刊行会、一九九七年、五九―六二頁）。また、加藤泰史氏によれば、カントがあらゆる義務の根本に置いた自己自身に対する義務とは、自他に共通する人間性を裏切らないという、道徳法則が成立する前提である。したがってカントの道徳論は始めから相互人格的関係を念頭に置き、その成立の根底を探究したものである（加藤泰史「人格と承認――相互承認論の構造と限界・序説――」、南山大学編『アカデミア　人文・社会科学編』、第六九号、一九九九年）。

（2）Kant, Immanuel:*Kritik der Urteilskraft*, Akademieausgabe V（篠田英雄訳『判断力批判』、岩波文庫）は、Kant 1790と略記し、ページ数を付す。

（3）例えば、和辻哲郎『人格と人類性』、全集第九巻、岩波書店、および小倉貞秀『カント倫理学研究――人格性概念を中心として――』、理想社、一九六五年、参照。

（4）Kant, Immanuel:*Grundlegung zur Metaphysik der Sitten*, Akademieausgabe IV, S.433.

（5）カントも、感官の対象が理性理念に適合しないという否定感情による「崇高」（das Erhabene）について語り、有限性が否定を介して超越的なものへつながることを主張している（Vgl. Kant 1790:244-278）。カントの崇高についての論究は、無限なものに関わる理性の働きを究明した点で示唆に富むが、人間の認識能力のみが念頭に置かれている。崇高という感情が自己存在に真に生じるのは、実存的交わりにおいて自己の責務に直面し、自己の有限性に照らして責務の無限性が感得される場合と言えるのではないか。

（6）例えば『真理について』では、次のように述べられている。「我々にとっては包越者はその諸様態に分裂しているから、我々はなるほど独立の諸根源に出会いはするが、しかし我々は初めから一なる根源を問うているのであるから、それら独立の根源を絶対的に妥当せしめることはない」（Jaspers 1947:51）。包越者の諸様態は、諸様態を越えた存在そのものを認知させる手段として提示されたものと言えよう。
（7）この点に関しては、第三章第三節3で考察した。
（8）キェルケゴールからの引用は、第一章の注（2）で示した略号によって書名を示す。
（9）山内得立『ロゴスとレンマ』（岩波書店、一九七四年、五刷、一九九四年）は、山内 1974 と略記し、ページ数を記す。
（10）合田正人氏は杉村靖彦氏との対談の中で、「種の論理」と「個」の問題は緊張関係にあったと考えられる、と指摘している。同じ対談で、杉村氏も、「個」は「種の論理」という見かけにもかかわらず、最初から最後まで大きな問題だったと考えられる、と指摘している。『思想』一〇五三号、岩波書店、二〇一二年、三二頁。
（11）杉村靖彦氏は上記の対談の中で、「我と汝」という二人称関係では社会は捉えられないと田辺は考え続けており、「死者と生者の実存協同」では「我と汝」への後退を見て取ることもできるが、むしろ「死者の清浄」により絶対偶然に現実に触れるという契機が重要だと述べている。『思想』一〇五三号、三一―三四頁。また、死者の生者への関わりが生者間の共同性の閉鎖性を転換する可能性を指摘している。杉村靖彦「死者と象徴――晩年の田辺哲学から――」、『思想』一〇五三号、四六―四七頁。「死者の清浄」というモチーフは重要ではあるが、本稿では扱えなかった。
（12）長谷正當『心に映る無限――空のイマージュ化――』、法藏館、二〇〇五年、二三二頁。
（13）嶺秀樹『西田哲学と田辺哲学の対決―場所の論理と弁証法』、ミネルヴァ書房、二〇一二年、一〇〇―一〇一頁。
（14）田辺元からの引用は、全集（筑摩書房）の巻数と頁数を記す。旧仮名づかい、旧漢字を適宜、新仮名づかい、新漢字にした。［ ］内は筆者の補足である。
（15）合田正人氏は、種の本質と身体性の類似性を指摘し、身体性は「先験的意識」、「全体意識」であると述べている。合田正人「近迫と渦流――田辺元・ハイデッガー対決が今私たちに突きつけているもの――」、『思想』一〇五三号、九六頁。
（16）種の論理および田辺独自の絶対無の概念の形成については、藤田正勝「田辺元の思索――「絶対無」の概念を中心に――」、『思想』一〇五三号、一六五―一八三頁、が明瞭に提示している。
（17）細谷昌志氏によれば、種に解消されない個の契機はシェリングのいう「神における自然」に由来し、理性による論理すなわち「理」ではつくせない事実すなわち「事」としての「実存」である。しかし、種の論理において「個」は「種の基体からの分立」や「原始分割」で説明されていたので、結局個の論理は種の論理に呑みこまれていた。個の論理は、『懺悔道としての哲学』を経て、「絶対無に媒介された個の否定行」が類の顕現には必要であるという個の行為の方へ、田辺の焦点が移って重要化する。そしてその変化のことを、細谷氏は、積極哲学の「実存化・内面化」と解している。細谷昌志『田辺哲学と京都学派——認識と生——』、昭和堂、二〇〇八年、九九—一〇三頁。

(18) ハイデッガーにおける現存在Daseinやヤスパースにおける実存Existenzは存在Seinと同化し、一種の汎神論的一元論に帰着するのではないかという疑念が提示される場合がある。Wahl, Jean:“Notes on some relations of Jaspers to Kierkegaard and Heidegger”, in *The philosophy of Karl Jaspers* (1957), Schilpp, Paul Arthur (ed.), Open Court Publishing Company, La Salle, 2.ed., 1981, p.404.

(19) 氷見潔『田辺哲学研究——宗教哲学の観点から』北樹出版、一九九〇年、二五八—二七八頁。

(20) 田辺の『イジチュール』と『双賽一擲』の解釈については、加國尚志「沈黙と偶然——田辺元『マラルメ覚書』をめぐって——」、『思想』一〇五三号、五七—七四頁、が詳しい考察を行っている。

(21) 伊藤益氏は、田辺哲学は田辺自身が置かれた「情況」について、その意味を徹底的に問い続ける実践論にほかならなかった、と解釈している。伊藤益『愛と死の哲学——田辺 元——』、北樹出版、二〇〇五年、二一一頁。その意味では、田辺の思索そのものが、運命への参与を志向したものと言えるかも知れない。

結び

(1) Kaufmann, Fritz: “Karl Jaspers and a philosophy of communication”, in *The philosophy of Karl Jaspers* (1957), Schilpp, Paul Arthur (ed.), Open Court Publishing Company, La Salle, 2.ed., 1981, p.257.

(2) 『上田閑照集』第二巻、岩波書店、二〇〇二年、一〇三—一〇六頁。また森哲郎氏によれば、京都学派の特徴の一つとして自己以前の「場所」の探求が挙げられる。西田幾多郎では主語の対象性を越えた「超越的述語面」、西谷啓治では人間主体を越えた「自然」、上田閑照では人と人との間としての「世界」、がそれにあたるとされている。森哲郎「禅仏教と京都学派——『十牛図』から見た京都学派の〈場所〉論」、『京都産業大学日本文化研究所紀要』、第七・八号、二〇〇三年、二一九—二二二頁。

（3）　社会や政治に関するヤスパースの思想については、例えば、Carr, Godfrey Robert: *Karl Jaspers as an intellectual critic:the political dimension of his thought*, Peter Lang, Frankfurt am Main, 1983、Walters, Gregory J.: *Karl Jaspers and the role of "conversion" in the nuclear age*, University Press of America, Lanham-New York- London, 1988、また、林田新二『ヤスパースの実存哲学』、弘文堂、一九七一年、二九〇—三一九頁、Salamun, Kurt:*Karl Jaspers*, Beck, München, 1985, S.102-125、Örnek, Yusuf: *Karl Jaspers, Philosophie der Freiheit*, Alber, Freiburg-München, 1986, S.99-119、などの考察がある。

参考文献

1　ヤスパース研究書

Schilpp, Paul Arthur（ed.）:*The philosophy of Karl Jaspers*（1957）, Open Court Publishing Company, La Salle, 2.ed., 1981.

Schneiders, Werner:*Karl Jaspers in der Kritik*, H. Bouvier, Bonn, 1965.

Rigali, Norbert:*Die Selbstkonstitution der Geschichte im Denken von Karl Jaspers*, Verlag Anton Hain, Meisenheim am Glan, 1968.

Saner, Hans:*Karl Jaspers, Rowohlt*, Reinbeck bei Hamburg, 1970.

Wallraff, Charles F.:*Karl Jaspers, an introduction to his philosophy*, Princeton University Press, Princeton, 1970.

Saner, Hans（Hrsg.）:*Karl Jaspers in der Diskussion*, Piper, München, 1973.

Piper, Klaus / Saner, Hans（Hrsg.）:*Erinnerungen an Karl Jaspers* , Piper, München, 1974.

Ehrlich, Leonard H.:*Karl Jaspers :Philosophy as Faith*, The University of Massachusetts Press, Amherst, 1975.

Hersch, Jeanne:*Karl Jaspers* , L'Age d'Homme, Lausanne, 1978.

Kane, John F.:*Pluralism and Truth in Religion -Karl Jaspers on Existential Truth*, Scholars Press, Chico, 1981.

Burkard, Franz-Peter:*Ethische Existenz bei Karl Jaspers*, Königshausen und Neumann, Würzburg, 1982.

Carr, Godfrey Robert:*Karl Jaspers as an intellectual critic:the political dimension of his thought*, Peter Lang, Frankfurt am Main, 1983.

Salamun, Kurt:*Karl Jaspers*, Beck, München, 1985.

Burkard, Franz-Peter:*Karl Jaspers Einführung in sein Denken*, Königshausen und Neumann, Würzburg, 1985.

Örnek, Yusuf:*Karl Jaspers :Philosophie der Freiheit*, Alber, Freiburg-München, 1986.

Zöhrer, Josef:*Der Glaube an die Freiheit und der histotische Jesus, Eine Untersuchung der Philosophie Karl Jaspers' unter christologischem Aspekt*, Peter Lang, Frankfurt am Main, 1986.

Ehrlich, Leonard H. / Wisser, Richard（eds.）:*Karl Jaspers today:philosophy at the threshold of the future*, The Center for

Advanced Research in Phenomenology and University Press of America, Washington, D.C., 1988.
Walters, Gregory J.:*Karl Jaspers and the role of "conversion" in the nuclear age,* University Press of America, Lanham-New York-London, 1988.
Sonderfeld, Ulrich:*Philosophie als Gesamtorientierung denkender Existenz und als Aporienreflexion -im Anschluß an Karl Jaspers -,* Waxmann, Münster-New York, 1989.
Salamun, Kurt（Hrsg.）:*Karl Jaspers, Zur Aktualität seines Denkens,* Piper, München, 1991.
Wisser, Richard / Ehrlich, Leonard H.（eds.）:*Karl Jaspers, philosopher among philosophers,* Königshausen und Neumann, Würzburg, 1993.
Saner, Hans:*Einsamkeit und Kommunikation,* Lenos, Basel, 1994.
Olson, Alan M.（ed.）:*Heidegger and Jaspers,* Temple University Press, Philadelphia, 1994.
Wisser, Richard:*Karl Jaspers :Philosophie in der Bewährung*（1995）, Königshausen und Neumann, Würzburg, 2.Aufl.1995.
Schüßler, Werner:*Jaspers zur Einführung,* Junius Verlag, Hamburg, 1995.
Salamun, Kurt（Hrsg.）:*Philosophie-Erziehung-Universität -Zu Karl Jaspers' Bildungs- und Erziehungsphilosophie,* Peter Lang, Frankfurt am Main, 1995.
Di Cesare, Donatella:*Die Sprache in der Philosophie von Karl Jaspers* , Francke Verlag, Tübingen und Basel, 1996.
Debrunner, Gerda:*Zum philosophischen Problem des Todes bei Karl Jaspers,* Peter Lang, Bern, 1996.
Hügli, Anton / Kaegi, Dominic / Wiehl, Reiner（Hrsg.）:*Einsamkeit, Kommunikation, Öffentlichkeit,* Schwabe Verlag, Basel, 2004.
Cesana, Andreas / Walters, Gregory J.（Hrsg.）:*Karl Jaspers :Geschichtliche Wirklichkeit-mit Blick auf die Grundfragen der Menschheit,* Königshausen und Neumann, Würzburg, 2008.

金子武蔵『実存理性の哲学』（一九五三）、清水弘文堂書房、一九六七年。

鈴木三郎『ヤスパース研究——実在の現象学——』創元社、一九五三年。

斉藤武雄『ヤスパースにおける絶対的意識の構造と展開』（一九六一）、創文社、第二刷、一九八一年。

『理想』、No.425、「ヤスパースの哲学」、理想社、一九六八年。

宇都宮芳明『ヤスパース』（一九六九）、清水書院、一七刷、一九八八年。

林田新二『ヤスパースの実存哲学』、弘文堂、一九七一年。

草薙正夫『ヤスパース哲学入門』、以文社、一九七三年。

並木康三『ヤスパースの哲学』（一九七三）、高文堂出版社、三版、一九八一年。

峰島旭雄編『ヤスパース　哲学的信仰の哲学』、以文社、一九七八年。

山本信編『世界の名著　ヤスパース　マルセル』（一九八〇）、中央公論社、五版、一九九二年。

斉藤武雄『ヤスパースの教育哲学』、創文社、一九八二年。

重田英世『人類の知的遺産　ヤスパース』講談社、一九八二年。

武藤光朗『例外者の社会思想――ヤスパース哲学への同時代的共感――』、創文社、一九八三年。

福井一光『理性の運命』（一九八六）、内田老鶴圃、第二刷、一九九〇年。

増渕幸男『ヤスパースの教育哲学研究』、以文社、一九八九年。

寺脇丕信『ヤスパースの実存と政治思想』、北樹出版、一九九一年。

羽入佐和子『ヤスパースの存在論――比較思想的研究――』、北樹出版、一九九六年。

林田新二・羽入佐和子・佐藤真理人・原一子・越部良一『哲学へ――ヤスパースとともに――』（一九九六）、北樹出版、第二刷、一九九八年。

伴博『カントとヤスパース――勝義の哲学的人間学への道――』、北樹出版、一九九九年。

福井一光『人間と超越の諸相――カール・ヤスパースと共に――』、理想社、二〇〇一年。

『理想』、No.671、「ヤスパース・今」、理想社、二〇〇三年。

吉村文男『ヤスパース　人間存在の哲学』、春風社、二〇一一年。

2　実存、暗号、交わり等に関する研究書

Unger, Rudolf: *Hamanns Sprachtheorie im Zusammenhange seines Denkens : Grundlegung zu einer Würdigung der geistesgeschichtlichen Stellung des Magus in Norden* (1905). Nabu Public Domain Reprints.

Adorno, Theodor W.:*Kierkegaard- Konstruktion des Ästhetischen* (1933), 3.Ausg. (1966), Gesammelte Schriften, Band2, Suhrkamp, Frankfurt am Main, 2003.

Bollnow, Otto Friedrich:*Exitenzphilosophie* (1943), W.Kohlhammer, Stuttgart, 3.erweiterte Aufl., 1949.

Heinemann, Fritz:*Existenzphilosophie, lebendig oder tot?* (1954), 3.erweiterte Aufl., W. Kohlhammer, Stuttgart, 1963.

Habermas, Jürgen:*Strukturwandel der Öffentlichkeit* (1962), Neuauflage, Suhrkamp, Frankfurt am Main, 1990.

Habermas, Jürgen:*Theorie des kommunikativen Handelns,* Bd.1&2 (1981), Suhrkamp, Frankfurt am Main, 1999.

Janke, Wolfgang:*Existenzphilosophie*, de Gruyter, Berlin-New York, 1982.

Arendt, Hannah:*Lectures on Kant's Political Philosophy* (1982), Beiner, Ronald (ed.), The University of Chicago Press, Chicago, 1992.

Arendt, Hannah:*Was ist Existenz-Philosophie?*, Hain, Frankfurt am Main, 1990.

Baumgartner, Hans Michael:*Endliche Vernunft, Zur Verständigung der Philosophie über sich selbst,* 1991, Bouvier Verlag, Bonn-Berlin.

渡辺二郎『ハイデッガーの実存思想』(一九六二)、勁草書房、新装第二版第二刷、一九九四年。

渡辺二郎『ハイデッガーの存在思想』(一九六二)、勁草書房、新装第二版第二刷、一九九四年。

山内得立『実存の哲学』(新版)(一九六五)、理想社、第二刷、一九七四年。

山本誠作『マルティン・ブーバーの研究』(一九六九)、理想社、第二刷、一九七一年。

臼木淑夫・梶芳光運・田丸徳善・中川栄照・見田政尚・峰島旭雄『実存とロゴス』、朝日出版社、一九七一年。

金子武蔵『実存思想の成立と系譜』、以文社、一九七七年。

山下秀智『絶対否定と絶対肯定——キルケゴールと親鸞の問題——』(一九七八)、北樹出版、増補版第一刷、一九九一年。

峰島旭雄『哲学の論理——哲学的論理学序説——』、世界書院、一九八一年。

山下太郎『実存哲学への道——比較思想史的考察——』、公論社、一九八六年。

長谷正當『象徴と想像力』、創文社、一九八七年。

井上義彦『カント哲学の人間学的地平』、理想社、一九九〇年。

『理想』、No.650、「実存思想の「現在」」、理想社、一九九二年。

島崎隆『増補新版　対話の哲学――議論・レトリック・弁証法――』、こうち書房、一九九三年。

四日谷敬子『個体性の解釈学』、晃洋書房、一九九四年。

高田純『承認と自由――ヘーゲル実践哲学の再構成――』。未来社、一九九四年。

川中子義勝『ハーマンの思想と生涯　十字架の愛言者』、教文館、一九九六年。

川中子義勝『北の博士・ハーマン』、沖積舎、一九九六年。

高田純『実践と相互人格性―ドイツ観念論における承認論の展開―』、北海道大学図書刊行会、一九九七年。

藤田正勝・松丸壽雄編『欲望・身体・生命――人間とは何か――』、昭和堂、一九九八年。

入江幸男・霜田求編『コミュニケーション理論の射程』、ナカニシヤ出版、二〇〇〇年。

上田閑照『上田閑照集』、岩波書店、二〇〇一―二〇〇三年。

長谷正當『心に映る無限――空のイマージュ化――』、法藏館、二〇〇五年。

浅利誠『日本語と日本思想　本居宣長・西田幾多郎・三上章・柄谷行人』、藤原書店、二〇〇八年。

村岡晋一『対話の哲学　ドイツ・ユダヤ思想の隠れた系譜』、講談社、二〇〇八年。

高田明典『現代思想のコミュニケーション的転回』、筑摩書房、二〇一一年。

中川純男・田子山和歌子・金子善彦編『西洋思想における「個」の概念』、慶応義塾大学言語文化研究所、二〇一一年。

宮谷尚美『ハーマンの「へりくだり」の言語――その思想と形式――』、知泉書館、二〇一三年。

山崎達也『哲学と神学のハルモニア――エックハルト神学が目指したもの――』、知泉書館、二〇一三年。

謝辞

本書は、二〇一四年度、京都大学大学院文学研究科に学位申請論文として提出し、学位を授与された拙論「ヤスパースにおける暗号思想と交わり思想の展開――交わりとしての思惟――」に若干の修正を施したものである。本書の内容は筆者が学部の頃より取り組んできたヤスパース研究をまとめたものである。多くの方々のおかげで研究を続けてこられたことをありがたく感じている。本書の主題を一つの言葉で表せば、「交わり」（コミュニケーション）ということになろうが、本書自体多くの人との交わりの中で生れたものである。そのご恩に比して成果の乏しさに思いを致せば、自分の力不足・怠惰がお恥ずかしい限りだが、これまでの研究をつたないながら単行本の形で公にでき、研究に一区切りをつけられたことは大きな喜びである。

特にお世話になった方々を挙げさせて頂くと、論文審査に際しては、主査に宗教学専修の氣多雅子先生、副査に同専修の杉村靖彦先生、また同じく副査にキリスト教学専修の芦名定道先生に加わって頂き、多くの貴重なご意見・ご批判を賜った。お三方には、この場を借りて御礼申し上げる。とりわけ氣多先生には論文執筆・提出、出版に関し、的確かつ親身なご指導・ご助言を賜り、深謝申し上げたい。

学部・大学院のときに京都大学文学部宗教学教室で、上田閑照先生、長谷正當先生、松丸壽雄先生、藤田正勝先生、森哲郎先生の下で哲学・宗教学を学べたことは、この上ない幸せであった。授業等で先生方のお人柄に接する中で、文化・人間への深く・豊かな見方に触れさせて頂いた。先生方から学ばせて頂いたことは、十分消化できているか心もとないが、筆者の考え方の核となっている。中でも学部在籍時の指導教授であった上田先生、大学院在籍時の指導教授であった長谷先生には、学問上のお導きはもちろん、物事の見方・考え方という根本的な次元でご教示を頂いた。改めて御礼申し上げたい。

ヤスパース研究に関しては、大学の研究室の先輩でもある北野裕通先生、林田新二先生はじめ日本ヤスパース協会の諸先生といった先達の研究から学ばさせて頂いたことが多い。これらの先生方から直接お話しを伺ったり、ご著書を拝読して、与えられた知見の上に、筆者のヤスパース理解は成り立っている。もとより本書の内容の責任は筆者にあるのだが、尊敬と感謝を申し上げたい。

また一九九六年度より奉職している米子工業高等専門学校の先輩・同僚教職員、学生諸君に謝意を表したい。筆者の職業・社会生活上の交わりの場で、ありがたいご助力を頂き、様々なことをお教え頂いてきた。

このたびの出版に際しては、昭和堂編集部の鈴木了市氏に大変お世話になった。出版について勝手がわからず見当違いなお尋ねをしたりしてご迷惑をおかけしたが、丁寧に相談にのって頂きご高配賜った。心より御礼申し上げる。

最後に私事にわたって恐縮だが、育ててくれた父母（母は亡くなって二十年以上経つが）に本書を捧げたい。また、生活を共に築き研究を支えてくれた妻に感謝を述べさせて頂きたい。

二〇一五年一〇月

布施圭司

人名索引

あ 行

か 行

さ 行

た 行

な 行

は 行

ま 行

や 行

ら　行

わ　行

事項索引

「暗号」、「思惟」、「自己」、「実存」、「信仰」、「存在」、「超越者」、「交わり」は全編にわたって現れるので、個別の項目としては挙げていない。これらの語を含む重要な項目を取り上げた。(例えば「暗号」については「暗号(の)解読」、「暗号圏」、「暗号の根拠・規定」など)

あ 行

か　行

さ 行

た　行

な　行

は　行

ま　行

や　行

ら　行

■著者紹介

布施圭司（ふせ　けいじ）

1965年東京都生まれ。

1989年京都大学文学部哲学科卒業。

1995年京都大学大学院文学研究科博士後期課程研究指導認定退学。

2014年京都大学博士（文学）。

現在、米子工業高等専門学校教養教育科教授。

著書：『欲望・身体・生命――人間とは何か――』（分担執筆、昭和堂、1998年）、『宗教の根源性と現代』第二巻（分担執筆、晃洋書房、2001年）、他。

論文：「カントにおける共通感覚とヤスパースにおける実存的交わり」（日本ヤスパース協会編『コムニカチオン』第 13号、2004年）、「田辺元における対他関係の問題」（宗教哲学会編『宗教哲学研究』、第 30号、2013年）、他。

ヤスパース　交わりとしての思惟――暗号思想と交わり思想――

2016年4月25日　初版第1刷発行

著　者　布施圭司

発行者　杉田啓三

〒606-8224　京都市左京区北白川京大農学部前

発行所　株式会社　昭和堂

振替口座　01060-5-9347

TEL（075）706-8818／FAX（075）706-8878

印刷　亜細亜印刷

ISBN978-4-8122-1552-4

＊乱丁・落丁本はお取り替えいたします。

Printed in Japan